U0711627

本书是牡丹江师范学院横向课题（2020H05）"新时代人民调解与高质量推进城市治理现代化研究"的最终成果，同时也是黑龙江省社会主义学院系统招标项目"新时代'统战＋人民调解'助力国家治理现代化研究"（HSY202012）的阶段性成果。

RENMINTIAOJIE
ZHULI SHIYU SHEHU ZHILI YANJIU
YI HEILONGJIANGSHENG MUDANJIANGSHI
ZHUANYE RENMIN TIAOJIE ZHONGXIN WEILI

人民调解
助力市域社会治理研究

——以黑龙江省牡丹江市专业人民调解中心为例

丛 淼 著

中国政法大学出版社

2022·北京

图书在版编目（ＣＩＰ）数据

人民调解助力市域社会治理研究/丛淼著. —北京:中国政法大学出版社, 2022.11
ISBN 978-7-5764-0705-1

Ⅰ.①人⋯　Ⅱ.①丛⋯　Ⅲ.①调解(诉讼法)－作用－城市管理－社会管理－研究－中国　Ⅳ.①D925.114

中国版本图书馆 CIP 数据核字(2022)第 201586 号

出 版 者	中国政法大学出版社
地　　址	北京市海淀区西土城路 25 号
邮寄地址	北京 100088 信箱 8034 分箱　邮编 100088
网　　址	http://www.cuplpress.com (网络实名：中国政法大学出版社)
电　　话	010－58908586(编辑部) 58908334(邮购部)
编辑邮箱	zhengfadch@126.com
承　　印	固安华明印业有限公司
开　　本	880mm×1230mm　1/32
印　　张	9.75
字　　数	260 千字
版　　次	2022 年 11 月第 1 版
印　　次	2022 年 11 月第 1 次印刷
定　　价	49.00 元

前 言

　　十九届五中全会审议通过的中共中央《关于制定国民经济和社会发展第十四个五年规划和二〇三五年远景目标的建议》，将"社会治理特别是基层治理水平明显提高"列入"十四五"时期经济社会发展主要目标。社会治理现代化和法治社会建设，是人民调解制度创新发展的新契机，为人民调解事业的发展提供了广阔的空间。针对当前矛盾纠纷多发、易发、更加多元化的现状，坚持以化解矛盾纠纷为主线，以规范化、标准化建设为抓手，以专业化、职业化建设为方向，不断夯实人民调解工作基础，深化人民调解内涵，拓展人民调解工作领域，推动人民调解工作创新发展。当前社会风险日益多变，市域社会治理作为经济转型的城市治理体系，也面临着相应的挑战。贯彻落实习近平总书记的重要指示和党的十九届四中全会精神，进一步做好新时代人民调解工作，发挥其在基层社会治理中的作用，建设和谐幸福城市。研究人民调解在市域社会治理中的作用，助力市域社会治理现代化，在学习调解工作的先进经验作法的基础上，坚持"有纠纷、找调解，不收费、解民忧"的工作理念，使之成为化解社会矛盾，特别是专业性、行业性纠纷的一线平台。结合市域社会实际，在党和政府的大力支持下，整合社会各界力量，建立专业解决新型社会矛盾纠纷的综合性服务平台，搭建多元化解载体，完善大调解工作格局。

随着经济社会的快速发展和"七五"普法规划的实施，人民群众的"法意识"已经从模糊走向具象，"诉讼爆炸"现象愈显突出。对纠纷解决机制的学术研究和实践探索似一股"学术运动"，一度引人注目，但终因与诉讼制度不衔接、零散不成体系等原因而停止。人民调解制度的推行虽然可以有效缓解诉讼压力，化解矛盾，稳定社会，满足人民群众对多元化纠纷解决方式的需求，但目前众多基层人民调解组织尚未发挥好化解基层社会矛盾的应有作用。在党和政府大力倡导构建社会主义和谐社会的大背景下，全国各地区积极探索在传统的人民调解制度内注入新的活力，实现资源共享、优势互补，助力国家治理能力现代化。通过对"人民调解"工作模式在人民调解中利益平衡的比较分析，研究该工作模式在基层社会治理中的价值所在，对于解决当下人民调解工作模式缺乏理论指导的窘境，具有十分重要的学术研究价值。目前我国各地虽然已经建立了专业人民调解的相应机构，如"非诉调解中心""非诉纠纷调处中心""非诉讼争议解决中心""非诉讼纠纷解决中心""专业人民调解中心""人民调解中心"等，发挥了凝聚起基层社会矛盾的化解合力，但只限于构建了横向到边、纵向到底的人民调解网格，对调解后案件的执行以及无法调解成功的案件尚未找到有效解决途径。总体来讲，我国在运用人民调解提升基层社会治理能力方面，研究人员少、相应举措少、成型经验少，关于此方面的学术专著和论文数量也较少，更多的是会议精神、论坛的论文合集以及学术期刊刊登的论文，内容主要是对人民调解的理论研究或是人民调解工作服务国家治理的研究，结合人民调解创新工作模式，提升基层社会治理能力和国家治理能力现代化的实证研究数量较少。《中共中央关于坚持和完善中国

特色社会主义制度　推进国家治理体系和治理能力现代化若干问题的决定》指出，坚持和完善共建共治共享的社会治理制度，需要"完善正确处理新形势下人民内部矛盾有效机制……努力将矛盾化解在基层"。这些都为发挥人民调解的优势功能、助力实现国家治理现代化的研究提供了法律法规和政策理论依据，也为本项目的研究开拓了广阔空间。

在我国经济快速发展、人民生活水平日益提高的新时代，习近平总书记指出，"社会主要矛盾已经转化为人民日益增长的美好生活需要和不平衡不充分的发展之间的矛盾"。与之伴生的是社会形势的变化——我国已进入社会转型期、矛盾凸显期、利益调整期、改革攻坚期、增长速度换挡期、结构调整阵痛期，我们面临的矛盾更加复杂，老问题与新问题交织，不同领域矛盾相互叠加。阶段性矛盾呈现出复杂性、多样性、专业性和行业性的特点，且数量呈上升趋势，易转化为群体性事件，已经成为影响社会和谐稳定的难点、热点问题。这对我们党和政府的社会治理智慧提出了新的挑战。创新与发展新型的社会矛盾解决机制是做好基层社会综合治理的必然要求，更是实现社会稳定的迫切需求。探索新时代人民调解助力国家治理能力现代化的创新性。人民调解模式要适应新时代的发展要求，只有实现创新发展、与时俱进、改革完善，才能满足目前基层社会纠纷解决的迫切需要，需要人民调解方式的优化和管理创新，对于平衡多民族杂居地区的利益，促进民族团结，提升基层社会治理效果具有十分重要的意义和实际应用价值。本项目谨就社会矛盾化解机制中对阶段性纠纷颇有针对性疗效的行业性专业性调解的改革与发展谈一些建议，以求抛砖引玉。

|目　录|
CONTENTS

第一章

人民调解制度的理论概述

被誉为"东方经验"的人民调解制度，在统合国家治理及化解社会矛盾纠纷中发挥着重要的作用。我国的人民调解也经历了萌芽、兴盛和衰落的过程，重振人民调解需深入研究其理论内涵，结合我国新时期社会发展特征和国家治理要求，探讨脱离强制性权威的新道路，创建建立在公众内心信服基础上的未来发展之路。

第一节 人民调解的定义与特征

人民调解在我国社会发展中有着悠久的历史，在构建和促进社会和谐、维护国家稳定中发挥了极其重要的作用。人民调解制度的社会价值是多元的，就其核心价值而言莫过于社会和谐。

一、人民调解的理论定义

"由于人们各自的利益情况不同，或者对于利益的追求和权利义务的认识不同，总是不可避免地产生各种矛盾、冲突或者争议，即社会纠纷。"[1]伴随经济生产的发展，冲突规模和纠纷

---

[1] 何文燕、廖永安主编：《民事诉讼法学专论》，湘潭大学出版社 2011 年版，第 14 页。

复杂程度日趋增大，新的纠纷解决方式也随之出现。在人类社会早期，人们往往通过自己或家族的力量，在冲突双方之间实现私力救济。随着部落群体规模的扩大，基于对公平和稳定的需要，人们开始依靠有权威的长老或族长等第三方进行居中裁判。在国家产生后，司法权的产生标志着公共权力成为解纷止争的主要力量，通过诉讼由国家强制力来解决纠纷。而随着人类社会活动的日益频繁，法院已经无法独自承担沉重的诉讼任务，利益关系的日趋复杂催生出了代替性解决纠纷方式。"代替性纠纷解决方式可以有效对司法和诉讼补偏救弊，并具有特殊的优势，在现代社会中承担着纠纷解决、保障当事人的自治、协调社会关系和提供积极对话的渠道等作用。"[1]在替代性纠纷解决方式中，人民调解制度占据着重要地位。

作为一种典型的非诉讼纠纷解决方式，调解可以说是历史最为悠久的代替性纠纷解决方式，在国内外均被广泛运用，根据各国的风俗习惯和法律传统而各有特色。调解一词，在词义上可以被解释为"通过说服教育和劝导协商，在查明事实、分清是非和双方自愿的基础上达成协议，解决纠纷"。[2]关于调解一词的学理概念和含义，我国许多学者分别持有不同观点，一直以来始终众说纷纭，本书在这里选取一种较具有代表性的观点：调解是指"在第三方的主持下，以国家法律、法规、规章和政策以及社会公德为依据，对纠纷双方进行斡旋、劝说，促使他们相互谅解，进行协商，自愿达成协议，消除纷争的活动"。[3]根据调解主体的不同，我国实务界主要有三种不同的调

〔1〕 范愉：《非诉讼纠纷解决机制研究》，中国人民大学出版社 2000 年版，第45页。
〔2〕 陈至立主编：《辞海》（第7版），上海辞书出版社 2020 年版。
〔3〕 廖永安主编：《调解学教程》，中国人民大学出版社 2019 年版，第1页。

解路径：法院主持的司法调解、行政机关主持的行政调解以及人民调解委员会主持的人民调解。根据调解发生的阶段不同，调解可以被分为诉讼调解和诉前调解。前者是审判人员在法院审理民事案件过程中进行的，而后者则是案件尚未进行诉讼程序时，由人民调解组织或受委托的社会人士支持的。人民调解作为一种我国独有的化解纠纷的手段，对我国经济社会的发展和社会秩序的稳定具有重要的理论意义和实践价值。

《中华人民共和国人民调解法》第2条对"人民调解"作出了明确解释，即人民调解是"人民调解委员会通过说服、疏导等方法，促使当事人在平等协商基础上自愿达成调解协议，解决民间纠纷的活动"。我国的人民调解制度往往表现为，"在人民调解委员会的主持下，以国家的法律、法规、规章、政策和社会公德为依据，对民间纠纷当事人进行说服教育、规劝疏导，促使纠纷各方当事人互谅互让、平等协商、自愿达成协议，从而消除纠纷的一种群众自治活动"。[1]对此，我们可以对人民调解产生以下认识：其一，相较于行政调解和司法调解，人民调解更加突出了群众自治的色彩。在调解委员会人员的组成上，国务院颁布的《人民调解委员会组织条例》特别规定，在多民族居住地区的人民调解委员会中，应当有人数较少的民族的成员。这也突显出相较于其他调解，人民调解更加具体地实现了对当事人权益的保障。其二，《人民调解委员会组织条例》第2条规定，人民调解委员会在基层人民政府和基层人民法院指导下进行工作。《中华人民共和国人民调解法》明确规定由各级人民政府司法行政机关负责指导本行政区的人民调解工作，基层人民法院对人民调解委员会进行业务指导。从而得知人民调解

---

[1] 沈恒斌主编：《多元化纠纷解决机制原理与实务》（第2版），厦门大学出版社2005年版，第198页。

委员会只需接受政府和法院对如何处理调解工作的相关指导和建议，因此在具体工作中，人民调解委员会无需接受其他主体的指令和命令，更加灵活自主。在其办理调解时，更能充分依照当事人双方意愿来进行调整。其三，《中华人民共和国人民调解法》规定人民调解委员会是村民委员会和居民委员会下设的群众性组织，其设置数量和分布密度远不是司法调解和行政调解能比及的。截至 2020 年，我国共设人民调解委员会 73.5 万个，调解人员达 337.8 万人（数据源自 2021《中国统计年鉴》）。不同于行政调解和司法调解的"公权力外套"，人们更愿意去选择似乎更"便民"的人民调解去解决小的事务纠纷。以深圳市为例，仅 2019 年，深圳市的人民调解调教案件便有127 402 件（源自深圳市司法局）。其四，在调解依据上，人民调解委员会可以在法律、法规没有明确规定时依据政策、风俗习惯、社会公德等进行调解。通过总结过往实践可以发现，面对错综复杂、处理困难的调解问题，法律、法规等因为自身涵盖面有限的自身局限性，往往无法为全部的纠纷提供调解依据，而此时人民调解则可以参照风俗、习惯等人们普遍遵守的其他社会规范，在当事人的矛盾冲突中找到可以同时被双方接受并遵守的规范标准。其五，2002 年司法部颁布的《人民调解工作若干规定》第 31 条特别强调了调解时应当根据案件实际情况，通过开展说服疏导工作来解决矛盾。结合第 4 条第 3 款关于人民调解和诉讼权利的规定以及第 6 条对当事人权利的列举，我们可以发现人民调解着眼于当事人的意思资源，充分保障了当事人的权利。

二、人民调解的特征

人民调解作为我国的一项民主政治制度，在国家发展过程中发挥着不可替代的作用。其自身具有的特点，为社会各界人士高度关注，也承载着社会公众的众多期许。

（一）人民调解具有自治性

《人民调解委员会组织条例》第 3 条第 2 款规定了调解委员会委员主要由两种方式组成：一是由村委会或居委会成员兼任；二是由群众选举产生。由此可以看出，人民调解具有鲜明的自治性特征。基层人民政府和基层人民法院也仅仅是对人民调解委员会进行指导，具体调解工作主要是由人民群众内部进行自我管理、自我服务，通过调解员的劝导来实现双方当事人自行达成和解的效果，并无公权力的干涉。调解员在法律地位上与当事人平等，以中立第三方的身份主持参与调解，无权代替当事人作决定或自行裁判。当事人甚至可以依据《中华人民共和国人民调解法》的有关规定来自行选择人民调解员。调解的整个过程和调解协议的达成完全是建立在当事人自愿的基础上，人民调解的整个流程处处凸显了对当事人意思的尊重。当事人有权自行选择纠纷解决的方式，只有在自愿选择接受人民调解后，调解委员会才可以介入案件纠纷。并且，选择了人民调解并不排斥当事人的诉权。当事人可以不受限制地另行转为诉讼途径。此外，调解协议本身的建立和生效并不具有强制执行力，本质上是一种双方达成的契约。当事人是在道德、舆论的约束下自行履行。在调解协议达成后，当事人虽然具有根据协议履行的法律义务，但在当事人双方共同向人民法院申请司法确认并通过之前不能强制履行。

（二）人民调解具有民间性

分流民事争议和社会纠纷、缓解司法压力是人民调解的重要价值。基于解救纠纷的沉重负担，人民调解制度才得以出现。人民调解虽然具有庞大的数量规模，但从人民调解的对象上可以看出，人民调解所针对的主要是人民群众之间的民间纠纷，属于人民内部矛盾，旨在维护人民群众之间的关系和秩序。立法者在人民调解制度设立之初，就将其调整范围限制在公民之间和公民与法人或其他组织之间的民事纠纷，排除了如公民身份确认等需由行政机关管理的范畴。"随着社会的发展变化，人民调解所调解的纠纷类型在新的时期有了一些新的扩展和变化，如农村土地承包、征地拆迁、物业管理、环境污染等新类型纠纷已逐渐进入了人民调解的受理范围。"[1]从近年的实践经验可以看出，人民调解已经不单是解决债务关系、侵权关系等民事纠纷，其受案范围有所扩展，在治安案件等领域也发挥了重要的作用。但我们应认识到，人民调解本身系建立在民间纠纷的基础上，考虑到人民调解专业性受限等自身的局限性，其解决纠纷的能力范畴是有限的。在涉及公共利益等情况时，应当让位于司法审判，调解委员会应妥善将人民调解的受案范围控制在法律允许的范围内。

（三）人民调解具有灵活性

相较于公力救济，由于人民调解不带来必然的权利义务关系，因此无须设置像诉讼那样严格而复杂的程序，人民调解在程序上显得更加灵活便利。《中华人民共和国人民调解法》第四章"调解程序"的有关规定是通过明确当事人的权利和义务，在调解纠纷过程中如遇治安、刑事案件等情形应如何处理等内容。并没有像诉讼那样，对审判庭组成人员等各项事宜予以严格规定，而是赋予了当事人根据自己意愿去选择如何调解的自由。这种自由同时体现在了人民调解的场所以及调解方式等方面。人民调解无须在指定办公场所进行，可以按照当事人的合意去选择任意地方进行调解。调解员的作用具有较大的自主性，

---

〔1〕 梁宏辉："人民调解的监管机制研究"，湘潭大学2013年博士学位论文，第30页。

并不局限于固定的方法，可以根据纠纷的具体情况，通过多种方式进行调解。

（四）人民调解具有群众性

不同于其他类型的调解方式，人民调解具有鲜明的群众性特点。就性质而言，人民调解委员会是调解民间纠纷的群众性组织。《中华人民共和国人民调解法》第 20 条规定在人民调解过程中，可以邀请当事人的亲属、邻里、同事以及当地有影响力的人参与调解，调解委员会组成人员中也有部分产生于人民群众。从中可以看出，相较于诉讼，人民群众在人民调解中扮演了更重要的角色。"在它主持下从事的调解活动，也是一种群众性的调解活动。"[1]人民调解委员会并不隶属于行政机关或司法机关，其本身就产生于人民群众的委托，在其工作过程中也接受着人民群众的监督。

第二节　人民调解的功能

在我国的社会主义建设中，人民调解是具有中国特色的人民民主法律制度，更是国家治理体系和治理能力的一项生动实践活动。随着我国经济的不断发展，在社会转型期和改革攻坚期，基层矛盾纠纷呈现出主体的多样化和性质的复杂化，如何发挥好人民调解在社会治理中的作用，已经备受国家和民众的关注。

一、化解矛盾和预防风险的功能

"人类社会是极为庞大的群体组织，人际关系颇为复杂，矛

---

[1]　常怡主编：《中国调解制度》，重庆出版社 1990 年版，第 66 页。

盾是不可避免的。"[1]人类社会正是在无数矛盾的平衡中维持发展的，基于文化传统和物质条件等实际情况的不足，不同国家和文明解决矛盾和纠纷的方式也有所不同，而人民调解制度正是一种具有我国特色的解决社会问题的重要方式。而这一作用也正是人民调解最基本、最普遍、最为重要的功能，是整个调解制度的基础。《中华人民共和国人民调解法》第 17 条明确了调解委员会具有主观能动的特点，在依靠人民群众了解案件情况后可以主动调解，人民调解自身在程序上又较为灵活便利，当事人可以自由选择调解的时间、场所。同时，人民调解的纠纷解决时间与法院诉讼相比明显较短。民事案件整个诉讼流程往往在 6 个月左右，有时还有二审和审判监督等情况。当事人不得不占用大量的时间来进行调取证据、出庭准备等工作。此外，2006 年国务院颁布的《诉讼费用交纳办法》规定了提起民事诉讼和行政诉讼，当事人应当缴纳一定的诉讼费用，当事人如聘请律师则还另有相当的律师支出。相比之下，人民调解的经济成本可谓微乎其微。因此，相较于其他纠纷解决方式，人民调解具有介入时间早、消耗当事人时间精力较少等优势，被人民群众普遍选择用于解决纠纷，又被称为纠纷解决的"第一道防线"。仅 2020 年，我国的人民调解民间纠纷案件就有 818.6 万件（数据源自《2021 中国统计年鉴》）。人民调解的化解矛盾功能同时反映在人际交往方面。深受我国传统"无讼"思想的影响，部分人民群众将诉至法院视为"恩断义绝、反目成仇"，将诉讼视为一种最后手段。司法审判要求裁判者必须依据现行的法律法规规定，针对发生纠纷当事人的诉请依法裁决，解决的是当事人的实质权利问题，只问权利的有无，不问纠纷

---

〔1〕 杨荣新、邢军："人民调解制度研究"，载《南阳师范学院学报》2003 年第 5 期，第 12～18 页。

发生的原因背景，不考虑当事人之间的关系；强调权利的排他性和绝对归属；不利于纠纷的根本性解决，往往容易造成当事人之间不必要的感情对立，还会引起当事者之间的长期不和，[1]导致诉讼后当事人双方关系不再融洽。而人民调解则表现得相对温和。在人民调解员的居中协调下，不同于诉讼中列举证据的针锋相对，双方可以相对和气地提出自己的观点和诉求，这一现象在乡村表现得更为明显。可以说，人民调解作为一种化解矛盾的途径，是矛盾纠纷多元化解机制的重要组成部分。

人民调解委员会以"调防结合，以防为主"为工作方针，这一特性对人民调解功能的发挥有着重要影响。《中华人民共和国人民调解法》第 17 条赋予了人民调解委员会主动调解的能动性，人民调解员可以根据人民群众和基层组织给予的情报信息，尽早积极进入某些民间纠纷，根据案件的具体情况说服双方当事人达成共识、化解纠纷，防止矛盾长期无法解决而进一步激化，导致当事人情绪激动，造成不安定因素。人民调解可以避免当事人双方产生对立情绪，避免潜在的冲突和暴力。以下，笔者将通过典型案例对人民调解的化解矛盾和预防风险功能进行进一步分析。

王某与焦某、董某、齐某邻里纠纷调解案

【案情简介】

2021 年 2 月，北京市怀柔区某街道某村的焦某、董某、齐某三人与申某签订房屋建设合同，约定由申某为焦某、董某、齐某三人建设房屋。在物料运输过程中，为节省运输成本，需经同村王某家东房到达施工现场。施工期间，申某的施工队对

---

〔1〕［日］棚濑孝雄：《纠纷的解决与审判制度》，王亚新译，中国政法大学出版社 2004 年版，第 62 页。

王某家的房屋造成了一定损害，且在运输过程中产生的噪声影响了王某一家的日常生活，由此导致双方关系不断恶化，引发了纠纷。因双方就道路通行及噪声扰民等问题未能达成一致意见，故王某来到北京市怀柔区某街道人民调解委员会申请进行调解。

【调解过程】

人民调解委员会收到王某的调解申请之后，在征得双方同意的基础上组成了专门调解小组开展调查调解工作。在走访调查过程中，调解员了解到，王某家中有两名不满 2 岁的幼童，且王某患有轻微的精神抑郁症，其妻子还身患心脏病（有医院诊断证明为证）。王某表示，董某、焦某和齐某三人在盖房初期并未与之协商便私自允许申某的施工队从自己家门前运输物料，运输物料所产生的噪声严重影响了王某一家的正常生活，且在运输物料的过程中对王某家房屋造成了损害。王某现要求将已损害的房屋恢复原貌，并给予 5 万元的噪声扰民损害赔偿。

在王某简单讲述情况之后，调解员和王某一同来到新建房屋处进行实地走访查看，了解到申某的施工队建房确实需要将一些建筑材料堆放在王某家门前。虽然行人能够正常通行，但是车辆进出会有不便。随后，调解员找到董某、焦某、齐某三人，将王某想与其沟通商量的意愿传达给了此三人，也听取了三人的意见和想法。董某、焦某、齐某三人表示，盖房会对邻居造成影响是不可避免之事，且之前王某建房时，也曾给他们的生活造成过影响，但当时考虑都是邻居，所以并没有深究，甚至还给予了一定帮助。而此次建房从王某家门前运料是为了节约建房成本，对王某家房屋及路面造成的损害，待房屋主体结构建起后会负责恢复原貌。同时，董某、焦某、齐某对王某提出的噪声扰民损害赔偿表示了明确拒绝，认为其仅可以保证以后在正常时间内施工，并注意适当降低噪声。施工队的申某表示，在日后运输物料的过程中一定会仔细叮嘱施工人员小心谨慎，对王某家房屋加以保护，且在另外三家房屋主体建起后，对王某家的房屋和路面进行维修。在对王某和董某、焦某、齐某、申某及村委会进行走访调查后，调解小组认真分析了矛盾双方的争议焦点，并制定了调解方案，分别进行沟通后，约定了时间地点开展调解工作。随后不久，王某和董某、焦某、齐某一同来到某街道人民调解委员会进行调解。

首先，调解员从调查当事人争议事实入手，了解到双方为房屋比邻的邻居，并分别向双方讲解了我国法律对不动产相邻关系的规定。争议双方为互相比邻的不动产所有人，对自己所有的不动产均具有占有、使用、收益和处分的权利，当行使该权利时发生的权利和义务关系为相邻关系。当相邻权人因行使权利发生矛盾时，彼此均有权利从相邻方得到必要的便利，并防止相邻方为阻碍其行使权利而造成的危险和危害。相邻权人在行使各自权利时须有所限制，即不能损害相邻人的合法权益。本案当事人系前后院邻居，在法律关系上属于相邻关系中的相邻权人。其次，调解员从法律角度入手，为当事人各方讲解了相邻关系及侵权责任等相关法律知识。根据《中华人民共和国民法典》第 288 条的规定："不动产的相邻权利人应当按照有利生产、方便生活、团结互助、公平合理的原则，正确处理相邻关系。"调解员告知王某和焦某等人，应本着方便生活、团结互助的原则，和平解决由建房引起的噪声扰民纠纷。最后，对于王某提出的噪声损害精神损失费方面的赔偿要求，调解员告知焦某等人相关法律规定。根据《中华人民共和国民法典》第 294 条的规定："不动产权利人不得违反国家规定弃置固体废物，排放大气污染物、水污染物、土壤污染物、噪声、光辐射、电子辐射等有害物质。"王某及其妻的身体状况不佳，家中又有幼童，焦某等人在修建房屋过程中产生的噪声给王某及其家人的日常生活确实造成了一定影响。焦某及其他两家也确实出于自家节约建房成本的原因，从本不是公共道路的王某家门口绕行到达施工现场，给王某一家带来了生活上的不便。听到调解员告知相关法律规定后，焦某、董某、齐某三人的态度也出现了缓和迹象，表示愿意在建房期间，帮助王某租住其他住处，并承担租金。最终，通过调解员的劝说，焦某等人同意对王某进行一定的损害赔偿，王某也同意降低索赔诉求，双方达成一致意见。

【调解结果】

经调解，双方达成如下协议：其一，焦某、董某、齐某三人在此协议签订当日，各自以现金形式支付王某补偿费（噪声扰民费、他处租房费）1万元，共计3万元。其二，自此协议签订当日起，施工队将在规定时间内施工，并尽量降低噪声。同时，王某不得再以道路通行及噪声扰民为理由阻挠焦某、董某、齐某所聘请的施工队施工。若违反此约定耽误施工，需根据耽误的工期承担相应的赔偿责任（以实际误工损失为准）。其三，焦某、董某、齐某在房屋施工期间，需严格要求施工队谨慎作业，不得对王某房屋造成损害，施工期间若对王某房屋造成损坏，需要承担相应的恢复原状、赔偿损失等责任，对已造成的实际损害在房屋建造完成时负责恢复原貌，并经王某验收通过。双方当事人就调解结果表示满意，并当场履行协议，不再申请司法确认。

【案例点评】

本案系邻居间因噪声污染产生的一起邻里纠纷，实践中类似情形普遍存在。本案涉及对相邻权的保护和由噪声污染带来的侵权，又因当事人家庭需抚养幼童和患有精神疾病的情况显得矛盾非常尖锐。当事人双方都认为自身的要求具有合理性，彼此无法进行良好的沟通，使邻里关系不和谐。受理调解案件后，调解员能够实地走访查看，了解案件的具体情况，为向当事人双方提供彼此都能接受的方案奠定了基础。在调解过程中，调解员始终保持中立的立场，查明事实、以案说法、动之以情、晓之以理，与其分析利弊，并以法律条文为依据明确了双方的责任义务，促使了当事人双方调解协议的达成。双方都对调解员的调解工作表示满意。伴随着城市化进程的推动和环境保护意识的普及，噪声污染越来越被人们重视，而事件中因为此等情况造成邻里矛盾的现象比比皆是，这一案件具有重要的普适性和指导价值。人民调解应积极发挥其应有的作用，以客观中立的立场维护当事人双方的合法权益，实现其化解矛盾和预防风险的功能。

二、司法补充和社会管理的功能

客观来看，"不论一国的具体情况如何，其司法资源总归是有限的"。[1]人民法院的法官虽然具有专业的法律素养，掌握了丰富的法律知识技能，但面对错综复杂、纷繁多样的案件情况，在某些领域可能缺乏专业性。如在环境污染等技术性很强的问题上，法官就难以判断某类物质是否有害、其危害程度如何、是否存在可行的补救措施。因此，在司法审判中，有时需要借助鉴定意见、专家学者等。但司法审判依然具有局限性，面对日新月异的社会发展，立法注定具有滞后性，造成一线司法人

---

[1] 黄先雄："司法谦抑论——以美国司法审查为中心"，湘潭大学2007年博士学位论文，第21页。

员的审判困难。而面对这种具有专业化需求的问题，人民调解可以依据行业标准、公共道德、乡规民约等社会规范，具备显著的便利性。截至 2021 年，我国设有各级人民法院 3537 个。其中，高级人民法院 33 个、中级人民法院 416 个、基层人民法院 3087 个（数据源自最高人民法院网站）。在 2020 年，全国法院共受理案件 28 283 204 件，其中未结案件有 2 100 296 件（数据源自 2020 年全国法院司法统计年报）。可见，我国人民法院正面临着巨大的诉讼压力，案多人少的问题日益严重。面对这一问题，如果寄希望于增加法官数量和法院数量无异于杯水车薪，无法从根本上解决问题，反而会给地方财政带来巨大的负担。而且，我国司法体制是一个体量庞大、牵扯众多的整体，进行改革本身存在相当的风险，在短时间内也难以收获成效。因此，面临司法资源有限的现状，非诉讼解决方式是一条行之有效的道路。基于维护司法权威严和公信力的角度，诉讼本身应当被置于最终决定者的位置上，而数量众多的民间纠纷则可以被分流到人民调解领域。人民调解可以大大分担基层法院的受案压力，缓解案件大幅增长同司法资源有限的矛盾，即使当事人对人民调解结果不满，也可以通过诉讼来维护自身合法权益。此外，人民调节分布广泛，可以作为多元化社会治理的重要一环，协助政府增强对地方的掌控。从人民调解委员会的人员构成来看，其成员与基层群众机构具有相当程度的联系。在实践过程中，基于工作的实际需要，人民调解组织往往与基层政府联系密切，因此不可避免地受政府部门的影响。因此，"基层调解组织的自治功能是依附于政府和行政管理功能的，或者说是一种以自治形式出现的行政管理"。[1]收集整理当地人民调解的案卷

---

〔1〕 潘小娟：《中国基层社会重构——社区治理研究》，中国法制出版社 2004 年版，第 56 页。

情况，进行量化分析和汇总，可以增强人民调解对系统性风险的防范能力。以下，笔者将通过典型案例对人民调解的司法补充和社会管理功能展开进一步分析。

王某某与某医院医疗纠纷调解案

【案情简介】

2021年5月某日，患儿王某某因"反复腹胀24天余"入住南京市某医院。初步诊断：①新生儿腹胀；②胆汁淤积性肝炎；③新生儿肺炎；④重度营养不良；⑤先天性心脏病——房间隔缺损；⑥甲状腺功能减退症；⑦早产儿；⑧小于胎龄儿。入院后予禁食、通便、抗感染、加强营养支持、补充甲状腺素等治疗，完成血生化、灌肠造影、MRCP胆管核磁等相关检查。查血生化提示碱性磷酸酶显著升高，25-羟维生素D水平低。予保肝、降酶、利胆及补充钙、镁、维生素D、AD等。患儿腹胀渐好转，逐渐开奶喂养。6月某晚间摄胸腹片，提示右股骨中段骨折，骨科会诊后初予夹板固定，后改Pavlik挽具佩戴。6月多次复查骨片后请骨科会诊，认为愈合可，继续观察。病程中持续补钙、补磷，维生素D、AD口服。复查25-羟维生素D水平持续低下，予以维生素D220万单位肌注治疗。8月复查右股骨片后请骨科会诊，阅片后表示骨折愈合可，骨痂较多，4周后骨科门诊复查，告知患儿父母需定期随访至成年。患儿父母认为由于医方护理不当导致患儿右股骨骨折，故而大闹医院，打骂医护人员，向医方讨要说法。南京市医患纠纷人民调解委员会在收接到医患双方的调解申请后，先行告知争议双方人民调解的工作原则和调解程序，当事人双方均表示愿意通过医患纠纷人民调解委员会解决该纠纷。

【调解过程】

由于医患双方意见悬殊，案件受理后，调解员立即与患方取得联系，患方情绪较为激动，坚持认为由于医方护理不当或故意为之导致患儿右股骨骨折，医方须承担全责。调解员在表示尊重患方诉求的同时向其说明市医调中心有专家咨询程序，可以帮助患方解开疑惑。患方表示感谢，听取了调解员的建议。9月，市医调中心根据调解员申请，组织2名医学专家（新生儿科、骨科）和1名法学专家召开专家咨询会。专家组经充分论证后认为：代谢性骨病并发骨折系该疾病可预见但不能完全避免的疾病并发症，自身因素是发生骨折的决定性和根本性原因，但不能完全排除存在某种诱因的可能。医方在诊疗过程中存在一定过错，建议原因力为次要原因。会后，调解员及时向医患双方转述专家咨询意见，患方不予认同，认为医方不能证明患儿右股骨骨折不是由其所致，应承担举证不能的不利后果，故要求医方给出合理的说法和赔偿，否则坚持将患儿独自留置医方。

因医患双方争议很大，调解员采用"背靠背"的调解方式，分别做医患双方的工作。针对患方对医方的质疑，调解员指出，依据《中华人民共和国民法典》第1221条的规定，"医务人员在诊疗过程中未尽到与当时的医疗水平相应的诊疗义务，造成患者损害的，医疗机构应当承担赔偿责任"。首先，调解员向争议双方告知了举证责任。由医方提供患者的详细病历资料及相关影像学检查，患儿初次就诊医院所摄影像学片及相关检查提示，存在代谢性骨病的可能。患儿入院后，医方予以相关必要性检查后，于5月诊断代谢性骨病成立。医方已对其诊疗行为的尽职义务承担了相应的举证责任。虽然诊疗行为与损害后果是否构成侵权行为由医方举证，医方应当对二者之间不存在因果关系并且不存在过错承担举证责任，但患方也应当要证明其接受过医方的诊断、治疗，并因此受到损害的事实。患方主张医方护理不当造成损害，现医方已提供了完整的护理记录，证明其护理行为已经尽职，患方亦对护理记录没有异议，如果坚持认为系医方护理不当造成患儿右股骨骨折，应就这一主张提供证据。同时，患方认为医方故意为之或篡改病历，也应就其主张提供证据。其次，调解员表示，医患双方既然选择进行调解，就需要控制情绪，理智协商解决问题。由于双方各负的举证责任不同，负有举证责任的一方自然要承担举证不能的后果。调解员建议患方在法律规定的范围内提出合理诉求，尽早解决矛盾纠纷。患方反复商量后，表示接受调解员的建议。此后，调解员又单独与医院沟通，医方在此次诊疗过程中，的确存在一定瑕疵，在明确诊断代谢性骨病后，未就代谢性骨病及可能发生骨折的风险与患儿家长沟通，病程记录和护理记录也无实时记载，应当承担一定的责任。最后，调解员从家长陪伴利于患儿智力、情感、生长发育的角度出发，希望医患双方及时解决该纠纷，尽可能将该事件的不良影响降到最低。经过调解员的劝说，医方的态度也不再强硬，希望调解员尽快解决纠纷，劝说患方降低赔偿金额要求，医方也会积极履行责任。

【调解结果】

2021 年 10 月，经调解，医患双方签订了调解协议，内容如下：其一，医方一次性赔偿患方各项费用合计 5800 元；其二，本协议是双方当事人真实的意思表示，经双方当事人签字（盖章）后生效；其三，双方当事人已产生的争议一次性解决，再无任何纠葛。经回访，协议已履行。

【案例点评】

本案系一起由医院是否存在医疗事故引起的医患纠纷。近年来，医患纠纷发生较为频繁，并且矛盾较为尖锐。根据我国法律法规的规定，在医患纠纷中的侵权责任"举证责任倒置"。因医疗侵权纠纷中涉及医疗专业知识，导致争议双方的地位和信息均不平等，患方为弱势群体，无法适用"谁主张、谁举证"原则。由具有专业知识并进行诊疗行为的医方举证才能更好地保护当事人的合法权益。但医疗责任的确认是一个专业性较强的工作，本案当事人情绪又较为激动，调解员能够发挥主观能动性，组织专家学者对案件原因和各方责任进行专业判断。在当事人对调解建议表示抵触时，引用法律条文进行耐心劝解，明确各方过错和责任，为双方最终的握手言和提供了良好的基础，促成双方合意的达成。调解过程中，调解员准确理清了整个案件的来龙去脉，综合运用了法律知识和专业医疗知识，促使在复杂的医患关系中双方的权益都得到了保护。

三、普法教育和实现正义的功能

《人民调解委员会组织条例》第 6 条第 1 款规定了法律法规等是人民调解委员会进行调解的首要依据，在整个调解过程中当事人责任认定等诸多环节都需要参考法律进行，当事人通过调解员对法律条文的解释运用明确了自身的权利义务，对涉及的法律法规有了深层次的认识了解，并意识到了依法调整自身行为的重要性。因此，整个调解过程是一个对当事人进行普及法律法规的过程。早在第六届全国人民代表大会常务委员会第十三次会议上，我国就提出要开展全民普法工作，党的第十八届四中全会更是提出了依法治国的基本方略。但在客观上，我国国土广阔、人口众多，存在诸多地处偏僻、交通不便的地区，当地人民群众与外界沟通联络较少，对法律的认识较为匮乏。并且，我国传统乡土社会的国家影响力相对薄弱，人们往往依照旧例遵守习惯和乡村民约。人民调解吸收了传统民间调解和宗族调解，能使人民群众容易接受通过这一手段来解决民间纠纷。"人民调解员生活在基层，扎根于民众之中，集民俗习惯权威与法律普及于一身，既是国家法律的基层代言人又能够调和民俗习惯与法律的冲突进而规范、指引群众的行为，以他们自身的权威，为法律深入乡村提供了可行的路径。"[1]人民调解将依法调解和依情调解相结合，在解决纠纷的过程中向当事人和周围群众普及了法律法规，使人民群众明白应按照法律规范自身行为，实现知法、守法、学法、用法。此外，相较于刚性的诉讼，人民调解没有强调理清案件的所有是非曲直，双方在调解时不具有很强的对抗性。人民调解本身具有灵活性和自主性，能更好地在当事人之间构建起沟通的途径，调解员在客观中立的立场上疏导当事人，当事人有足够的空间和机会去表达自身意愿，变利益纠纷为双赢。在调解过程中，调解员也在发挥着倾听者的作用，当事人通过倾诉自身的不满感受到调解员对自身的重视和理解，有助于减少部分群体对解决结果的排斥感，可以消除潜在的社会问题，有利于保护当事人的权益。以下，笔者将通过典型案例，对人民调解的普法教育和实现正义的功能进行进一步分析。

薛某与陆某邻里纠纷调解案

【案情简介】

2021年9月，某街道人民调解委员会接到小区居民薛某反映，称其邻居陆某在公共楼道私自安装摄像头。薛某称，自己居住在该小区的某栋某层，该层为一梯三户，邻居陆某将监控

---

[1]　秦静："村居调解组织在普法工作中的主体地位研究"，载《中国司法》2016年第3期，第23~25页。

摄像头安装在走廊中。在此位置，摄像头能拍摄到整个公共走廊区域，邻居的日常进出情况陆某都一目了然。薛某认为，陆某的行为侵权了自己的隐私权，但陆某认为自己是因为放置在走廊上的物品丢失，由于小区安保不到位，安装摄像头是为了财产安全，并不是为窥视邻居隐私。薛某为此曾多次与陆某沟通，但陆某对此不予理睬。薛某表示，自己已经打过"110"，也联系过城管等综合执法部门，陆某均敷衍应对，后续并未及时拆除摄像头，矛盾没有得到妥善解决。无奈之下，薛某到某街道人民调解委员会求助，希望能通过调解解决此纠纷。

【调解过程】

接到薛某反映的问题后，调解员来到薛某家门口进行实地查看，确实看到陆某在公共走廊区域安装了一个摄像头。调解员向陆某说明了来意，但陆某的态度并不友好。调解员询问陆某安装摄像头的原因，陆某解释道，因为自己放置在走廊的东西常常无故失踪，同时最近小区的治安较差，安装摄像头是希望起到保护自身财产的作用。调解员说道，陆某有安全意识是好事，但摄像头装在公共走廊里，邻居们的一举一动都可以被陆某看到，邻居会觉得像是被监视着，并询问陆某是否愿意拆除摄像头。陆某认为，装摄像头也是为大家好，坚持认为自己没错，对调解员的态度也开始逐渐不友好。

见此状况，调解员向陆某解释，隐私权是我国法律赋予每一位自然人的基本权利。《中华人民共和国民法典》第110条第1款规定："自然人享有生命权、身体权、健康权、姓名权、肖像权、名誉权、荣誉权、隐私权、婚姻自主权等权利。"第1032条规定："自然人享有隐私权。任何组织或者个人不得以刺探、侵扰、泄露、公开等方式侵害他人的隐私权。隐私是自然人的私人生活安宁和不愿为他人知晓的私密空间、私密活动、私密信息。"调解员详细地向陆某讲解相关法律规定，告知其隐私是每一位自然人的个人信息以及不愿让他人侵入的个人领域，与公共利益、群体利益无关。陆某监控拍摄的范围是公共走廊，事实上对邻居薛某的隐私权造成了威胁，安装摄像头的行为已然构成隐私权侵权。调解员又向陆某讲述了相关司法判例，我国法律关于个人能否安装监控并没有明确的规定，根据"法无禁止即自由"的法理，按理说陆某是有权安装监控的。但行使个人权利的前提是不能侵犯他人的合法权益，虽然陆某指出安装摄像头是为了保护自己的财产，并不是为了偷窥别人隐私，但由于监控的范围是公共走道，涉及了他人的隐私权，此时存在个人财产利益与他人隐私权利益之间的相互冲突。在司法判例中，在涉及侵犯他人隐私权的情况下，通常会判决个人的财产利益让位于他人的隐私权益，判决安装摄像头的行为构成侵犯隐私权。

看到陆某若有所思，调解员引导陆某进行换位思考，知道自己的一举一动被人监视，产生不自在的感觉是很自然的，虽然陆某通过监控摄像头所采集的信息系为个人所用，但是可以采用在室内安装监控、改变监控朝向等其他方式进行自我保护，其权利的行使不应建立在侵害他人的合法权益之上。尤其是现在的摄像监控装置都具有自动摄录和存储功能，可以完整记录相邻住户以及来访人员的进出时间、携带物品等信息。这种行为会侵扰他人心理上、精神上的安宁，让一个正常理性的人高度反感。同时，邻居之间要相处的时间很长，因为安装摄像头而引起邻里矛盾非常不值得。陆某听后承诺会尽快拆除摄像头。调解员询问薛某对该处理结果是否满意。薛某认为，只要拆除摄像头，自己心中的顾虑就消除了，大家以后还是和谐友好的邻居。次日，薛某和陆某来到街道调委会签订了调解协议书。

【调解结果】

薛某和陆某签订的调解协议如下：其一，陆某承诺拆掉私自装在公共区域内的摄像头并致歉；其二，薛某承诺今后搞好邻里关系。几天后，调解员对薛某、陆某进行了回访，陆某已经拆掉了摄像头，双方当事人均对调解结果表示满意，一场由监控摄像头引发的相邻纠纷被圆满化解。

【案例点评】

近年来，因为人们的安全意识和隐私保护意识日益增强，人们对于自己隐私的保护更为重视，但人们对于应该如何界定隐私权这一相对模糊的概念和其保护范围往往并不熟知。因此，部分民众认为安装摄像头是保护自身财产安全的一种方式，是其自由；其他民众则认为这一做法侵犯了自己的隐私权，引发了不少的邻里矛盾。司法实践中，自然人、同住人以及来访人员等进出住宅的信息与家庭和财产安全、私人生活习惯等高度关联，是受到法律保护的具有隐私性质的人格权益。任何权利的行使都不是随心所欲的，其基础必定建立在不能侵犯他人合法权益的前提下。因此，由隐私权引发的纠纷，是双方权利的冲突，其界定要归根溯源到法律条文中。《中华人民共和国民法典》第六章规定了"隐私权和个人信息保护"的相关内容。本案中，调解员引用了《中华人民共和国民法典》第1032条等具体条文，结合案件的具体情况，向当事人解释说明其行为的不妥，明示其应当履行的义务。对当事人晓之以理、动之以情。通过引导，让双方"换位思考"，站在相对方所处的环境去想问题，从而实现邻里矛盾的化解，让邻里和睦共处。同时，也向公民普及了相关法律法规，让当事人和其他社会群众切身体会到守法的重要性，实现了社会正义。

第三节 人民调解的渊源

人民调解在构建社会和谐稳定中发挥着不可或缺的重要作用，在排解社会矛盾纠纷中实现其自身价值，在我国历史发展中体现着强大的生命力。

一、人民调解的思想渊源

我国具有两千多年的封建社会历史，人民调解历史悠久，基于深厚的"无讼"思想渊源，抗拒诉讼这一思想在我国古代盛行。首先，"无讼"思想的形成源于社会经济状况。从经济制度来看，在中国的封建社会，自给自足的小农经济占据主导地位，属于典型的以农耕生活为主的自然经济。基于国家统治和社会稳定的需要，历代王朝都将农业耕作确立为治国的根本，奉行重农抑商的经济制度。数千年的农耕生活形成了我国耕读传家的思想，统治阶层大力弘扬耕作的劳动和勤劳的品质。如明朝的霍韬就在《霍韬家训》中写道："凡子侄，多忌农作。不知幼事农业，则知粟入艰难，不生侈心；幼事农业，习恒敦实，不生邪心；幼事农业，力涉勤苦，能兴起善心，以免于罪戾，故子侄不可不力农作。"而由此形成的传统农业社会带有很强的封闭性、等级性、血源性、集团性。这也为调解制度的产生和发展奠定了基础。基于土地对人身的束缚，我国古代人民往往局限于自己土地所在的固定区域，各地之间的沟通往来相对较少，人们的纠纷和矛盾往往发生在当地，不愿意打破人际关系的平衡，地缘和血缘上的限制制约了社会成员的活动空间，使得"民事关系"的发生往往未能超出亲友地邻的范围，即使发生矛盾纠纷，也因血缘、亲缘和地缘关系而彼此退让从而达成谅解，选择以调解这种较为平和的方式来维护自身权益。著名的清代"三尺巷"故事就是其典型代表。[1]

在中国古代宗法制度下，国家的君和家庭的夫是儒家纲常伦理的两个极点。其所倡导的德治催生出了富有我国特色的矛盾化解机制。就宗族而言，宗族内部的事务往往由族长和家老决定，这一习惯后来演变成了乡里调解和宗族调解等民间调解形式。"这些门类众多的调解在维护社会生产力的发展和维护社会和谐 稳定方面发挥了极为重要的作用，业已成为中华民族的优良传统之一。"[2]在我国古代，人们以家庭为单位，依附于其血缘和地缘而群居生活，从事自给自足的生产劳动，以比邻而居、鸡犬相闻的自然经济为基础，形成了十分稳定的熟人社会。生活在物质匮乏、生产条件低下的"靠天吃饭"状态，每个家庭既是生活单位，又是生产单位，人们的交往通常在本村落的邻里和家族内部进行。每个家庭都有较为稳定的家族内部管理体系，发生经济纠纷和生活纠纷时，人们往往本着"家丑不外扬"原则和"三纲五常"约束，通过家法由宗族内部进行调解，而非诉至官府。孔子也对自己最得意的学生颜渊表达了出现纠纷可以进行自愿调解，使社会达到"无讼"的理想状态。其次，"无讼"思想的形成源于社会政治制度。在我国封建社会，个人力量微薄、生产水平低下的小农经济和自然经济决定着只有重视群体力量才能对抗恶劣的自然条件。因血缘、亲缘和地缘而

---

[1] "三尺巷"又名六尺巷。清代开国状元傅以渐在京城为秘书院大学士，家中因为宅基纠纷，修书一封，希望他能为家中撑腰。收到家人来书，遂修一纸家书："千里修书只为墙，让他三尺又何妨？万里长城今犹在，不见当年秦始皇。"家人看后，自感惭愧，主动让出三尺，邻居知道后，深感惭愧，也让出三尺来，于是就形成了今天的六尺巷。

[2] 董小红、韩自强："论人民调解制度价值的渊源"，载《社会主义研究》2011年第3期，第103~107、113页。

形成的聚居生活、民族、宗族和礼教使"无讼"思想得以产生。封建社会的统治者倡导"君权、父权和夫权",实行君主专制,而君臣关系基于家庭关系和父子关系。中国古代的行政传统往往将国家的统治者乃至地方的行政长官视为百姓的道义上的父亲,将州县官称作"父母官",以期为百姓做主、维护百姓利益。调解可以调和家庭关系和邻里纠纷,稳定和维持家庭内部关系和宗族矛盾,从而建立封建君主专制国家的社会稳定秩序,"无讼"成了封建各朝代国家统治者的共同追求。因此,小到乡里宗族大到官府衙门,调解均成了解决纠纷、化解矛盾的首选方式。

二、人民调解的文化渊源

古今社会,公力救济皆不可能解决所有的纠纷,故不同时代的国家都在寻求诉讼外的纠纷解决方式。《礼记·乐记》对王道进行了精辟阐述,以"礼乐刑政"作为支柱:"礼节民心,乐和民声,政以行之,刑以防之。礼乐刑政四达而不悖,王道备矣。"对于法律的施行,提倡"明德慎刑":"刑期于无刑。"这种文化传统为诉讼外的调解制度奠定了民族基础。

人民调解源自我国古代的民间调解和官府调解。在我国古代,民间普遍信奉"和为贵"的宗旨。《论语·颜渊》记载孔子云:"听讼,吾犹人也。必也使无讼乎。"其中,"无讼"表达出了我国民间传统追求达到没有诉至公堂的案件这一理想状态的法律文化,是"和为贵"的传统文化在法律思想上的表现。它的表层含义是没有或者不需要诉讼,深层含义则为让步宽容的态度。在传统儒家礼教思想下,法家刑罚思想被视为有失礼仪。孔子曾主张定罪量刑虽可以暂时禁止人的恶行,却无法使人在思想上从善、根绝犯罪,而倡导通过思想教育人们知道犯罪是一种耻辱失格的行为。这一思想在汉代被上升为国家的官方思想，被历朝历代所沿用。中国古代向来将人心淳朴、风俗良善视为地方教化的成功典范。诉讼案件的多少也是衡量地方官员政绩的一大标准。因此，对于地方来说，选择通过调解来化解矛盾对于为政者来说也是成就声名和功绩的有效方式。这就进一步推动了民间以诉讼为耻的思想倾向。法家、道家都在追求"无讼"思想，以此作为一种理想的生活状态，对我国的法律思想均具有较大的影响。由"无讼"思想发展为传统的调解理念，在社会发展历史进程中发挥了重要作用，并逐渐成为现代具有中国特色的人民调解制度的萌芽。正因为调解制度对宗族和谐稳定和维护社会秩序起到了良好的调整作用，才使得人们对诉讼产生了耻讼、贱讼的心理，在一定程度上阻碍了法治的进步与发展。

从文化属性上看，农业文明"安足静定"的社会心态造成了人们规避诉讼和偏好调解的倾向。在这种情况下，调解成了最好的方式。而在家国同构的背景下，国法由家法延伸而来。在家族、宗族组织与国家组织同构的基础上，维护其日常生活秩序的伦理道德准则随之上升为国家治理的原则，为我国传统调解制度的形成与发展创造了有利的社会基础。从思想基础上讲，老子曰"人法地，地法天，天法道，道法自然"。道家崇尚淡泊、宁静，主张无为。《中庸》云："天命之谓性，率性之谓道，修道之谓教。道也者，不可须臾离也。和也者，天下之大道也。致中和，天地位焉，万物育焉。"儒道两家作为中国传统哲学的代表都蕴含着一定的和合思想，这是传统调解机制的内在原理。儒家也将"无讼"思想作为其理想追求，倡导人们尊崇"礼治"，尤其是统治者要"明德慎刑"。法家则倾向于使用严苛刑法、轻罪重罚来震慑百姓，使之不敢诉和不能诉，从而达到"无讼"的状态。道家主张"无为""无治",顺应自然,以实现"无讼"的理想境界。

三、人民调解的社会渊源

社会矛盾的预防和化解是每个国家都要面对的重要理论与实践问题。能不能有效化解社会矛盾、维持稳定的社会秩序是一个社会能否长治久安的关键因素。从过往实践中我们可以发现:"社会矛盾并非一成不变,而是随社会历史条件的变化而不断变化。"[1]伴随着我国经济的迅速发展,全面依法治国的深入推进和经济体制的进一步改革给我国社会生活带来了巨大的影响。新的利益群体和利益关系的出现推动着社会矛盾日趋增多和复杂。2020 年人民法院一审受理案件 14 518 468 件(数据源自《2021 中国统计年鉴》),实现国家治理体系和治理能力现代化的使命要求我们解决好由改革带来的一系列问题。伴随着改革逐渐进入深水区,我国的社会结构越来越复杂。从人口问题来看,自中华人民共和国成立以来,我国人口政策根据实际情况多有变化。2001 年颁布的《中华人民共和国人口与计划生育法》于 2021 年被全国人民代表大会常务委员会修改。截至2020 年,65 岁及以上人口数为 19 064 万人,占总人口比重13.5%。城镇人口比重在近十年由 49.95%增长到 63.89%。老年人口抚养比较高的东北地区,三省抚养比均都在 20%以上,全面总抚养比高达 45.98%(数据源自《2021 中国统计年鉴》)。这些数据表明当前我国人口红利正逐渐丧失,老龄化、人口男女比例失衡、劳动人口比例、人口地域分布不均等问题正逐渐显现。从城乡经济来看,城乡一休化建设虽然在近年来

---

[1] 张婷婷、赵美玲:"社会治理现代化视域下社会矛盾预防化解的多维路径",载《理论导刊》2021 年第 12 期,第 70~76 页。

颇有成效，但城乡二元结构问题尚未得到解决。农村在医疗、教育等基础设施上的缺乏，城乡人员工作收入上的差距，都在客观上推动着人口继续由乡村流入城市，乡村衰败的趋势在短时间内无法避免。"从家庭结构看，随着社会转型，传统家庭结构迎来新的挑战。家庭规模日趋小型化，家庭成员日渐老龄化，老年人口赡养比例逐渐增大，家庭稳定性渐渐变差，许多家庭不堪重负致使离婚率升高，单亲、丁克、少子、老龄、空巢等特征明显增强，家庭矛盾增多，负担向国家和社会转移。"[1]此外，随着全面建成小康社会目标的达成，人民的需求层次有了延伸，更多地期望实现社会性需求和精神性需求。然而，资源不充分、发展不平衡的客观现实给我们着手实现人民群众对美好生活的向往制造了阻碍。总而言之，社会阶层分化造成的利益主体及其需求差异的多样化使得利益格局日趋复杂，人民需求从"量"到"质"逐渐转变，实现社会公平正义要求对这些矛盾进行合理安排。种种因素为当前的社会治理带来了艰巨的挑战。

　　社会主义现代化建设推动熟人社会向法治社会转型、封闭社会向开放社会转型。当前，国家治理体系和治理能力现代化的发展重点是社会治理领域。在这一过程中，伴随着网络的普及和信息通信技术的发展，人与人之间的信息壁垒渐渐消除。信息化使得社会矛盾较易被放大、凸显，相关利益受损者通过网络来集体表达诉求。"围观者通过目睹偶发事件情不自禁联系自身，同情弱者，预测未来自己利益也有可能遇到类似不公正待遇，此时此刻须为弱者发声，义愤填膺抱团取暖，偶发事件迅

　　[1] 张婷婷、赵美玲："社会治理现代化视域下社会矛盾预防化解的多维路径"，载《理论导刊》2021年第12期，第70~76页。

速升级演变为'无直接利益冲突'的群体性事件。"〔1〕小问题
引来剧烈反响，进一步变为群体性事件，造成巨大的社会影响。
因此，如何将矛盾在爆发的第一时间解决，将纠纷在第一现场
化解成了新时代社会治理的一个重要论题。在我国社会主义市场
经济体制下，国有经济是国民经济的主导力量，但并非包揽一
切领域。国有经济、集体经济和非公有制经济共同组成了我国
社会主义经济，每种经济都有其存在的重要价值。反映在国家
治理体系上，表现为不同的治理层面、不同的治理领域和不同
的治理方式，所有的治理行为均涉及国家治理、政府治理和社
会治理的各个方面。〔2〕党的十八大提出要建设"社会协同、公
众参与"的社会治理体制，改进社会治理方式，提高社会治理
水平。国家作为公权力的象征，并非包揽一切。为了避免行政
机关无意义地维持庞大的规模和臃肿的组织结构，国家划定了
自身的职能范围，将诸多治理领域放手给社会自治机构，以实
现效能最大化。正如同并非所有违法犯罪行为都由刑法惩罚一
样，"法律限制个人自治的正义根据在于为了本人和他人更大的
自治和福利，包括刑法在内的一切法律，只有作为维护社会存
在、保障个人自治免受他人非法侵害和促进个人、社会整体福
利而存在时，才具有正当性，才是正义的"。〔3〕出于充分尊重人
的自由和尊严考虑，也不应将一切社会纠纷纳入诉讼调整的范
围内。而站在实用主义的角度来说，人民群众之间的某些纠纷，
如果均通过诉讼来解决，会占用大量的司法资源，而交给群众

〔1〕　张婷婷、赵美玲："社会治理现代化视域下社会矛盾预防化解的多维路
径"，载《理论导刊》2021年第12期，第70~76页。
〔2〕　许耀桐、刘祺："当代中国国家治理体系分析"，载《理论探索》2014年
第1期，第10~14、19页。
〔3〕　何荣功："社会治理'过度刑法化'的法哲学批判"，载《中外法学》
2015年第2期，第523~547页。

自治，则可以有效降低司法成本。此外，即使是耗时最快的简易程序，也需要 3 个月的时间，这会也使得矛盾因迟迟无法得到解决而进一步激化。因此，人民调解制度从各方面来说都是对诉讼制度的有效补充，能够有效维护诉讼的权威和威信，使得繁多的民间纠纷可以在较短时间内通过自愿协商来解决，实现国家职能与社会职能的相对分离。

四、人民调解的法治渊源

化解人类社会在进步过程中产生的矛盾纠纷，关键在于维护当事人之间的公平和正义。法治追求的价值是自由、平等、正义、秩序，人民调解充分体现了法治的应有价值，更好地实现了公平正义的社会效益和维护弱势群体权益。首先，人民调解彰显了自由平等价值。当事人有权选择矛盾纠纷的调解组织，对排解纠纷的方式享有程序选择权。在协商、诉讼、仲裁等多种纠纷解决方式中，当事人可以根据自身需要和利益追求作出自愿选择。国家尊重和保护当事人的选择权利是法治自由价值的内在要求。任何调解组织和调解人员均不得违背当事人意愿强行调解，更不得预设任何调解方案和调解结果，强迫当事人接受或强制其达成调解协议。在调解过程中，当事人的法律地位完全平等。调解人员虽然在调解案件过程中居于主导位置，但不得压制当事人，不得泄露当事人隐私及商业秘密，不得态度粗暴、带有侮辱性语言，更不得接受或索取财物。当事人享有平等权利，也平等履行义务。其次，人民调解彰显了正义价值。许多著名的法学家均强调"正义是法治实质和宗旨"，[1]在不同的社会阶段有不同的面貌，是人类社会追求的崇高理想和传统

---

〔1〕〔美〕E. 博登海默：《法理学——法哲学及其方法》，邓正来、姬敬武译，华夏出版社 1987 年版，第 238 页。

美德。人民调解可以消减当事人之间的对抗情绪，缓解实质正义和程序正义之间的矛盾冲突。避免单纯法律适用中的僵硬，充分兼顾当事人的朴素正义观，更有利于实现平民正义。充分保障了当事人的调解请求权和处分权，避免了当事人因费用问题被诉讼拒之门外。基于此，人民调解缓解了由司法压力和司法资源分配不公所带来的衍生矛盾，降低了在诉讼程序中对律师的依赖程度，从而减轻了当事人的经济压力。最后，人民调解彰显了效益价值。对比诉讼程序，人民调解更注重效益。人民调解没有严格的程序要求，通过劝说疏导和讲理析法的方式，可以避免诉讼中的时间和人力、物力成本，使用低成本的灵活方式快速化解纠纷。当事人双方在自愿选择调解组织和调解程序的前提下，平等自愿地达成调解协议，只要当事人具有基本的诚信，都会自愿履行调解协议约定的义务。国家可以减少司法资源的投入和消耗，当事人的矛盾纠纷可以得到快速化解，节省时间和金钱的消耗，也减少了旅途奔波的劳累。评价化解纠纷方式的效率高低，直接影响着公正实现的程度。随着我国法治社会进程的快速发展，人们的法律意识和维权意识不断增长。大量纠纷诉讼至人民法院，导致现有的诉讼资源不堪重负。而诉讼压力和诉讼程序影响着案件审理时间，持续时间越长对当事人造成的损失就越大，矛盾就会更加激化。将一部分民事、行政和轻微的刑事争议，交由调解组织通过人民调解机制化解，在一定程度上缓解了诉讼压力，同时也提高了司法效率，更好地实现了法治的效益价值。

第四节　人民调解的变迁

矛盾纠纷是人类社会发展进步的伴生物，维护国家稳定和社会和谐成了人类社会历史发展各阶段的必修课。人民调解在促进国家稳定，使人们定分止争、和谐相处中展现其独有魅力，同时也经历了初创、兴盛和衰落阶段。

一、中华人民共和国前的初创

1927 年 7 月，第一次国共合作失败，中国共产党从大革命的实践中吸取教训、总结经验，将革命任务确立为农村包围城市、武装夺取政权。在土地革命过程中，苏维埃政府摸索出了一套依靠贫雇农、联合中农、限制富农的土地革命制度，使广大农民获得了土地和物质利益，得到了农民阶级的认同。在抗日战争爆发后，民族矛盾上升为主要矛盾，为了团结最广大力量抗日，中国共产党促成了抗日民族统一战线，协调了各方群体的利益，使得人民群众对抗日根据地、解放区政权有着高度的认同感。为了打破乡村旧有"皇权不下乡"的传统社会格局，中国共产党通过诉苦、批斗等多种阶级教育途径，激发了人民群众的阶级觉悟，削弱了传统地方精英的权威，并吸收了一部分思想开明、有政治觉悟的地主、乡绅，不仅打破了原有的政治格局，还培养出了一支思想进步、能力出众的干部队伍，在此基础上建立了民间自行调解组织等四类人民调解组织。从经济来看，抗日根据地和解放区大多位于边远落后的乡村，尚处于传统农耕的自然经济模式，且受长期战乱的影响，经济状况较落后，不仅工业产出和商业贸易近乎没有，连粮食供给都无法保障。人民群众倾向于选择低成本的纠纷解决方式。从文化来看，抗日根据地、解放区所处的偏远山区，几乎没有受到国外思想的影响，传统封建等级制度和等级秩序没有瓦解，人们依旧追求传统保守的"无讼"，宗族调解、乡里调解等传统民间调解较为普遍。人民调解在对传统民间调解进行批判继承的基础上发展，满足了当地百姓的习惯传统。

初期的人民调解产生于传统的宗族调解、乡里调解。这一阶段的人民调解具有如下特点：其一，组织形式多样化，包括"临时组成的民间自行调解组织、群众团体调解组织、村调解委员会以及政府调解组织形式"。[1]其中的群众团体，调解的主体是调解委员会，也是现在人民调解组织的雏形。根据是否设有专门调解机构可以被分为两类，在组织结构、组成成员和调解依据等各方面都深受抗日根据地、解放区政权组织的影响，在整体上依附于当地政权。民间自行调解在某些方面与传统调节相似，往往是由当事人邀请当地德高望重的乡绅、长老等主持，并未设有固定成员和专门机构，系由民间自行组织。为了弥补人员的不足，边区政府曾多次号召人民群众进行自行调解，以减少诉讼的压力。其二，有地方特色的制度化，从1941年开始，各地相继制定了人民调解工作条例。如晋西北区颁布的《晋西北村调解暂行办法》、晋察冀边区行政委员会颁布的《晋冀鲁豫边区冀鲁豫区区调解委员会组织大纲》、苏中行政公署颁布的《苏中区人民纠纷调解暂行办法》等，人民调解制度初步形成。这些条例结合了地区的实际情况，在具体内容上不尽相同，但都明确规定了自愿原则、平等原则等基本条款，并逐渐上升为人民调解的基本原则，对我国人民调解的日后发展具有深远影响。其三，坚持抗日根据地、解放区政权的引导，人民调解虽然对传统民间调解有了部分的吸收借鉴，但在公权力的介入问题上，人民调解在很大程度上受到当地政权的影响。抗日根据地、解放区政权极为重视人民调解的发展，以不定期组织调解人员进行培训、召开学习经验交流会等方式提高调解队

---

[1] 张红侠："人民调解变迁研究——以权威类型转变为视角"，南京大学2014年博士学位论文，第36页。

伍素质，并设立了司法助理员一职，以协调委员会的工作。

二、中华人民共和国成立之初的兴盛

中华人民共和国成立后，中共中央对过往实践经验进行总结，提出国民党的"六法全书"只是维护旧有统治阶级利益的工具，应当废除。在马锡五"大众司法"的基础上，另行制定法律，建设人民司法。对国民党统治时期残留的司法人员进行改造或剔除，当时司法人员严重不足，基层司法资源紧张。从革命时期人民调解的实践就能发现，人民调解制度可以有效解决民间纠纷，缓解司法压力，促进社会基层的和谐稳定，有利于培养人民群众的法律意识。因此，在原有基础上，逐渐在全国范围内普及人民调解组织，对调解的组织、制度进行完善。各地纷纷结合地区实际，开展人民调解制度的建设工作。"据不完全统计，从中华人民共和国成立至1954年，先后发布过人民调解规程、指示、办法的有苏北、河北、平原、松江、甘肃、浙江、山东、云南、江西、新疆、内蒙古、武汉、天津等省、市，有的大区，如东北人民政府、中南军政委员会、西南军政委员会也发布过专门指示。"〔1〕这一措施大大推动了人民调解走向制度化。1953年第二届全国司法工作会议决定在全国范围内有领导、有计划地建立和健全基层群众性调解组织。1954年颁布了《人民调解委员会暂行组织通则》（已失效），首次对人民调解制度进行了全国统一规定，明确了人民调解委员会的性质、任务、工作原则等。1963年浙江诸暨枫桥镇总结出"枫桥经验"，使得群众路线这一社会治理的方案日益得到重视。在1973年司法工作恢复正规后，司法部相继颁布了《人民调解委员会

---

〔1〕 韩延龙："我国人民调解工作的三十年"，载《法学研究》1981年第2期，第44~50页。

暂行组织通则》《司法助理员工作暂行规定》等诸多规定，对人民调解制度的组织形式和配套制度进一步完善。全国的村（居）调委会和企事业单位人民调解委员会组织体系的基本架构逐渐形成。十一届三中全会提出了健全社会主义民主和加强社会主义法制，依法行政制度逐步推进，推动着人民调解制度的快速发展。截至 1990 年，我国人民调解委员会达到 102.1 万个，调解人员规模达到 625.6 万人（数据来源《1990 年中国统计年鉴》）。

三、20 世纪末的衰落

20 世纪 90 年代后，伴随着我国社会结构的转型，社会矛盾呈现出新的发展趋势，人民调解解决矛盾量的占比降低，国家对于人民调解制度的支持力度减弱，人民调解的规模和影响呈现下降趋势。为了建立社会主义市场经济，我国开展了大规模的产权改革，社会结构因此变动。大量人口失业使得大量新型社会矛盾出现。人民群众开始质疑人民调解是否能够充分保障自身利益，这种公信力的缺失导致人们不愿去选择调解途径。这种失位使得各地纷纷降低了对人民调解的投入，诸多调解委员会无法保证自身具备充足的人员和资金。调解人员由 1996 年巅峰时期的 1035.4 万人降低到 2008 年的 479.29 万人（数据源自《中国统计年鉴》）。这一状况的形成原因是多方面的。一方面，伴随着我国法制化进程的发展，无论是国家还是人民的法治观念都有所增强。社会大力弘扬依法维权的观念意识，人们不愿意接受调解可能带来的权利让步，民事纠纷的解决途径由以人民调解为主向强化诉讼转变，逐渐形成了"强诉讼、弱调解"的格局，这也是社会文明进步的必然现象。另一方面，伴随着社会主义市场化带来的改革，国家改变了用强制行政手段干预市场主体的方式，将公权力的控制范围缩小，行政机关对人民调解员的支持力度削减，人民调解组织的权威弱化。国有单位数量的减少，非公有制经济主体的占比越来越多，大量人员由国有单位向非公有制单位和个体经济转移，员工对公有制单位的依附性减弱。同时，随着国有单位的角色转变，国有企业改革取消了对其员工公费医疗、子女教育等诸多福利，使得人们原有遇事找单位的习惯改变，人们更倾向于通过诉讼来自行维权。此外，人民调解员在法律知识储备方面有所欠缺、调解协议没有法律保障效力，种种因素导致了人民调解的法律权威不足。

第二章

新时期人民调解专业化发展研究

中共中央印发的《法治中国建设规划（2020-2025年）》已经为新时期人民调解专业化发展指明了方向，要完善人民调解、行政调解、司法调解的工作体系，充分发挥好社会治理和预防社会风险的第一道防线作用。如何建设专业化的人民调解队伍，是新时期人民调解制度发展需要研究的新课题。

第一节 新时期人民调解制度的创新和发展

人民调解制度是中国特色社会主义法律制度，也是为数不多的具有千年传统文化基因的法律制度。新时期人民调解制度的确立、创新和发展更为重要。

一、现代人民调解制度的确立

现代人民调解制度的萌芽在20世纪20年代第一次国内革命战争时期，主要负责调解群众纠纷，是一种民众参与的大众化司法制度。[1]直到抗日战争时期，陕甘宁边区高等法院时任院长马锡五也强调"以调解为主，以审判为辅"，并在一些解放地区的乡村设有调解组织，称其为人民调解委员会，这个称呼被

---

[1] 侯欣一：《从司法为民到人民司法——陕甘宁边区大众化司法制度研究》，中国政法大学出版社2007年版，第156页。

一直沿用至今。以此为基础，中华人民共和国成立之后人民调解制度进一步发展。伴随着人民生活的变更发展，各种民事诉讼接踵而来。于是，党中央尽力采取人民调解的方法，减少诉讼纷争。随着调解制度的不断发展，我国逐渐形成了人民调解的自愿、合法和保护当事人诉权的三大原则，成了现代人民调解制度初步形成的标志。

1954 年颁布的《人民调解委员会暂行组织通则》（已失效）首次在全国范围内确立了人民调解制度。1982 年以来，人民调解作为基层群众的重要内容被写入《中华人民共和国宪法》，此后人民调解制度以各种形式进入了我国各项民事法律法规。2010 年第十一届全国人民代表大会常务委员会第十六次会议审议通过了《中华人民共和国人民调解法》，其是我国第一部全面规范人民调解工作的法律，在人民调解制度发展史上具有里程碑式的意义。

二、新时期人民调解制度的创新与发展

人民调解是以我国民间调解的优良传统为基石发展起来的解决社会纠纷的机制。在改革开放四十余年的新时代背景下，为了缓解人民法院的办案压力，同时高效解决当前社会多元化的矛盾纠纷，我国积极推动人民调解成为解决社会矛盾纠纷的重要机制，也取得了一定的进展与成就。

（一）新时代人民调解制度的发展

在中华人民共和国成立初期，司法资源极度短缺，人民调解的程序简便、对抗性弱，为民众所接受并认可，[1]人民调解制度得以飞速发展。2010 年 8 月 28 日我国颁布了第一部专门规

---

〔1〕 栗明辉：“在法律与社会之间——革命根据地人民调解制度现代价值解析”，载《理论界》2010 年第 10 期，第 56 页。

范人民调解工作的法律——《中华人民共和国人民调解法》，标志着我国人民调解工作进入了一个崭新的发展阶段。党中央一直重视对人民调解组织的建设，《法治政府建设实施纲要（2015—2020年）》《关于完善矛盾纠纷多元化解机制的意见》《关于加强和改进乡村治理的指导意见》《关于加快推进公共法律服务体系建设的意见》等中央文件加强了对政府、乡村以及社会公共服务的治理。

十九大指出，中国特色社会主义进入新时代后，我国社会的主要矛盾已经转变为人民日益增长的美好生活需要和不平衡不充分的发展之间的矛盾。这为我国的人民调解工作提供了难得的发展机遇，也提出了新要求、新任务。随着社会经济和社会结构发生重大变动，人们的思想观念也发生了变化，矛盾纠纷呈现出新的情况和特点。为了有效化解社区矛盾纠纷，不断完善新时代下的人民调解制度，充分发挥"第一道防线"的作用，党中央和政府需做到以下几点：一是提高认识，推进人民调解制度化、规范化。使人民调解、行政调解和司法调解和谐发展，实现诉讼调解与人民调解的良性互动，及时解决民事纠纷，促进社区和谐稳定。二是健全机构，落实调解组织网络格局。三是加强对社区人民调解工作的业务指导力度，建立人民调解长效机制。四是坚持"调防结合、预防为主"的方针，大胆探索人民调解的新路子、新模式。五是坚持调解程序规范化与方式多样化，实行人民调解工作考核、奖励制度。六是推动工作理念创新，加强依法调解理念，不仅要调解纠纷还要维护双方当事人的合法权利，促进社会公平正义发展。强调预防为主的理念，提出防患于未然，促进融合联动的理念。鼓励各方先行调解解决问题。

（二）新时期我国人民调解制度的发展

传统人民调解制度以息事宁人、教化优先、追求平衡和顺应人情为基本理念,[1]新时期人民调解在传统调解理念的基础上更注重遵循现行国家法律法规、社会公共利益,当事人更加关注调解协议的法律效力和强制执行力。

1. 人民调解组织与队伍的发展

《中华人民共和国宪法》确立居民委员会、村民委员会设人民调解委员会,是用于调解民间纠纷的群众性组织,受基层人民政府和基层人民法院的指导。近些年,人口流动和经济交流范围扩大,人民调解组织的调解范围也随之从一般的婚姻、家庭、邻里、宅基地、借贷、赔偿进一步扩展到了城市建设、土地流转、环境治理保护、劳动争议、医疗保险、交通肇事、医患纠纷等多方面。

但是,以人们群居区域建立的传统基层人民调解委员会层次较低,对一些重大、复杂纠纷的调解已难以保证公平正义。所以,为适应新形势下民间纠纷的新变化,人民调解组织结构也发生了新的变化。2002 年《人民调解工作若干规定》扩大了人民调解组织的范围和形式。现在调解委员会已从传统的村民委员会、居民委员会等自治组织拓展到乡镇街道、企事业单位和行业,区域性、行业性人民调解组织得到了较大发展,消费者协会、残疾人联合会、集贸市场、经济开发区、物业管理小区、房地产开发区以及贸促会、商会建立了调解组织,一些地区还按照社会主义市场经济的发展要求建立了面向社会公开服务的调解机构。人民调解组织正在向专业化、职业化方向发展。

2. 健全乡村矛盾纠纷调解机制

近些年,我国愈发注重乡村的建设发展,党的十九大精神和《中共中央、国务院关于实施乡村振兴战略的意见》的提出

---

[1] 廖永安主编:《中国调解学教程》,湘潭大学出版 2016 年版,第 53~55 页。

推进了乡村治理体系和治理能力现代化，夯实了乡村振兴基层基础。该意见第6条重点强调了乡村矛盾纠纷的调解问题：健全乡村矛盾纠纷调处化解机制。作为一种解决纠纷的机制，人民调解制度通过与我国特有的政治、经济、文化等相磨合、适应、促进，成了一种独具特色的法律文化。新时代，人们的思维方式与价值观念也在逐步更新，建立起了"以德服人，依法办事"的人民调解制度。有学者提出需针对不同类型的社会调解建立起体系，[1]人民调解的行业化、专业化发展需求与日俱增。

三、调解员主导的传统模式及多角度剖析

我国传统调解模式为调解员主导型调解模式，其基本特征为调解员主动介入、主动调查纠纷事实并主动提供纠纷解决方案。调解员与当事人之间的基本结构为主体-客体关系。

调解员在中国的历史长河中有重要的地位，在封建王朝社会时期就充斥着形形色色的以调解员为主导的机构，在各种大大小小的事件中用辩论发挥着调节缓和的作用。虽然在现实中不存在公开的调解，调解的结果也不公开，但是调解员大多能围绕争议焦点展开解决方案，使得当事人双方都能达到和解的目的，即使不成功也不会使得双方互相抓住把柄。一般的调解都秉持着高效、快速的方式，而且调解员作为一个低风险职业，在世界范围内有着极高的存在意义。

调解员在中国历史上一般都有着劝和的使命，在当今社会中以和为贵也是主要前提。在最原始的意义上，调解员其实属于一种准司法制度，调解也不止一种形式，而是多种多样的。

---

[1]　廖永安、王聪："人民调解泛化现象的反思与社会体系的重塑"，载《财经法学》2019年第5期，第78~88页。

比如我们常见的有司法调解、行政调解、人民调解三种制度。

（一）三种制度的多角度剖析

当今社会上的调解一般都是"大"调解，也就是政府主导的调解，这种调解具备主观能动性、经济且易利用性。调解员大多为专业出身或者为相关从业人员，所以其具有专业性与规范性。调解员一般扎根于大众身边，相比于法院来说更具有亲和力，且一般见多识广、为人处世公正并具有一定名望，更能把法律讲解给广大人民群众，让群众了解法律的本真意识，从而降低诉讼压力，使得国家治理更加便捷、高效。

但也存在部分人民调解员的人文素质较差的情况，其虽然有一定的人民信赖度，但是缺少相应的文化素养与知识水平。其虽然具有一定的基础知识，但是也会有一定的判断偏差导致失去了法律的公平性。同时，当今的调解员一般都停留在感情层面，都是浅显地动之以情，却缺少了晓之以理。大部分调解员一般都没有统一的文化水平和一定的规章制度，所以比较难于管理。个别人民调解员存在一定的中饱私囊的情况，致使法律的无私与公平性丢失，导致当事人不再信任人民调解，使得国家后续治理行动受到阻碍。有的调解员虽然懂得一定的法律常识，但是这种基础法律知识仅限于习惯法，对国家深层面的立法目的和立法宗旨则无法体会。基层人民调解员虽然化解了大量的民间纠纷，但是在解决纠纷的同时，在一定程度上也是阻碍了法治宣传，导致国家普法难度增加，群众人人懂法的社会目标拖后。

（二）三种调解制度存在的问题

人民调解、行政调解、司法调解三种调解制度具有各自的特点和优势，但缺乏有效的衔接机制，尚不能在化解纠纷事件中达到事半功倍的效果。各地司法行政部门曾尝试衔接三种调解制度，但在中国漫长的调解历史中尚没有三种调解结合的成功案例可供借鉴。在实践中，当事人往往因为同一个纠纷，先向人民调解委员会组织寻求调解，民事争议中涉及行政机关的行政确认或行政裁决而调解不成，转而找到行政职能部门进行行政调解，行政调解不成再提起民事诉讼。或者人民调解、行政调解达成调解协议，但一方当事人不予履行，另一方当事人只能再次提起民事诉讼，导致同一纠纷当事人寻求三个救济途径，浪费了当事人的时间、人力、物力，同时也增加了三个部门工作人员由缺乏有效的衔接机制导致的重复性工作。

构建人民调解、行政调解和司法调解三种制度的有效衔接机制，需客观研究三种调解制度的优势与劣势，扬长避短，快速化解社会矛盾纠纷。人民调解组织基于天然的人缘和地缘优势，了解当事人双方的自然情况和纠纷产生的根源，具有较高的群众认可度和信赖度。不足之处表现为：在乡镇中调解组织的调解员一般都不是专职人员，一个人可以身兼数职，承担着大量的日常事务性工作。有的调解员甚至无法系统地将事件调解完毕，或者在调解过程中因其他职务而被临时调走，导致调解时间过长，造成被调解人受到的伤害无法在前期得到解决。国家对调解员的奖励表彰制度缺失，调解办公经费无法得到保障，调解员需要自行支付通信费、交通费等。基层政府财政部门没有将调解组织的相关经费纳入预算，导致调解员的工作积极性不高，没有发挥预防基层社会矛盾和风险隐患排查的作用。行政调解基于行政机关的行政职权，可以对矛盾纠纷的焦点问题直接作出行政确认或行政裁决，该行政确认和行政裁决的结果具有法律效力。但由于行政机关的法定时效等执法程序相关法律规定较为严格，有些纠纷需行政负责人作出决定。行政机关负责人无法接待每一位当事人，无法直接沟通了解其诉求的原因和细节，而具体的工作人员则无权作出行政决定，导致纠纷处理时间过长。有的纠纷因涉及多个行政职能部门，各行政机关没有相应的联席会议制度，无法合力将事件解决，浪费了大量的人力、物力，也使得政府财政的压力增加。司法调解由纠纷案件的主审法官亲自主持调解，调解成功当庭签订调解协议，由人民法院出具《民事调解书》，具有法律效力和强制执行力，当事人的信任程度较高。但司法调解的主审法院往往受民事法律规定的限制，须在法庭开庭审理的法庭调查结束后，纠纷案件事实查清、证据确凿的情况下才组织当事人调解。只要有一方当事人当庭表示不同意调解，主审法官便不能进行调解。

（三）构建三种调解制度的有效衔接机制

我国应结合人民调解、行政调解、司法调解三种制度的优势，建立有效的衔接机制，构建"大调解"的工作体制机制势在必行。三种调解尽快融合从而达到合力，搭建调解信息查询和沟通交流平台，使矛盾纠纷事件得到高效解决，并且在一定程度上将调解与普法进程相结合。在民众信任的基础上进行普法行动，使得人人懂法、人人信法，弘扬社会主义法治理念。建立人民调解员集中培训制度，让调解员在学习法律法规的基础上充分领会国家立法目的和立法宗旨的深度精神，建立调解员的案件质量评查和奖惩制度。地方政府需保障调解办公经费，大力支持并宣传调解制度的优势，使得民众参与度更高，同时也加强普法宣传，提升民众法律意识。

第二节　专业性人民调解的介入与应用

中国人自古以来一直秉持着遇事大事化小、小事化了的解决态度，不到万不得已的情况下不会采取法律手段，更愿意采用的是协商调解的方法，因而有着不偏不倚、调和折中、以和为美的中庸态度，具有中国特色的人民调解制度备受青睐。

一、人民调解制度的法律渊源

人民调解制度起源于远古社会，但这并不算是严格意义上的法律渊源。法律渊源指国家机关、公民和社会组织为寻求行为的根据而获得具体法律的来源，也被简称为"法源"。根据是否为规范性法律文件中的明确条文形式，我们可将法律渊源分为正式渊源和非正式渊源。正式渊源是从国家制定的规范性法律文件中的明确条文形式中得到的渊源，例如宪法以及法律法规等，通常为制定法，即各种规范性文件。而非正式渊源则是指具有法律意义的一些道德准则和正义观念，但是这些道德准则和正义观念等并未明确出现在法律条文当中。从人民调解制度的正式法律渊源来看，虽然《中华人民共和国宪法》第111条第2款中提到人民调解，但此时的人民调解并未成为一个专门性的制度。2011年1月1日实施的《中华人民共和国人民调解法》是我国人民调解制度一个很重要的正式法律渊源。

调解制度在我国有着悠久的历史，在法律制度未形成健全的法律体系时，以氏族里德高望重者或者掌权者主持的调解为主要方式，人们之间矛盾纠纷的调解化解基本以道德风俗、行为习惯等为主要的规范准则，是一种带有封建色彩的制度。随着中华人民共和国的成立，民间朴素道德规范和正义观念同样也应当具有普遍性的法律渊源。尤其是在坚持依法治国和以德治国的大背景下，其在维护社会秩序和稳定上发挥了举足轻重的作用，道德规范和正义观念理应成为法律渊源的重要组成部分。人民调解制度有着深厚的历史渊源，作为我国本土的纠纷解决方式逐渐走向专业性。

二、专业性人民调解制度的内涵及特点

（一）专业性人民调解制度的含义

专业性人民调解制度，泛指由依法组织成立的人民调解委员会调解民间法律纠纷案件，进行调解时必须严格遵循我国现行各种法律法规规定的相关制度的总称。实践中，人民调解组织活动必须接受人民法院和地方基层人民政府司法行政部门的业务指导，但是我国人民调解制度跟地方司法行政部门在对当事人的约束上并没有什么本质区别。人民调解委员会没有任何强制性的执行力，无权对当事人采取任何司法强制措施。人民调解活动必须遵循当事人自愿选择调解组织、保证当事人意思自治的原则。专业性的人民调解组织，其组织当事人调解依据的理论是以中国独具特色的中国特色社会主义法律理论。面对社会矛盾、纠纷日益错综复杂的现状，人民调解管理制度逐渐向更高的专业化程度发展，慢慢发展出了更加专业的人民调解工作组织、专职的人民调解工作人员和更加广泛趋向专业社会化的调解运作管理模式。这也是人民调解工作不可阻挡的发展趋势。近年来，各地积极培育人民调解组织，充分挖掘社会资源，动员和整合律师、律师事务所等专业法律人士和组织力量，为人民调解制度向专业化发展奠定了组织和人才基础。

（二）专业性人民调解制度的特点

专业性人民调解制度相较于其他化解社会矛盾的纠纷解决机制而言，具有社会主动性。与其他民事诉讼审理程序相比，人民调解员可以主动申请介入民事纠纷程序进行调解，特别是通过社会基层宽泛广布的纠纷调解工作组织信息网络，定期组织排查社会重大纠纷隐患，把重大纠纷问题消灭在萌芽期，把重大纠纷问题解决在基层。人民调解法有效节约了大量社会管

理成本，减轻了人民法院的压力。调解服务组织的运行管理成本小，其人员数量远远多于法院，而且人员分布也比法院广泛得多。当事人的所有法律纠纷均可就地解决，而不必一趟又一趟地跑上级法院，解决法律纠纷的人力支出自然也要少得多。

专业性人民调解可以提高调解事务处理的适度性和高效性，专业性人民调解不需要严格按照民事诉讼审理程序，只要民事调解协议双方合意，便可以直接依法采用简便的民事诉讼审理方式直接依法进行民事诉讼调解，随时随地都可以顺利调解达成协议，而不必像调解民事诉讼那样经历繁琐的民事诉讼审理程序和较长的民事诉讼持续时间。同时，人民调解或者磋商是谈判双方相关当事人共同参与协商的一种必然结果，只要不直接违反我国相关法律的强制性规定、不损害中国特色社会主义国家公共利益、不损害任何一方第三人的其他相关合法权益，当事人均有权自由选择如何处分自己的合法权利。

新时期的专业性人民调解对调解人员在调解过程中的法治理念和法学专业知识的要求日益提高，尤其是调解人员的专业知识背景和法律职业素养。从依法治国到社会主义核心价值观中的法治；从加强法律建设到为全民普及法律知识；从准许各专业学子到只准法学学子参加法考。新时期的专业性人民调解有越来越多的法学专业人员加入，法学学子的数量不断增加，人民的法律意识不断增强，国家对法律人才的需求不断加大，社会对专业性人民调解制度的依赖也是有目共睹的。新时期的专业性人民调解制度是由人民群众、社区服务者等非法律专业人才和具有法律知识的专业人士共同组成的。法律知识专业人士在调解工作中，凭借理性分析，给出专业意见，采取合理有效的方法，促使一起又一起的纠纷得到妥善解决。

三、专业性人民调解制度的现实需求

建立专业性人民调解制度是全面贯彻落实《中华人民共和国人民调解法》，进一步加强行业性、专业性人民调解组织、队伍的管理规范化建设的需求。在深化改革不断深入的当今，各种社会利益冲突不断加剧，人际纠纷矛盾日益复杂，给社会经济和谐稳定发展埋下了诸多社会隐患。专业性人民调解在我们化解社会矛盾、维护经济社会稳定中的地位越来越重要，日益受到各级党委、政府以及社会公众的重视。专业性人民调解制度是一种实现社会民主自治的人民纠纷问题解决处理机制，而且它并非单纯的通过社会主义维护稳定和完全实现公民政治权利目的手段，更是承载着社会公众对人民调解纠纷制度能够发挥自身最大社会效应的期盼。人民调解工作领导小组和人民调解工作指导中心制度的作用进一步充分发挥，人民调解从制度逐渐走向司法专业化，确保了我国人民调解在制度中的专业性得到落实。跟传统理解不同的地方在于，专业性人民调解制度不仅仅是一种纯粹的社会纠纷处理解决方式，其还是一个融入了多种不同政治治理因素、承担了多种不同政治治理功能的复杂的社会制度。无论是我国古代的人民调解还是近代的人民调解，都是建立在农业经济基础之上，都是符合我国社会发展的。但随着我国经济结构的变动，社会主义市场经济不断发展，我国的城市人口不断增加，逐渐超过了农村人口。原来以农业人口为主的调解制度逐渐不能适应现在以城市人口为主的社会需求，建立专业性人民调解制度势在必行。

第三节　专业性人民调解制度的未来发展

综合运用多种手段化解社会矛盾纠纷的工作机制，在社会

分工日益细化、利益诉求日趋多元化的现实情况下，推动行业性、专业性人民调解制度的发展进程，才能更好地适应新形势的要求，建立健全社会矛盾纠纷化解机制。

一、专业性人民调解制度的优势

专业性人民调解制度的最大优势在于这种专业性强的人民调解制度本身具有较强的主动性，该制度不仅能使一般矛盾纠纷及时得到化解，同时还能有效防止矛盾调解纠纷的进一步激化和加剧。专业性强的人民调解服务制度本身具有简捷、及时和高效经济的基本特点，它能够在人民调解工作委员会的主持下，就近、及时地调解社会基层民事矛盾纠纷，在短时间内对矛盾调解纠纷进行优化处理，能最大限度地降低矛盾纠纷最终解决的时间成本，减轻我国基层群众和其他国家公共财政的经济负担，有利于更好地满足广大基层人民群众的迫切需求。就目前我国农村人民调解组织的机构设置发展情况来看，人民调解组织机构星罗棋布，全国只要有村镇或社区的地方，就有人民调解机构组织。人民调解实现的是情、理、法的完美融合。合法不合情、合情不合法是各行政机关和司法机关工作中经常会遇到的情况，也给行政机关执法人员和其他司法人员带来了很大的困惑。人民调解的当事人自愿选择和当事人意思自治原则可以使人民调解工作人员避免很多方面的困惑，可以将法、理、情有效融合在调解的过程中，实现法、理、情的有效统一，使《中华人民共和国人民调解法》更有效地实施，也能更易于被广大基层人民群众理解和接受。它可以快速化解当事人之间的矛盾和各种纠纷，便于提高调解工作效率。尤其是涉及群体性事件的矛盾纠纷，很容易被转化成为一种群众性质的聚众闹事，甚至可能演化为重大刑事案件。但如果能在人民调解制度下快速、有效地调处矛盾纠纷，防止社会矛盾激化，专业性强的人民调解制度则更有可能快速找到矛盾纠纷的关键点，按照我国现行法律法规规定与情、理结合有效化解，释法析理，给出专业性解决方案。

二、专业性人民调解制度的发展和完善

专业性人民调解的依法有序进行，以保障民事纠纷案件相关当事人的意思自治与合法权益为主要谈判前提，有利于民事纠纷相关当事人之间和睦相处。从建立专业性人民调解的法律关系程序的角度来看，调解的各个程序是否启动、进行以及其他调解程序结果的有效性和履行等都完全直接取决于作为调解关系当事人的双方。虽然调解员在处理一个调解案件的整个过程中可以直接对当事人进行各种心理说服或者劝导，有时候甚至还可以直接提出一个解决问题的具体实施方案，但具体方案采用与否仍然取决于被调解的双方当事人。中华人民共和国成立初期，人们的"面子"和家庭、家族的观念依然很重，在一般情况下很少有人愿意将矛盾纠纷起诉到人民法院，不到万不得已的情况下是不会愿意走法院诉讼之路的。通过发动人民调解，变人们对抗斗争为人民内部的矛盾纠纷和解，既不伤当事人之间的和气，又有效地解决了社会纷争，充分符合我国以"和"为贵的传统文化。在我国宪法的具体规定下，人民调解组织具有的群众性、自治性和社会民间性等性质是我国人民调解组织工作的政治基础，是多年来我国人民调解组织工作始终保持强大政治生命力的根本原因，这一根本性质始终不能改变。预防、化解各类社会矛盾，需要我们政府、市场、社会三方共同努力。通过地方政府资助购买调解服务这种方式，当地专业性人民调解制度得以发展。专业性人民调解制度依托地方政府

和资本市场之外的第三方服务力量，是预防和化解社会矛盾，提高人们对社会矛盾纠纷的自我主动消化、自我主动调和与化解能力的重要举措之一。

不同的科技水平及历史条件造就了各时代不同的经济水平，而经济水平导致不同时代社会矛盾的重点不同。当今社会，人们的生活水平得到了极大提高，但随之而来的便是医患纠纷、交通事故等事件的频繁发生，社会矛盾不断增加。专业性人民调解制度在实践中化解社会矛盾纠纷时具有主动性，主动出击使得矛盾能在发展初期就被发现，进而快速解决问题。由于该制度的着重点又偏向于"调解"，因此"情法两难容"的局面也可以最大限度地避免，实现法、情、理的融合。专业性人民调解受案条件的门槛低于人民法院诉讼的立案条件，调解人员也没有律师、司法人员等高门槛法律相关职业的入门资格限制，具有深厚的民众基础，能更好地服务大众，相较于法律诉讼具有更高的广泛性。但由于专业性人民调解制度的建立时间不长，在司法实践中暴露出的一些问题尤为明显。虽然目前其利大于弊，但为了该制度能长远地发展下去，我们应当加紧对其进行完善。

（1）加强专业性人民调解制度的组织建设。要在各地党委和政府的大力支持下，努力建设、完善和发展专业性人民调解制度。要尽可能覆盖一切需要专业性人民调解制度的领域，保证需要专业性调解人员的区域都能有相关专职调解人员负责。应当注意各地区的专业性人民调解委员会是否依法建立、是否在政府主管机关经过备案、是否在人民群众当中具有公信力，其调解结果是否具有相应的法律效力。同时，要完善专业性调解人员的工作机制，保证在岗人员熟悉专业调解工作流程，并尽可能对每一次调解进行案件质量核查评估，建立调解案件的纸质和电子卷宗存档备查，保证专业性人民调解制度的公信力。各地政府应当把专业性人民调解组织建设列入重要议事日程，加强组织领导，制定有力措施，明确责任分工，扎实推进工作依法有序开展。要进一步明确政府分管领导、行政部门责任科室和工作联络员，加强协调联系，及时解决工作中遇到的困难和问题。

（2）提高对专业性调解人员就职的筛选条件。对于已入职的调解人员，督促其提高专业知识水平与职业素养。在专业设置上要以"优势互补、结构合理"为基础，组建行业性、专业性人民调解员队伍。有关调解组织的行业主管部门以及设立单位要充分利用当地的现有社会资源，注重调解员队伍建设，广泛地吸纳优秀的政法系统退休人员、行政事业单位退休的专业技术人员、律师和相关行业领域的专家学者等。可以将专业性人民调解员纳入社会工作专业人才体系，进行职业水平培养和评价，为调解员创造未来职业发展的合理预期。

（3）加强人民调解专家库建设，建立专业化、社会化人民调解员队伍。各地的人民调解组织设立部门、政府的司法行政机关以及各行业的主管部门应根据调解组织受理矛盾纠纷案件的种类特点，选聘具有法学、会计学、建筑学、医学、心理学、教育学、社会学等各专业领域的专家学者，建立调解委员会的专家库，对复杂疑难的纠纷案件进行科学研判，为化解纠纷提供专业咨询意见。组建具有丰富调解经验和认真负责的调解员团队，做好对当事人的讲法析理工作，耐心讲解劝导，为纠纷化解提供专业的调解方案建议，作为达成调解协议的参考依据。

（4）加强上级行政部门对专业性人民调解委员会的指导与管理。加快相关法律法规的立法进度，以严格的法律法规来规范调解工作内容，制定统一、规范的调解工作程序，指导和约束调解员的职业行为。政府司法行政部门和人民法院等有关国家机关可以在专业性人民调解组织建立的初期引导其发展，将适宜通过人民调解方式解决的专业领域的矛盾纠纷，按照规定委派给专业性人民调解委员会，借此引导和规范其发展。

（5）完善专业性人民调解制度的激励机制与惩戒机制。全国人民代表大会及各级人民代表大会可以通过制定有效监督机制的方式，形成适当的监督机制，以监督调解工作人员合法行使权利。司法行政机关可以定期汇总人民调解员基本信息，向社会公示并在各级人民法院进行人员备案。人民调解协会和政府司法行政主管部门应指导和监督调解组织、调解员队伍建设，规范调解组织和调解员的行为。建立调解员的选聘、培训、监督、考核、奖惩和案件质量评查制度，针对调解员的岗位分工和对应责任，建立绩效考核评价制度。加大对调解员专业知识的日常培训，完善调解员退出机制，对办理虚假案件，损害国家、集体和他人权益，侵害当事人隐私和商业秘密等行为进行严查，并依法追究相关责任。

（6）完善专业性人民调解的工作机制。强化调解组织以及调解人员的专业素质和职业素养，畅通调解组织与政府行政机关的信息沟通渠道，建立与司法鉴定、公证、律师事务所、人民法院的业务交流平台，纠纷案件调解信息共享，调解人才资源共享，调解业务合作互助，建立协作机制，形成调解合力。尤其是要发挥好基层群众自治性组织的调解作用，基层社会组织往往最为了解当事人和纠纷发生的实际情况，基于人缘和地缘的优势，对矛盾纠纷的化解更能起到促进作用。建立人民调解、行政调解、司法调解的三调联动机制，加强与仲裁和诉讼的衔接，构建多元化纠纷解决机制，减少当事人纠纷化解的人力、物力和时间消耗成本，调高人民调解组织的工作效率，提高人民调解化解社会纠纷的公信力。

（7）加强对专业性人民调解制度的宣传。各地的人民调解委员会应当成立专门的宣传小组，深入人民群众，将专业性人民调解制度的优势和作用宣传开，借此建立社会公信力，使人民群众能够在产生矛盾纠纷的第一时间想到借助政府力量保障个人应有权利。

（8）利用互联网，促进专业性人民调解制度的发展。21世纪，互联网技术处于突飞猛进的发展状态，我国的网民规模处于世界前列，在这样的硬件技术支持下，基于全民上网的现状，专业性人民调解制度的普及工作也逐渐和互联网联合。互联网联合法律建立"互联网+人民调解"也降低了专业性人民调解制度传播的难度，使得在大众眼里高不可攀的专业人士变得"平易近人"，在一定程度上帮助了大众接受专业性人民调解制度，也提高了人民群众利用专业性人民调解制度解决问题的积极性。要采取线上、线下联合的手段，促进专业性人民调解意识走向基层，深入人心。要通过当今新媒体、新技术的应用，有效提升人们对调解化解社会纠纷救济途径的认知度，减少人民法院诉讼案件数量激增的工作压力，在一定程度上满足各类受众群体多样化的法律需求。

三、专业性人民调解的未来之路

实践证明，专业性人民调解在化解社会矛盾纠纷的过程中，已经发挥了一种不可替代的重要作用。专业性人民调解制度是一项完全具有中国准司法特色的新型基层民事纠纷协调解决制度。随着当前我国市场经济的快速发展和我国社会经济结构的快速转型，专业性人民调解制度在我国社会矛盾纠纷案件解决的制度体系中日益受到重视。但随着改革开放的深入，矛盾纠纷的主体呈现多样化，纠纷法律关系趋向复杂化，传统的人民调解制度缺乏专业调解人员储备，相关法律和制度规范尚未健全，已经制约了人民调解工作的发展。人民调解专业化成了破解当前人民调解工作瓶颈、推进人民调解良性发展的优化路径。总之，专业性人民调解制度历史悠久，一步一脚印地发展着。现在，专业性人民调解制度发挥着它的专业性作用，人们的法治意识不断增强，逐步开始追求以合理、有效的方式进行维权，专业性人民调解制度的地位更加不可忽视、不可动摇。它已经经过了时间和历史的检验，成了一套行之有效的维护社会稳定的制度。

第四节　域外调解制度对完善我国人民调解的启示

域外各国对调解的理论研究与实践已经取得了许多成功经验，为我国促进市域社会治理、完善人民调解制度提供了相应的启示。

一、域外典型国家调解制度的主要特点

世界各国为化解社会矛盾纠纷均展开了大量研究，建立了许多相关多元化纠纷解决机制，其中法国、日本、美国、德国等国家结合各自国情，分别建立了较为系统的调解制度。

（一）法国调解制度的主要特点

法国的调解制度长期在民间生存和发展，相较于诉讼更具有柔和性和灵活性，同时可以经济、快速地解决纠纷，使争议双方在相互理解的基础上，实现降低彼此损失、获得双赢的局面，在化解社会矛盾纠纷中发挥了巨大作用。1995年法国将调解纳入了司法程序，并制定了严格的制度。主要特点有：

（1）对调解人设定了严格的资格准入制度。《法国民事诉讼法典》规定了调解人的一般条件，即在形式要件中必须满足禁止性条件要求，未受过刑事司法处罚、没有被宣告为无行为能力人、不是法国司法档案第二号文书所列举的人、没有因伤害他人的荣誉而被禁止从事调解活动或被行政处分、行业纪律处分等。同时，需满足有适合从事调解工作的相应教育背景或精力，需保证能够独立地行使调解职能，尊重当事人的个人隐私和商业秘密。如果纠纷较为复杂疑难，还需具备纠纷涉及的专业领域知识，能够从专业领域观察并分析当事人心理，寻求争议双方达成和解的契合点，提供具有操作性和可行性的调解建议方案，供当事人和解参考。如果在法院附设调解，由法官对调解人名册上的调解人根据其专业领域知识背景和调解工作从业经历，以及调解人对民众共识的熟知程度，对纠纷事件的敏感度作出分析、对比和评估。选定调解人后将结果告知纠纷的当事人，供当事人选择参考。当事人选择后将其是否接受信息告知法官。法国较为大型专业性的调解组织以"全国家事调解联合会""商事调解员网络"和"全国被害人救助和调解学会"为代表。各调解组织对调解人资质认定作出了不同的规定，一旦经过资格认证形成调解人名册就不会轻易变动。但对于由谁审查调解人资格进而形成调解人和调解组织名册，法规尚未给出圆满答案，目前只能由法官根据自身的审理案件经验、相关案件判例、社会对特定调解人的评价，以及各调解组织的社会评价声誉、对本调解组织中调解人的教育培训项目来衡量选定向当事人推荐的调解人。

（2）对调解人规定了严格的义务。法国法律对调解人规定了严格的释明义务、保密义务，坚持公正、中立及独立义务。调解人一旦被选定为当事人纠纷的调处人员，必须遵守对当事人信息、争议内容、个人隐私、商业秘密、调解过程、调解结果负有的保密义务，禁止将调解过程中的当事人意见、陈述、证据、质证等信息泄露给第三方，也禁止将相关信息运用到诉讼、仲裁等其他司法程序阶段，并向纠纷双方和涉及该纠纷的所有参与调解的人员释明均应履行保密义务，要求其签订相应的保密承诺书和严格履行。同时，调解人应告知当事人在调解的任何阶段均有权咨询顾问，包括律师、会计师、建筑师等专业人士。对于调解过程中达成调解协议的可能性的讨论，当事人对调解人提出的调解方案意见，与对方当事人关于某一争议的退让，对调解方案的接受或反对意思表示，均作为调解案件中的高级保密事项，未经当事人明确表示同意，不得向第三方披露。尤其是调解的整个过程与调解结果在任何情况下均不允许对外披露。对于特殊案件，例如刑事公诉案件的调解人，虽然不受《法国民事诉讼法典》的约束，但并不意味着公诉调解人可以将调解阶段的当事人双方的意见作为证据向法官提供，作为刑事案件审判和裁决的依据。根据法国的职业保密法及最高法院刑事审判庭作出的生效判例，公诉案件调解人除当事人一致同意外，不得免除其在调解过程中所获得的当事人相关信息和调解意见的保密义务。相较于民事纠纷而言，刑事案件的犯罪行为人与受害人召集在一起协调和解难度较大，刑事调解人不得因调解内容或调解过程中的任何事项将当事人传唤至法院进行司法调查。刑事调解人如果违反保密义务，将被依法处以监禁、罚款等刑事制裁。《欧洲议会及欧盟理事会关于民商事调解若干问题的 2008/52/EC 指令》针对民商事纠纷规定了调解人保密义务的例外规定，即对于维护公共利益和儿童的最佳利益、保护当事人个人身体或心理健康的，在实施或者未执行本调解协议，确有必要披露调解协议相关内容的情况下，可以适当方式对调解内容予以适当公开。但是对于何为"确有必要"、何为"适当"等问题没有作出明确规定。

（3）对调解人限制了严格的责任。在调解实践中，法国虽然没有明确的单行法律规定调解人的责任，但要求调解人的责任适用民事法律责任的规定。在当事人选定调解人后，与调解人签订调解合同，约定调解人的法律责任，具有民事合同的法律效力。调解人如果拒绝履行调解人责任，或在调解过程中违反中立、公正、独立和保密义务，则要承担相应的法律后果。调解人需以自己的专业知识和调解经验，发挥调解作用，最大限度地促成当事人双方的和解，但不强制调解人必须调解成功。对于调解人促成的调解协议有失公平，但当事人双方同意和解，调解人对此是否应承担责任或者是否能像司法活动中的法官那样享有司法豁免权，目前法国尚未作出明确规定。

（4）对调解制度设定了国家法律援助。根据法国法律的规定，当事人选定法院附设调解可以申请法律援助，但当事人选择合意调解的除外。当事人申请法院援助，是否符合条件由法官依法作出决定，一经批准启动法律援助程序，其调解费用便由国家承担，政府资助调解费用，当事人即可获得 7 次，每次 3 个小时的免费调解的会议机会。如果不符合法律援助条件，当事人选择法院附设调解，也可获得减少诉讼费用的优惠条件。当事人仅需支付实际诉讼费用的 1/6，即可由调解人为其进行调解。法国各地相继成立了调解组织，从法国司法部公布的司法预算草案可以看到法国政府对援助刑事受害人进行了大量的资金扶持，拓宽了司法渠道，以求快速化解矛盾纠纷。

（二）日本调解制度的主要特点

日本的调解制度作为多元化纠纷解决机制有着悠久的历史，深受中国法律文化制度的影响，非常重视民事纠纷的非诉讼化解方式。在 21 世纪进入了调解制度发展的鼎盛时期，深入改革司法体制，将非诉讼纠纷解决机制（ADR）作为一项重要内容，并于 2004 年 12 月制定了《诉讼外纠纷解决程序促进法》，鼓励建立市场化调解组织以及其他 ADR 机构，完善调解组织市场准入标准，设定国家监督方式和制度，使多元化解决机制更加多元化和职业化。调解在日本的民事司法上虽然与诉讼审判在制度上是分离的，但其在功能和实际运用上是与诉讼相结合的纠纷解决方式，日语也称之为"调停"。

日本的调解制度由民事调解和家事调解两部分组成，家事调解有别于民事调解，设立了调解前置程序和别席调解原则，凸显了以下主要特点：首先，确立了家庭裁判所。家事调解与家事审判均由家事裁判所处理，适用《家事事件程序法》。家事裁判法作为向传统家族观念支持者的妥协，贯彻了日本新宪法理念，以换取"家"制度的废止。[1]在家事调解上的处理方式和程序等均与日本战前相衔接。受战后经济状况的限制，设立家事法院面临着法官人员不足的增补困难，加上家族法和继承法的修改，使家事调解这种非诉讼方式解决纠纷成了一种明智的选择。[2]其次，采用调解前置主义。学者普遍认为适用诉讼方式不能应对所有的家事矛盾，而且诉讼这种对抗较为明显的方式不利于维持家庭和谐。家事案件往往涉及家庭成员的家属关系，一些非合理性的矛盾纠纷不能简单适用硬性法律条款推演结论，需要人性化、灵活运用家裁调查官等人际关系学知识化解。适当的调解方式可以简单、快速地解决纠纷，既可保护纠纷中弱势地位当事人的合法权益，也可达到纠纷解决后修复

---

〔1〕 ［日］野田爱子：《家庭裁判所制度抄论》，西神田编辑室 1985 年版，第 35 页。

〔2〕 ［日］三月章：《民事诉讼法研究》（第 10 卷），有斐阁 1981 年版，第 285 页。

当事人之间人际关系的效果。[1]最后，确立别席调解的原则。同席调解可以为纠纷当事人创造沟通机会，通过当面交流使之敞开心扉，提升理性对话的可能性。在调解委员会调解人员的主持下，有助于当事人在信赖的前提下，确认事实关系，消除误解。但家事纠纷往往是由家庭矛盾日积月累导致的，当事人对彼此的言行习惯极为熟悉，一旦矛盾激化便难以理性分析和表达，同席调解存在一定当事人之间言语激化矛盾的可能性。别席调解可避免同席调解的矛盾激化，当事人可分别向调解委员会的调解人员没有顾虑地陈述家事纠纷中涉及的隐私事宜，将自己的让步空间和底线告知调解人员。当事人能够自由表达不想让对方知道的一些秘密，在调解人员分别调解的过程中就相互让步幅度进行讨价还价。[2]别席调解的独有优势更易于促进双方达成一致的调解协议，同时也促使别席调解成为日本家事调解法院的一项基本原则。

日本调解制度中的民事调解适用《民事调解法》，该法明确规定了民事调解案件的管辖、申请调解的条件、调解组织及调解人员、调解前的财产保全措施、调解案件不受理及调解不成立等程序性法律规定。对涉及不动产、农业经营、商事纠纷、资源开发利用、环境污染、交通事故等特殊领域的民事纠纷作出了特殊规定，最高裁判所针对民事调解还专门制定了《民事调解规则》，对涉及调解委员会等调解组织和调解费用等问题也设置了相应的额配套规则，这些构成了日本民事调解制度的总体法律框架。

---

〔1〕　[日] 梶村太市：《离婚调停ガイドブック——当事者のニーズに応える》（第4版），日本加除出版社2013年版，第13页。
〔2〕　[日] 梶村太市：《离婚调停ガイドブック——当事者のニーズに応える》（第4版），日本加除出版社2013年版，第430页。

（三）美国调解制度的主要特点

美国对享誉大洋彼岸的中国调解制度高度重视，结合美国实际形成了一套完整的调解运行体系。美国调解制度的兴起和蓬勃发展具有自身优势和独自特点，存在诸多合理内核。美国诉讼外 ADR 机制中调解服务的提供机构一般有两种：一是私营机构，包括律师事务所设立的 ADR 业务，提供私人调解员和调解场所，实行有偿调解服务；二是公共调解服务机构，由调解志愿者组成，靠专项基金和社会捐赠支持日常运转费用，是非营利的公益性社会组织。美国民众对于民间调解的信任源于对现代服务体系和能力的认可，当事人自愿选择并信赖市场机制。

首先，创新了调解指导理念。任何制度运行均有其指导理念作为核心灵魂，美国调解制度中对每一起纠纷的调处，均充分保障当事人的意思自治。在整个调解纠纷的过程中，处于主导地位的始终是当事人，而调解人员仅作为一个纠纷处理的协助者，对当事人化解矛盾进行帮助和协调，促使当事人根据自己的意愿进行选择。调解人员提供实现当事人合法权益和利益最大化的最优方案，以供其参考，强调纠纷化解是当事人自己找到和提出的方案，调解组织和调解人员始终是起到桥梁和纽带的作用。主张调解向前看，寻找解决问题的方案；杜绝向后看，不论当事人的过错是非。不单纯着眼于现实纠纷本身，更多的是放眼纠纷背后的深层次利益以及未来的可期待利益，可以有效减少和避免此类纠纷的发生。其次，建立专业化、职业化和商业化的调解模式。美国已经将调解作为一种完全融于社会生产和人们生活的运行机制，不再是一个单纯的纠纷解决途径。从 20 世纪 90 年代开始，美国已经建立了一套完整的调解教学、调解职业、调解商业化运行模式，各大学法学院竞相开设争议纠纷解决和 ADR 课程，形成了独特的"诊所式"教学模式。具有专业知识背景和相关学历的学生毕业后能够进入政府指导下的社区调解组织，也可以进入私人调解机构，组成一个独立并具有专业性的职业队伍。将调解服务量化为市场运行中的商品，融入市场竞争体制。当事人有权根据调解组织的声誉和调解案件的质量，自由选择低成本和高效率的调解服务，满足了社会主体多元化和矛盾纠纷多样化的多元利益全体需求。再次，调解方法的灵活多样性。调解组织受理纠纷案件后，先"背靠背"式调解，由调解员分别针对当事人双方了解事实，引导当事人说明纠纷产生的原因，分别找出双方存在的问题和化解纠纷的共同基础，鼓励当事人进行和解。然后适用"面对面"式调解，让当事人在同一桌前谈判，调解员通过专业知识、使用专业调解技巧将能够达成共识的问题"打包"，将争议较大的问题拆分，根据纠纷的性质和利益实现的难易程度引导当事人将争议拆分梳理，逐一排解达成合意。在调解过程中使用"情绪表达"式调解，让当事人充分阐述、表达和发泄情绪，调解员耐心倾听，再在适当时机引导当事人换位思考，循序渐进地说服其站在对方角度分析和看待纠纷，存在过错及时道歉，其功能是让犯错人把力量传递给受害人，受害人接受力量后决定是否原谅对方，[1] 从而缓解对抗情绪，避免激化产生次生矛盾。最后，总结和巩固调解成果。调解员将案件分割为若干争议焦点，逐一阐释分析达成部分一致意见，及时形成部分调解协议促使其部分履行，在巩固已经实现的部分纠纷化解的基础上达成全部和解。

（四）德国调解制度的主要特点

诉讼在德国传统的司法体制中作为主流的法律救济途径占

---

〔1〕 廖永安主编：《如何当好调解员：中美调解培训启示录》，湘潭大学出版社 2012 年版，第 156 页。

据重要地位，发挥着不可替代的作用。随着经济全球化和欧洲一体化进程，欧盟于 2008 年 5 月 21 日颁布《关于民商事调解若干问题的 2008/52/EC 指令》（以下简称《调解指令》），要求欧盟各成员国保障跨境民商事纠纷的便捷、快速解决，促进各成员国之间的调解机制自由灵活适用，将该指令的内容转化为国内立法。经济往来中民众的权益意识日益增强，对于维护权利的救济渠道和方式有了新的期待，促使立法者增强了对多元化纠纷救济途径的重视，2012 年 7 月，德国颁布了《促进调解及其他诉讼外冲突解决程序法》（以下简称《德国调解法》），开始尝试调解的实践运用。《德国调解法》的颁布和实施，凸显了调解制度的鲜明特点及优势，极大地提高了民事调解在德国司法体制中的地位。首先，调解具有中立性和专业性。《德国调解法》明确规定调解员只能由调解组织中经过联邦司法部培训认证后的人员担任。通过调解知识理论、法律实体和程序、沟通和谈判技巧、解决冲突和管理能力等培训，其可以独立和中立地调处纠纷案件。调解员对纠纷没有决定权，是从协调者的角度与当事人沟通，搭建平等交流平台，分析各方利益诉求和观点，努力缩小当事人之间的分歧。通过法律约束调解员的信息披露义务，告知当事人可能影响调解公正性和独立性的相关事项，在当事人的要求下提供自己的专业背景、培训情况和调解领域案件经验等信息。在调解案件过程中，必须平等对待各方当事人享有的权利和义务。确保当事人在充分理解调解协议内容的前提下达成一致意见。调解员负有对在调处案件的过程中所获知的所有信息的严守保密义务，并有义务建议当事人将达成的调解协议交由外部专家审议。其次，设立诉前强制调解。德国分别在《雇员发明法》《著作权和发现法》《支付不能法》《劳动法院法》等单行的部门法中规定了诉前强制调解程序，但在民事诉讼程序法律中对此没有明确规定。[1]2000 年德国修订了《德国民事诉讼法》，增设了诉前强制调解案件的类型和特别规定，将地方法院受理低于 750 欧元的财产争议案件、邻地争议、没有经过媒体报道的涉及个人名誉侵权等案件纳入了诉前强制调解范围，极大地缓解了德国法院的诉讼压力，也使许多案件免去了久拖不决的困扰。最后，社会公众认可度较高。《德国调解法》强化了当事人的自主性，即调解案件选择权、调解过程和协议达成均以当事人的自愿为前提。调解充分尊重当事人的意思自治，使当事人在实现法律公平和正义的过程中最大限度地发挥自主性。当事人在调解中自我选择和决定，清楚地认识自己的需求和处分自己的权利。因而，经过调解达成的协议当事人对其接受和自愿履行的程度较高。调解员引导当事人决定和处分权利时"面向未来展望"，减少争议双方的对抗情绪，不局限于眼前的局部利益，促进双赢和增加未来的合作机会。德国调解制度的建立和逐步完善，有效地提高了社会矛盾纠纷的化解效率，尤其是促进了欧盟成员国之间的经济往来，有利于彼此的交流与合作，更好地实现了欧洲一体化。

二、域外调解制度对完善我国人民调解制度的启示

作为一种多元化纠纷解决机制，域外各国对调解均较为重视。结合各国的不同国情，调解制度的规定也不尽相同，为我国调解制度的完善提供了相应的启示。调解应是诉讼外的一种纠纷解决途径，应属于人民法院诉讼案件立案的前一步，民事纠纷、行政争议、刑事附带民事诉讼均可进行立案前调解，以节约司法资源。吸收借鉴域外国家调解制度的优点，不仅可以

---

[1] 章武生、张大海："论德国的起诉前强制调解制度"，载《法商研究》2004 年第 6 期。

完善我国法院调解制度，同时对我国法院司法调解体系的健全意义深远。具体改革建议如下：

第一，人民法院诉讼案件立案前调解的适用范围可以借鉴日本、法国的诉前调解规定。将掺杂亲情或钱财的纠纷案件纳入诉前调解的必经环节，只有在经过调解后，当事人双方对调解意见不统一，无法达成一致协议时才可以进入诉讼环节。调解不统一的原因及纠纷因素，由调解负责人上交给人民法院业务庭审主审法院，供审理案件时参考。其余行政或刑事诉讼类涉及民事争议的部分，当事人之间可以向法院申请民事调解，也可直接起诉。

第二，每个调解案件均由固定的调解团队负责，调解参加成员包括双方当事人与调解员，调解员应由具备专门知识、生活经验丰富的公正人士担任，如律师、退休法官等，但要保证调解员与当事人无亲属关系或利害关系。人民法院应当对调解员进行登记，形成调解员名册供当事人选择，并且不得提出选择建议。美国的调解制度采取了中立立场以取得当事人信任，建立了专业化和职业化的调解队伍，引导当事人敞开心扉，巧妙打破争议僵局，使当事人理性回归谈判，值得我们借鉴。

第三，调解方案可以由调解委员会根据双方提供的信息、意见与矛盾进行综合性判断后提出，亦可由任一方当事人提出，但最终协议需经双方当事人自愿商讨，达成一致意见后确认调解方案，调解委员提供当场调解笔录，当事人与调解委员会的案件负责人员确认签字后成立。调解委员会将调解协议与调解笔录提交人民法院进行合法性审查与备案。经审查通过的调解协议当庭立刻宣布结果成立，并出具法律文书。若调解不成立，由调解委员会的案件负责人员向双方当事人发放调解不成立的证明文件，以保证各方当事人的基本诉讼权利。

第四，建立违法调解的法律救济渠道，调解协议达成以后，如果发现调解协议有瑕疵或调解委员会的案件负责人员或调解员在此案件中有徇私舞弊的情况，当事人可向调解委员会所在地的基层人民法院起诉或请求人民法院宣告调解无效并撤销调解协议，人民法院将对调解委员会中有违法行为的成员进行处罚。

第五，人民法院可将司法调解程序前移，在案件受理后即可对当事人先予调解，人民法院附设司法调解案件的期限可参考法国，初审法官可以在调解初期规定一个调解期限，具体根据涉及金额的大小与复杂程度提供 15 日至 60 日的时间。我国现行民事诉讼中的司法调解没有规定调解的期限，而且调解期间不计入审限，导致调解时间过长，不利于实现司法效率价值。为促进调解制度的发展，可通过制定法律法规来明确规定司法调解费用低于诉讼费用，以鼓励当事人选择人民法院附加的立案后司法调解来减轻人民法院审判工作的压力，为鼓励调解，在调解工作结束以后，人民法院根据诉讼当事人家庭情况酌情退还部分诉讼费用。例如，可退还前期调解和部分诉讼的成本费用，以达到设立附设调解法院节省司法资源的目的。

第六，扩大调解适用范围，在民事案件适用范围之外，将行政争议案件中的民事争议部分和刑事案件中的附带民事诉讼部分纳入调解范围。现行的法律法规对行政案件和刑事制度均未作明文规定，在发生行政和刑事案件的当事人选择方面，调解优先于法律。在采取行政调解方式的国家，虽然行政确权或决定是国家机关行使的行政管理职权，但调解可以对依法行政的原则产生积极影响。行政调解在诉讼中的积极作用决定了建立行政争议调解制度的可能性。域外各国调解的实践为我国建立行政争议调解制度、尽快制定行政和刑事相关争议调解的法律法规、消除理论与实践的尴尬提供了成功范例。

第三章

市域社会治理现代化对新时期
人民调解的需求

国家治理体系和治理能力现代化的重要组成部分是社会治理现代化，而市域社会治理是促进社会治理现代化的关键环节，更是我国依法治国在基层的实践。基层社会治理关系着国家稳定与社会和谐，如何快速化解基层社会矛盾纠纷成了创新市域社会治理的重要方式和途径。发挥好政治引领和法治保障、以德治教化和基层自治的新时期人民调解，可以更好地促进市域社会治理现代化。

第一节　新时期人民调解适合市域社会
治理现代化的内在要求

社会各阶层群体利益的不断增长，民众权利意识的不断提高以及信息的不断增长和便捷，使公众对个人知情权、表达权、参与权和监督权的要求比以往任何时候都高。作为社会治理创新的重要组成部分，市域城市亟须建立健全新时代人民调解系统。以人民调解为基础、以行政调解为主导，并通过司法机构的整合得到保障，从而转变为解决争端的综合社会治理。近年来，各地人民调解工作机制不断完善、调解领域不断拓展、调解质量不断提高、队伍建设不断加强。但是如何定位新时代人民调解机制的功能　如何发挥长效机制作用、如何探索和建立一个长期的、规范化运作的新时代人民调解工作体系，实现国家市域社会治理体系和治理能力现代化，就需要明确新时代人民调解适合市域社会治理现代化的内在要求。

一、共治、共享是市域社会治理现代化的目标

唱好"最强音"，推动人民调解工作提质增效。随着人口向城市集聚，城市空间的公共事务和社会问题日益增多，城市治理站在一个全新的起点上。习近平总书记指出，城市治理是推进国家治理体系和治理能力现代化的重要内容。党的十九届四中全会提出"加快推进市域社会治理现代化"的要求，指明了下一步推进城市治理体系和治理能力现代化的方向。党的十九届五中全会提出，要"优化国土空间布局，推进区域协调发展和新型城镇化""推进以人为核心的新型城镇化""建设海绵城市、韧性城市""提高城市治理水平、加强特大城市治理中的风险防控"，为推进城市治理现代化提供了方向指引。把握城市人民性，构建市域社会治理的制度体系，"推进以人为核心的新型城镇化"，关键在人。党的十九大报告指出，我国社会的主要矛盾已经转化为人民日益增长的美好生活需要和不平衡不充分的发展之间的矛盾。满足新时代"人民对美好生活的向往"是市域社会治理的目标取向。

一方面，要从人民需要的角度出发，进行全局性的市域社会治理制度体系建设，确保城市社会治理立足人民性、体现时代进步性、把握城市规律性、富有创造性和持续性；从大局出发，处理好党建引领与多元共治的关系，处理好政府、市场和社会的关系，协调和发挥好各方面的积极力量，综合布局城市空间、文化、产业、生活、安全、生态、服务体系。要总体布局、统筹协调，建立完善的市域社会治理结构，形成运转高效

的社会治理机制。全面推动社会各领域的现代化、制度化，打通城市规划建设与管理的诸多环节，优化城市发展的空间布局，推动城市经济社会高质量发展，构建市民占据主体地位的社会治理模式。党政部门是引领市域社会治理现代化的关键，首先要具备系统思维、法治思维，勇于承担治理改革责任。注重调解的法治化建设，做到在矛盾纠纷化解过程中事前讲法、事中用法和事后析法，[1]把握市域整体性，重构市域社会治理的权责体系，市域社会治理既具有整体性的特性，又具有多元性、差异性的特征。这就决定了市域社会治理不能"一刀切"，必须推进以调整权责体系为重点的社会治理体系改革。因此，市域社会治理既要有总体性的制度安排，又要根据不同部门、不同行业的特征制定不同的权责。

另一方面，要在党的领导下，形成城市大脑"抓总"、各类机构明确分工且联动合作的权责体系。建立健全统筹有力、协调有序、责任落实的体制机制，协调并发挥各类机构的职能作用，发挥市域社会治理的总体合力。要根据城市发展的新形势和新要求，推动条块权责和治理单元的重构。同时，加强基层政权建设，推动治理重心下移。当前，城市规模不断扩大，城市社会治理面临公共事务激增的巨大压力，要科学处理权力下放与条块分工、政府管理与基层群众自治、属地管理与业务管理的关系，根据服务和管理的类型，分别确定不同条块的职责，积极培育和引入社会组织参与市域社会治理。

二、化解社会纠纷是市域社会治理现代化的关键环节

每一个成功的争端调解员都赢得了人们的内心认同，对争

---

〔1〕 汪世荣、朱继萍：《人民调解的"枫桥经验"》，法律出版 2018 年版，第30 页。

议焦点的把握、合理化建议和法律上的调解，不仅有助于减少当事人的矛盾和反对意见，有助于解决问题，而且还有助于恢复当事人之间的和解关系，促进社会和谐稳定。市域社会治理现代化对新时期的人民调解制度提出了新的要求，为确保当事人的合法权益，保障社会的和谐稳定，我们必须专注于沟通和化解矛盾的人民调解制度的所有重要方面。

第一，要注意调解员的选择和任命。调解员既是调解活动的主持者，也是调解顺利进行的关键所在。调解经验丰富、热心和团结的调解员团队是人民调解事业长期和健康发展的忠实支持者。

第二，强调依法进行调解。在调解程序开始时，调解员将促进各方当事人就调解协议达成共识。一方面，这意味着调解是基于双方当事人的意愿；另一方面，通过调解活动使当事人行使其权利并履行其义务。特别强调了双方当事人之间的相互尊重。一旦达成调解，就必须立即履行，以加强和解、修复合作关系，以产生良好的社会影响。

第三，重视双方当事人调解达成协议之后的回访。调解协议实施后，调解员将通过微信、短信、电话等多种方式进行后续回访，这有助于防止矛盾冲突再次被激发，提高调解资源管理效率，从而提升人民调解的社会公信力。

三、完善新时期人民调解的司法监督机制

人民调解是我国多元化纠纷解决机制的重要组成部分，在矛盾纠纷的解决过程中，具有独特的不可替代的作用。但调解协议的有效执行，更多地依赖于当事人的自律，比较缺少制度性的制约。而调解协议的自觉履行，除了建立在整个社会诚信的基础上，还有赖于调解协议本身的公正性和正当性。由此可

见，人民调解制度的健康发展，离不开科学有效的监管机制。作为人民调解的司法保障，人民法院对于人民调解工作的健康发展同样发挥着不可或缺的监督作用。针对当前在实践中人民法院监督能力不足的问题，需要对以下几个方面予以完善：首先，加强教育培训力度，提升人民调解员的专业素质。这方面的做法可以参考北京地区和浙江省枫桥镇的经验，开发和组建一些针对特殊纠纷的、具有专业性和行业性的新型调解组织，并完善调解组织的梯队建设，使矛盾纠纷解决具有一定的组织性、层次性，不再杂乱无章。同时，还要加强对法官的法律业务培训，因为法官业务素养的高低直接影响着人民调解司法监督的质量。其次，建立适当的奖惩机制。人民法院可以定期或不定期地对人民调解工作进行调解案件质量评估，对优秀调解人员可以给予精神奖励和物质奖励，但对于调解中违反制度的行为，应当及时纠正，后果严重者还要给予通报批评，甚至追究其相应的法律责任。

四、新时期人民调解为市域社会治理现代化注入新的时代内涵

坚持理论指引和科技助推，打造新时代的"枫桥经验"。[1]市域社会治理的重心在基层，新时代"枫桥经验"的发源地也在基层。新时代"枫桥经验"作为党领导下干部群众社会治理智慧的结晶，不仅被誉为政法综治战线的一面旗帜与化解基层矛盾、维护社会稳定的典范，也发展成了社会治理现代化的"中国方案"。因此，坚持发展新时代"枫桥经验"，完善预防、调解社会矛盾和冲突的解决机制，实现社会治理的全过程系统

〔1〕 李少平："传承'枫桥经验'创新司法改革"，载《法律适用》2018年第17期，第2~10页。

性治理，法治、综合治理和资源管理，为新时期人民调解注入新的时代内涵，促进市域社会治理的现代化，在具有市政特色的新时代中创建"枫桥经验"的升级版，是市政社会治理现代化的重要组成部分。加强基层社会治理，创新社会治理系统和策略，并坚持将"枫桥经验"发展到一个新高度，为其提供有力的参考和有效途径，促进城市社区管理的现代化。必须完善新时期人民调解制度，人民调解搭建了当事人之间平等友好沟通的平台，可以充分发挥社会矛盾纠纷调处和化解的作用。坚持应调尽调，深化冲突和矛盾的治理，创新人民调解方式，运用法治思维，加强法制宣传教育，善于利用现代信息技术（例如大数据资源）提高解决纠纷和争端的效率。加强人民调解制度建设，完善人民调解组织网络，健全人民调解工作制度，提高人民调解的能力和水平。强化人民调解协议的司法确认制度，构建新时期大调解工作格局。加强建立多种多样的调解方式，完善诉讼、执行和交付，建立人民调解与行政机关的工作对接、人民调解与专业鉴定机构的业务工作衔接，完善人民调解协议的司法确认制度，构筑大调解工作模式的新时代。

第二节　新时期人民调解体现市域社会治理现代化的制度优势

推进城市社会治理现代化，为人民调解制度的创新和发展提供了新的机遇，为人民调解事业的发展开辟了广阔的空间，承载着人民调解制度的新内涵。新时期促进市域社会治理现代化，需要我们对人民调解制度完成更深层次的运用，人民调解制度对于促进市域社会治理现代化而言具有不可替代的制度优势。"矛盾不上交，就地化解"是"枫桥经验"的核心要义。实现矛盾纠纷"就地化解"需要坚持以预防、预测、预警为基点，以抓早、抓小为重点，围绕人员预警、业务预警、舆情预警、实时要情四类信息，建立分层分类响应处置机制，推动矛盾纠纷"就地化解"。

一、人民调解制度发展前期对市域社会治理的制度优势

中国的人民调解制度可以追溯到西周王朝。它是具有几千年历史和中国民族文化传统的民主法律制度。近代中国人的调解系统起源于农民土地革命战争。在中国共产党的指导下建立了局部反封建组织和政权。为了调解中华人民共和国成立后农民的冲突，人民调解制度、司法制度的建设成了社会主义民主主义的重要内容，也成了党和政府关注和支持的对象。目前的人民调解制度正在逐步发展。几十年来，人民调解制度为解决人民矛盾、解决民事纠纷、维护社会稳定、促进经济发展做出了不可磨灭的贡献。人民调解制度发展了中国特色社会主义法治。正因为这样的历史条件，在前人经验的基础上，新时代的人民调解制度才得以更加完善和发展。

二、人民调解制度发展中后期对市域社会治理的制度优势

改革开放以来，我国公共服务、住宅售后服务、管理法律、村落管理等方面都和发达国家存在一定差距。但是，我国大规模发展人民仲裁等公共法律服务，改善民生，使得群众切实感受到幸福、安心和满意，更有认同感和归属感。纵观近六十年的人民调解制度发展历程，"枫桥经验"社会实践从调解阶级矛盾到社会治安综合治理、从社会管理到社会治理的经历，[1]新

---

〔1〕　王国勤："'枫桥经验'的话语实践与治理图景"，载《江西师范大学学报（哲学社会科学版）》2020年第3期，第27~38页。

时代"枫桥经验"发展的综合管理，就是通过调整各部门、各单元、各组织的功能，发挥整体作用，实质性地、彻底地解决纠纷。不断推进基层社会管理理念、手段、方法、机构的现代化、多元化，积极推进人们通过调整私法和调整行政效果形成新的时代特色，调整社会公共管理的需求，并符合当今的人民调解大格局，消除社会矛盾和化解当事人纠纷，将社会主义法治的政治宣传与维护社会稳定、促进和谐相结合。积极提升社会管理效能，发展公共法律服务系统，充实公共法律服务体系。"枫桥经验"的实践基层治理的实质内涵主要体现在通过对国家与社会成员关系的调整，推动中央政策在基层实施，实现国家总体秩序在基层的维系。[1]

三、人民调解与市域治理现代化的共同理念

新时期"推进市域社会治理现代化"开展的综合治理要求，就是调整各机关和各单位的工作职能，发挥整体作用，有效化解各类型矛盾，在调解中贯彻以人为本的发展理念。城市的核心是人，这决定了满足人们美好生活需要是促进市域社会治理现代化的出发点。中国特色社会主义进入新时代，城市居民对美好生活的需要越来越迫切，这是对社会治理和人民调解工作提出的新任务和新挑战。以推进市域社会治理现代化为目标，要求在社会治理中积极推进先进治理理念、手段、方法，社会治理主体多样化、矛盾多极化。解决纠纷机制的建设要求市域社会治理更要集中力量做好民生工作，其中最重要的就是为人们省去麻烦，也就是最大限度地为人民群众办实事、做好事、解难事。下面举一个实例来说明：某地有一户村民购买了拖拉

---

〔1〕 李振贤："'枫桥经验'与当代中国基层治理模式"，载《云南社会科学》2019 年第 2 期，第 47~54 页。

机。工人安装时，由于操作失误，配件飞出，导致女主人重伤。事情牵扯到拖拉机的机器生产方、代销公司、安装代理、安装工人和受伤害的当事人等各方，如果按照诉讼程序，单单是取证举证的时间及其费用就让人咋舌，更不用说起诉费用，以及诉讼程序立案、开庭、鉴定等需花费的时间了。这些都将使受伤害的当事人无法得到及时的救助。在调解中心的组织下，公安机关迅速将这起事故侦查完毕并进行了定性，人民法庭、司法所介入调查和取证，联系有关方面。在村委会和当事人的协调沟通下，各方代表一起走进调解室。在查明事实、分清责任的基础上，调解很快成功，不过 2 个星期的时间，赔偿款就到位了。这样的调解程序为居民省去了很多的麻烦与不必要的费用，并且充分发挥了当事人各方的自主性、积极性和创造性，依靠广大人民群众的智慧和力量，使市域社会治理的效果让人们满意、放心，从而提升了人民调解的公信力。

虽然当前我们的市域社会治理体系还有待完备，还有很多短板和不足，但是每一起纠纷的成功调解都会赢得一次民心。情、理、法相交融的人民调解，不仅有助于缓和当事人的矛盾和对立情绪，促成问题的解决，也有助于恢复当事人双方之间的和睦关系。实现情、理、法相结合，要求基层调解组织发挥好"战斗堡垒"作用，统筹运用好各方面的资源和能力，不断提高服务和管理水平，让社会管理成果更好、更公平地惠及更多人。

四、增强人们对调解文化的认同

充分发挥社会组织和基层自治群团组织的作用，打造人人有责、人人尽责的社会治理共同体。[1]推进创新社会治理，重

---

〔1〕 姜方炳："'六和塔'工作体系：市域社会治理的杭州探索及启示"，载《社会治理》2020 年第 5 期，第 26~36 页。

点在于防控社会风险。中国社会治理研究会公布了"全国市域社会治理创新优秀案例（2020）"入围名单。其中，由沃民高新科技（北京）股份有限公司（简称沃民高科）承建的"西乡塘区社会风险智能预警和治理项目"榜上有名。沃民高科基于互联网大数据和人心识别 AI 技术开发了一套社会风险智能预警系统——沃德社会风险实时感知与智能预警大数据系统，通过数据统计，对纠纷事件进行分析研判，利用人工智能与大数据分析对未来矛盾纠纷事件的发生进行预判和防控，帮助破解社会风险管控危害大和控制难的问题。"西乡塘区社会风险智能预警和治理项目"以网络舆情、情报、情绪监测和分析为突破口，实时掌握全区和所辖各街道、乡镇社情民意及其动态，第一时间发现影响社会稳定的事件，及时采取有效措施引导舆论、化解危机，着实通过科技创新推进西乡塘区基层治理体系和治理能力现代化。该项目实际上是落实中央政府关于利用现代信息技术提升社会治理能力的工作部署，是地方政府社会治理工作推进方式的重要创新。

实现调解文化建设进入公众视野，加强社会成员对调解文化的认同是促进市域社会治理现代化的一种制度优势。影响社会认知度的因素有很多。在调整方法的有效性和平衡性、调整结果的可接受性以及接受调整的双方关系稳定的基础上，充分运用现代化的调解手段，在调整组织参与社会管理的方法上追求智慧。现在是信息化时代，我们不仅要保持历史传统，还要构建便捷、有效的线上调解技术设备和人员配备，促进新时期人民调解方式方法的不断革新，使用新手段和新方法。如此，人民调整业务的展开才能够更快、更好地满足不同群体的调解需求。同时，人们应加速完善调解信息系统平台的构建，使人民调解组织充分利用好调解大数据的信息，共享调解案例、调解资料、调解经验、调解专家等资源。促进资源共享可以使调解员在调解过程中拥有更多更出色的想法和方法，也有助于各种基层矛盾的及时化解，使"有矛盾，找调解"得到更多群众的认可和信赖，使人民调解制度深入人心，使新时代人民调解成为助推市域社会治理现代化的重要制度优势。

第三节　推进市域社会治理现代化需创新人民调解制度

我们要推进市域社会治理现代化、规范新时代人民调解、创新新时代人民调解工作，就要规范组织建设、规范队伍建设、规范工作机制、规范业务建设、规范基础建设，并制定人民调解规范化建设责任清单。

一、人民调解是维护社会稳定的"第一道防线"

人民调解制度是指中国共产党领导人民在革命根据地创建的，在中国共产党的领导下，依靠基层群众自治组织，通过说服劝导化解社会矛盾纠纷的制度。人民调解制度是维护社会稳定、促进地方经济发展的"第一道防线"。"枫桥经验"以民主的方式化解社会矛盾，彰显了人们对社会的共治和人性善良，调动了基层人民群众参与社会生产生活的积极性和主动性。[1]国家应该正确指引人民群众合理地表达利益的诉求，这有利于实现、维护、发展人民群众的根本利益。为了积极响应党的十九大打造共建、共治、共享社会治理格局，全面提升人们和谐幸福指数的要求，实现人民调解的创新和发展，我们应积极地

---

〔1〕　李芳："'枫桥经验'的发展历程及新时代展望"，载《社会治理》2018年第11期，第90~94页。

创新人民调解机制，更加全面地推行预防化解矛盾纠纷的"面对面"制度。这一制度的推行能够有效提升各职能部门和广大人民调解员的工作主动性和积极性，能够充分提高矛盾纠纷的受理率和调解成功率、人民调解工作水平，最大限度地实现为基层党委和政府分忧、为信访分流、为百姓解难的工作目标，以此保障社会的和谐稳定、人民的安居乐业。

二、新时期人民调解制度的工作任务

（一）资源整合，加强对各级人民调解组织的网络建设

人民调解要注重对社会矛盾纠纷的排查，重视事前工作的开展，防患于未然，最终实现对矛盾的及时化解。[1] 健全并完善街道人民调解指导委员会和街道人民调解委员会。街道人民调解指导委员会是由街道负总责的，第一责任人是党工委副书记。街道人民调解指导委员会要按期召开关于矛盾纠纷调处的会议，协调并指导涉及群体性的重大纠纷的调处化解；街道人民调解委员会是由党工委政法委员"一把手"负总责的，主要负责协调日常矛盾纠纷调处工作，由人民调解委员会组成人员对各个相关职能部门的工作负责，在预防并且化解矛盾纠纷的工作中，要踊跃参加并抓好与本部门相关的矛盾纠纷调处工作。

巩固和开展村级或社区人民调解委员会、村民小组调解组、家族调解员三级调解组织网络。村级或社区调委会由村或社区调解主任担任主任一职，村或社区调解主任与村或社区警务员助理尽量由同一个人担任。村级或社区调委会主要负责调解村庄或社区的各种矛盾纠纷，村民调解组主要负责协调化解本小组内家族的各种矛盾纠纷和家族调解员调解不了的矛盾纠纷；

---

〔1〕 吴锦良："'枫桥经验'演进与基层治理创新"，载《浙江社会科学》2010年第7期，第43~49页。

家族调解员主要负责协调并且化解家族内产生的各种矛盾纠纷。通过巩固家族、村民小组、村级或社区三级调解组织网络，从根源上预防和化解各种矛盾纠纷的发生。

（二）齐心协力，各方面推行预防并且化解矛盾纠纷的"面对面"制度

在加强建设人民调解组织网络的基础上，街道办事处应该积极摸索强化预防和化解社会矛盾和纠纷体制的建设，依照"谁主管、谁负责"的原则，充分发挥党组织领导的核心作用和各个村庄、各个职能部门的作用，各方位推行预防并且化解矛盾的"面对面"制度，指导整合矛盾纠纷的各种调解力量积极加入，通过法治思维和法治方式来化解矛盾和纠纷，形成"大调解"工作模式，争取实现"小事不出村、大事不出镇、矛盾不上交"的工作目标。[1]

预防并且化解矛盾纠纷"面对面"制度的适用范围。村级调解组织是预防矛盾纠纷的前沿部分，可以极大地发挥预防并且化解矛盾和纠纷的"第一道防线"作用，应该定期开展矛盾排查化解活动，对出现的矛盾纠纷要立刻开展调查，第一时间化解尚处在萌芽状态的矛盾和纠纷。

预防并且化解矛盾纠纷的"面对面"制度的激励机制。为了更充分地调动各职能部门和广大人民调解员的主动性和积极性，街道党工委和办事处积极创新预防并且化解矛盾纠纷的"面对面"制度的激励机制，依照"谁调解、补贴谁"的原则，对各级调解组织调解的矛盾和纠纷实行"一案一补"激励机制：一是补贴的范围及补贴对象。各村级人民调解委员会成功调解矛盾纠纷并且能够提供原始调解资料的，街道人民调解委员会

---

〔1〕　张继钢："'枫桥经验'的多维探究"，载《山东警察学院学报》2019 年第 3 期，第 121~126 页。

通过实行"面对面"调解，成功化解矛盾纠纷并且能够形成规范调解卷宗的，都可依照"一案一补"原则申请领取补贴。二是补贴方式及补贴标准。村级人民调解委员会调解纠纷，调处成功（不要求上报纠纷原始调解资料）并且签署调解协议书的，依照案件调解的难易程度的不同，补贴的标准可定为简易纠纷每宗奖励 50 元、一般纠纷每宗奖励 100 元、疑难复杂纠纷每宗奖励 200 元、一般群体性纠纷每宗奖励 300 元、重特大群体性纠纷每宗奖励 1000 元。

三、人民调解制度的工作要求

基层司法所应当做好对各级调解委员会调解工作的宣传和人员培训工作，加强与各个部门的沟通协调，积极做好预防并且化解矛盾纠纷"面对面"制度的落实工作，对于产生的各种矛盾纠纷第一时间进行归类总结，掌握规律特点，提出调解方案，认真履行对预防化解矛盾纠纷"面对面"制度开展的管理工作。各级调解委员会应当利用村级工作室平台，积极开展对各种矛盾纠纷的排查调处和复杂疑难纠纷的"面对面"调解，对已经化解的矛盾纠纷要及时立卷，形成规范的调解卷宗，以便更好地接受调解委员会的管理和监督。要遵循属地管理、"谁主管、谁负责"、分级负责的原则，按照家族、村民小组、村自下而上的方式进行分级调解，下级经多次调解难以达成协议的，可以申请上级调委会进行调解，同时将相关调查调解材料一并移交上级，并积极配合上级部门进行调解工作。加大宣传力度，指引人民群众用合理、合法的方式追求利益诉求，更好地发挥人民调解在化解矛盾纠纷中的优势。

四、构建多元主体群策群力的社会治理体系

多元主体群策群力参与治理是社会治理的重要特征。实现

市域社会治理现代化离不开党政、社会和群众的共同努力。因此，要持续完善在中国共产党的领导下，由地方政府负责、社会公众共同参与，以法治为保障的社会治理体系，打造共建、共治、共享的社会治理格局。要集中发挥党政、社会和群众的治理智慧，持续保持干部群众同心同德、共谋治理的优良传统，理性面对复杂多变的社会治理形势，成功破解市域社会治理中存在的各种痼疾和难题。尤其是既要充分发挥党领导市域社会治理的制度优势，全地域、全过程、全方位加强党的领导，把党的领导落实到市域社会治理各领域、各方面、各环节。同时，还要加强政府在社会治理工作中的主导作用，提高政府依法行政、依法履职的水平，切实加强法治政府建设，推进政府职能体系优化、协同、高效。要尊重人民群众的首创精神，维护人民群众的主体地位，在市域社会治理中统筹兼顾不同阶层群体的多样性、差异化诉求，引导各类社会组织和市场主体积极参与服务社会、防控风险、化解纠纷等工作，激活社会治理的基层细胞，健全党建统领自治、法治、德治相融合的城乡基层治理体系，最大限度地实现党政、社会和群众的优势互补、良性互动，形成解决社会治理和平安建设难题的强大合力。

五、立足市域构建具有鲜明地域特色的治理模式

十八届三中全会提出"社会治理"的理念之后，人民调解制度被赋予了新时期的新要求，即在党的领导下，以人民为主体，实现共建、共治、共享。[1]要立足市域，因地制宜，体现优势，探索形成贴合各地治理实际、具有鲜明地域特色的治理模式，为丰富和发展中国特色社会主义提供源源不断的实践和

---

[1] 张文显："新时代'枫桥经验'的理论命题"，载《法制与社会发展》2018年第6期，第2页。

经验支持。这是由我国当前人民日益增长的美好生活需要和不平衡不充分的发展之间的矛盾决定的，也是与全国各地差异明显的经济、社会、文化发展现状相匹配的。市域社会治理现代化，既要强化顶层设计，通盘考虑，提出明确的方向和任务，也要发挥地方的主动性和积极性，尊重地方干部群众的首创精神，形成"百花齐放"的生动局面。目前，浙江省诸暨市推进综治工作、市场监管、综合执法、便民服务四平台建设，强化"线上"与"线下"密切互动，凸显大数据优势，形成了以"平台"为核心的市镇联动、部门联动、政社联动、全市一体的共治共建模式。我国各地均开始探索新型的社会矛盾化解机制。例如：安徽省黄山市出台了网格管理法规，制定了《黄山市城乡网格化服务管理暂行规定》，[1]创建了"祠堂调解"，打造了新时期市域治理的"枫桥经验"；内蒙古自治区鄂尔多斯市实施"1133"牧区社会治理模式，通过构建一个实战化综合服务平台，建设一套网格化服务管理体系，打造驻村工作、人民调解、政法服务三支基层工作团队，探索社会治理信息化、综合服务流动化、固定场所集中化工作模式，实现了服务方式从单一向多元转变，政府职能从管理型向服务型转变，工作作风从被动服务向主动服务转变，改善了党风、政风和民风，形成了市域社会治理现代化的"牧区样本"。这些符合地方实际的经验有效提升了人民群众的获得感、幸福感、安全感，有力推动了市域社会治理现代化的进程。

---

[1] 江必新、王红霞："论现代社会治理格局——共建共治共享的意蕴、基础与关键"，载《法学杂志》2019 年第 2 期，第 3 页。

第四章

调解制度与市域社会治理现代化的融合

　　社会治理是建设一个充满生机与积极的良性循环而又稳健快捷地发展美好社会的根本途径。在当前我国行政机关负责管理的日常社会事务中，社会管理制度的现代化与社会调控制度的不断融合促使社会治理现代化焕发出了勃勃生机。

第一节　社会调解与市域社会治理现代化的融合

　　社会治理过程中发生的矛盾纠纷是否能得到及时化解、社会的稳定和谐决定着国家治理体系和治理能力现代化的进程。基于时代潮流的不断更替，社会需求的不断变化发展，人民调解制度也要结合市域社会治理现代化建设，追赶时代潮流。

一、市域社会治理现代化

　　"市域"的概念是在"市管县"体制改革的背景下提出的，为了加强城市地域范围内的城乡协调发展，[1]其存在前提是"设区的市"行政管辖的全部地域。市域社会治理包括在其中心城区和中心城区以外的广泛地域开展社会治理。市域经济社会综合治理各项工作走向现代化的基本理念最早是在 2018 年 6 月

---

　　〔1〕　顾元："市域社会治理的传统中国经验与启示"，载《中共中央党校（国家行政学院）学报》2020 年第 4 期，第 26 页。

4日这一天被正式提出的。中共中央委员会政法委员会秘书长陈一新在延安干部学院新任地市级党委政法委书记培训示范班开班式上正式提出了"市域社会治理现代化"这一理念。市域社会治理现代化体系建设要求我们必须坚定不移地坚持走中国特色社会主义道路，从市域社会的治理理念、治理能力、治理体系三个方面进行现代化建设，系统阐述了树立"五大导向"、优化"四大体系"、提升"七大能力"，在"市域"范围落实国家对推进社会治理现代化的总体要求，打造一种具有鲜明中国文化特色、时代特点性质、城市主体特征的市域社会经济治理体系的现代化建设新模式。加快和有力推进新时期发展和划时代的广大市域主体社会经济治理的建设现代化，使广大城市人民和社会群众真正享受和看到更多的人具有安全感、幸福感与社会获得感。

市域的社会治理在我国日常的管理中发挥着越来越重要的作用。没有统治，任何一个国家都无法生存。《荀子·王制篇》有云："君者，舟也；庶人者，水也。水则载舟，水亦覆舟。"人民是国家的主人，人民是城市的核心，城市社会要满足人民的日常需要。在这个中国特色社会主义时代，随着中国特色社会主义的逐步健全，城市居民在其日常生活中对于美好生活的追求和需要越来越迫切。这使得人民群众对于物质和文化生活都有了新的更高的要求，对民主、法治、安全、环境等各个方面的要求也越来高。这就需要社会治理治理不断地提高和完善，这对其来说是个新的任务和新的挑战。市域经济社会治理最根本的任务就是彻底解决我们在人民日常生活中所可能发生的各种问题和事情，要充分集中力量，切实做好民生建设工作，切实做好我们党和人民的大事，为广大人民和群众的利益办一件实事、为我们党和人民的利益办一件好事，解决人民日常活动中的难事，以最大的热情投入其中，只有这样人民才能切实感觉到幸福和温暖。在市域社会治理中，人民群众才是最重要的角色。市域社会治理不仅需要党和政府，而且还需要人民的积极参与，这样有利于顺利完成这个新时代的课题。我们要以此为目标，努力构筑一个人人负责、事事尽职、人人分担的社会管理共同体。只有居民满意，市域社会治理的效果才会得到充分体现。

党的十九届四中全会明确提出国家治理现代化的重要目标之一是加快推进市域社会治理现代化。2019 年 12 月，全国市域社会治理现代化工作会议提出"自愿申报试点城市"。[1] 2021年 3 月，国家"十四五"规划和 2035 年远景目标纲要明确提出"加强和创新市域社会治理"，对推进市域社会治理现代化也提出了相应的任务要求。2021 年 4 月中共中央、国务院印发了《中共中央、国务院关于加强基层治理体系和治理能力现代化建设的意见》，促使相关的理论研究和社会治理实践进入"快车道"。在推进市域经济社会管理现代化的过程中，必须始终坚持党的领导。中国共产党的领导力量是中国特色社会主义最重要的特征，它也是中国特色社会主义的最大优势。我国现行的城市社会治理结构还不够健全和完善，城市群众团体需要规划不同部门、不同组织、不同群体，支持城市治理现代化发展。党要积极发挥其在社会治理中的主导作用，不断完善制度和运行机制，确保上下联动、治理模式建设有效运行。在党组织、地方政府、部门治理、行业和单位管理的领导下，通过制度创新，在社会治理中发挥政府、市场、社会的互动作用，形成相辅相成的社会管理体制。在市域社会管理现代化中，管理部门要听

---

[1]　陈一新："以新思路新方式开展市域社会治理现代化试点"，载《法治日报》2020 年 1 月 3 日。

党指挥，遵纪守法。管理部门在日常业务中需要认真制定业务措施和事业目标。各部门齐心协力完成任务，不能辜负党和民众对管理部门的信任。各管理部门要组织调动本部门人员，做好各自负责的工作，使日常市域管理合理化。在市域社会管理的现代化建设中，各管理部门的工作人员应该认真地履行其职责，以积极进取的工作态度，在工作中诚实履职，维护广大人民群众的合法权益。在日常工作中深入基层群众，及时发现工作中出现的问题，排查社会风险隐患，化解社会矛盾纠纷，调解人民群众与社会和政府的关系，让人民群众全心全意地相信党、相信政府。各级政府行政机关的工作人员应依法行政，坚持为人民服务，坚决抵制失职渎职，懒政怠政的行为。同时，也要避免不作为、乱作为的情况发生。

二、社会调解制度

中国当代的社会调解制度主要有人民调解、行政调解和司法调解三种形式。以上三种调解制度作为我国社会治理的主要调解手段，在调解中发挥着重要作用。调解体制的不断发展和变化，一直被当今世界各国所广泛关注。2018年12月1日，联合国国际贸易法委员会在进行了一项历时4年的深入研究后拟定了《联合国关于调解所产生的国际和解协议公约》，也称《新加坡调解公约》。该国际公约的设立是为了有效解决目前国际跨境商务争议，解决国际商事调解达成的和解协议的跨境执行问题，即调解成员双方已经达成的有关跨境贸易履行服务协议中可能存在的一项影响跨境商务履行的法律问题。2019年8月7日，我国与美国、印度、韩国、新加坡、伊朗、以色列以及其他几个主要东盟国家签署了该公约，另外24个亚洲地区和东盟国家政府代表团也在首都新加坡机场参加了协议签字落成典礼及召开有关工作会议。《新加坡调解公约》正式签订后，我国也在积极努力地发展和完善社会调解制度，对各国的调解经验取长补短，完善企业劳动争议调解争议委员会。基层人民调解组织及乡镇、街道设立的具有劳动争议调解的组织为主的人民调解制度更加适应中国基层社会的现代化治理。目前，我国正在规范涉及人民调解相关工作的一些重要法律，作为我国社会治理调解制度的基础和理论依据，主要立法有《中华人民共和国宪法》《中华人民共和国人民调解法》《中华人民共和国民事诉讼法》《人民调解委员会组织条例》以及《人民调解工作若干规定》。

我国目前的社会调解制度主要由人民调解、行政调解和司法调解组成，每个调解制度的调解类型、调解主体、纠纷性质等均各具特色、各有侧重，在基层社会治理中发挥着重要作用。

人民调解是依靠人民群众解决民间纠纷，达到群众自治的一种制度。相关的机构（即人民调解委员会）由人民调解员组成。而人民调解制度所具有的人民性、民主性、自治性、准司法性的特征要求人民调解员要依法、平等、有序地进行内部规范和开展人民调解活动。

行政调解主要可以被分为两类：一是由基层人民政府（即乡、镇人民政府）负责对一般的民间争议案件进行调解，这也就是诉讼外的调解；二是由国家行政部门或者其他组织按照有关法律的规定，对某些具体的民事争议或者经济争议、劳动纠纷进行调解，也可以被认为是在诉讼之外的调解。

法院调解主要是指地方各级人民法院对原告提起民事诉讼案件在审理过程中的调解，人民法院受理的一般民事案件、经济利益争端案件和轻微的一般刑事案件附带民事诉讼作出的民事调解，是在一般民事案件审理程序内的一种调解。对于一个婚姻纠纷案件，诉讼内部的纠纷调解处理工作是一个必须经历的过程。至于其他的各类民事案件调解能否及时进行司法调解，取决于调解双方当事人的意志，调解需双方当事人自愿，调解过程并非一个案件必经的法律程序，人民法院对当事人双方达成的调解协议需依法进行审查，符合法律规定的才能出具《民事调解书》。法院的法庭调解执行文书和法院判决执行文书应当具有同等的法律效力。对于当事人任何一方拒绝调解或者调解无法达成一致协议、调解书在送达到当事人之前一方反悔的，根据《中华人民共和国民事诉讼法》第 102 条的规定，人民法院应当及时对其作出依法判决。

此外，还有仲裁调解，即仲裁机关通过法律途径针对被受理仲裁的民事案件进行的一种调解，调解后并非成立即行判决，这也可以说是在民事诉讼之外的调解。

以上调解制度都是在我国法律法规规定下形成的社会制度，受到法律保障的同时也很好地调解了社会的各种纠纷，有利于社会的和谐与现代化发展。

三、社会调解与市域社会治理现代化的融合

传统调解制度的最大特点就是利用当事人双方的人缘、地缘、亲缘等关系，以特定的人际关系和环境等条件促成和解的氛围，运用公共道德、乡规民约等规则，一旦这些制约因素对当事人失去作用，基层调解就会因失去约束力而受到冷遇。[1]我国应创建新型调解组织，结合国家治理体系现代化改革，在高度集中的中央权力与基层社会治理之间建立一种调解主体的"准官员"参与的半正式纠纷解决方式，使之成为当地社会与基

---

[1] 范愉："社会转型中的人民调解制度——以上海市长宁区人民调解组织改革的经验为视点"，载《中国司法》2004 年第 10 期，第 56 页。

层政府之间的联系。[1]市域社会治理现代化的推进离不开社会调解制度，在社会的发展过程中，人们在日常的生活中难免会遇到冲突，当事人之间产生的纠纷无法得到解决时，可以请求当地调解组织帮助。社会调解人员在日常工作中要时刻把为人民服务时刻放在心上，一切以人民为中心。社会调解人员要在日常服务中积极为广大群众服务，为纠纷当事人提供系统相对完备的矛盾化解平台，增强化解矛盾的科学性和实效性，促进经济社会稳定和谐。同时严格执行访问输入接收、登记、交付及时传送、追溯程序、完善回访等规范，建立健全调解组织负责人管理等各种工作体系，使调解工作的效率和调解案件的质量不断提高，从而提升民众对社会调解的认同度。

　　社会调解员在日常工作中要与许多基层社会组织及人民群众取得联系，进行大量的调查和访问，做到社会矛盾及早发现、及早解决，防止城市居民问题扩大。调查结束后也要向相关部门报告。值得我们注意的是，在调解工作中，我们有时避免不了对不同民族和宗教当事人之间的纠纷进行调解，这需要调解人员尊重差异、求同存异。同时也意味着需要社会调解人员不断提高个人知识储备和调解业务技术能力，以科学的理念和眼光正确对待各民族、宗教，利用政治和法律科学地调解不同民族和宗教人民的利益需求，尊重当事人的宗教信仰和自由权利，依法维护民族宗教事务的合法性和社会权益。习近平总书记指出，要依法保障宗教人士的正常宗教需求，尊重宗教群众的宗教习俗，及时拓宽法律渠道，必须依法处理宗教事务，通过说服劝导来化解人们的民事纠纷，维护社会的和谐稳定。对于怀疑或者损害宗教群众的宗教感情或侵犯宗教组织和宗教活动场

---

　　[1]　[美]黄宗智：《过去和现在：中国民事法律实践的探索》，法律出版社2009年版，第78页。

所的合法权益的，应按照法律法规或者治理条例来进行调处。社会调解制度解决了人们日常生活之中的纠纷，给行政机关和司法机关日常处理事务带来了便利，同时也促进了社会的和谐稳定。国家治理的重点从县一级提升到市一级，将"市域"和"社会治理"相结合，为我国经济社会发展带来了源源不断的活力。

第二节　人民调解与市域社会治理现代化的融合

人民调解制度作为社会调解制度的一种，在我国社会主义建设中有着深远的影响。同时，人民调解制度与市域社会现代化也存在密不可分的关系。

一、市域社会治理视野下的人民调解制度

民众自治调解在我国具有悠久的发展历史，随着封建王朝变换而不断演变发展。中华人民共和国成立后，人民调解制度随着社会经济的发展而不断完善，国家治理体系和治理能力的提升促使人民调解制度与基层社会治理日益融合。

（一）人民调解是蕴含中国传统文化的制度

传统的人民调解奉行的基本理念为"教化优先、追求平衡、和谐为本、息事宁人"，[1]民众自治调解这种基层群众自愿调解社会矛盾、化解民事纠纷的活动在我国已经存在了数千年，人民调解是一项具有中国特色的社会民主制度。早在土地革命时期人民调解制度便已产生，中华人民共和国成立之后，人民调解在建设基层民主政治制度中又得到了进一步的重视。直到第

---

〔1〕　廖永安主编：《中国调解学教程》，湘潭大学出版社2016年版，第53～55页。

十一届全国人民代表大会通过《中华人民共和国人民调解法》并予实行，标志着我国人民调解制度被上升到法律层面，为解决民间纠纷、促进法治社会和谐发展做出了贡献。

（二）关于人民调解制度

我们从人民调解制度的形成过程中可以看到，"人民"一词富有政治性色彩，是中国共产党塑造的社会主义法律新传统。[1]人民调解在社会治理现代化中发挥着重要的作用，社会治理是国家治理的重要方面，现代化建设自然少不了多元主体的共同参与。在社会治理方面，要与时俱进，创新社会治理现代化内容，在党组织的领导下，健全基层社会管理制度尤为重要。经济科技全方位的发展推动了社会现代化，同时也暴露出了各类隐患和风险，在推进社会治理现代化的进程中要处理好人民群众存在的矛盾和问题，所以建立人民调解制度对于现代化社会管理而言尤为重要。

二、人民调解与市域社会治理现代化的融合

我国正处于改革的深水区和攻坚期，社会转型产生了新的社会阶层，形成了多元化的利益主体。在不同利益需求的驱动下，经济贸易往来产生了相应的矛盾纠纷。大量的矛盾纠纷均源于社会基层，市域社会治理成了国家治理的重要组成部分。如何及时化解、减少当事人双方的意见分歧和降低损失，继续建立矛盾纠纷的化解平台，融合人民调解制度与市域社会治理现代化，是一个新问题，也是我国新时期社会发展的新挑战。

（一）人民调解与市域社会治理现代化融合的背景

在推进市域现代化建设的进程中，我们会面临许多问题。

---

〔1〕　强世功："权力的组织网络与法律的治理化——马锡五审判方式与中国法律的新传统"，载《北大法律评论》2000年第2期，第26页。

随着城市建设的深入，市场经济影响着人们生活的各个方面，生活中潜在的风险也浮出水面，如人与人之间的利益冲突，人与经济组织、企业以及个人单位之间矛盾激化等各种纠纷问题。随着农村建设的蓬勃发展和经济政治的进步，农村生活得到了发展和繁荣，部分农村干部不作为、贪污公共财产等农村纠纷也在增多。在人们生活飞速发展、社会变革的信息爆炸时代，人们的思想不断受到各方的冲击和影响。在自媒体时代的网络报道中，婚姻矛盾、放弃养育孩子、拒绝照顾父母等新闻屡见不鲜。这些现象是新形势下亟待解决的问题，健全层级管理体系和提高工作人员协调能力，在市域社会管理中显得尤为重要。

（二）人民调解与市域社会治理现代化融合的条件

人民调解作为中国共产党进行社会治理的一种结构性替代物逐渐形成。[1]人民调解制度与市域社会治理现代化的融合，是指人民调解体系与市域社会管理现代化体系的相互渗透和融合。由此可见，人民调解制度在推进市域社会现代化方面发挥着重要作用。从市域社会治理角度看，建立健全人民调解制度是以人民为中心的基本公共服务体系。随着市场经济的迅猛发展，新型社会矛盾也在逐步产生，社会纠纷的主体范围也在不断扩大。经济市场的扩大使民间纠纷的内容越来越繁杂。社会主体之间的利益关系变得多元化、多样化和复杂化，更容易引发民间的利益纠纷。所以，要以人民利益为着眼点落实公共服务体系，完善人民调解队伍，协调市区现代化发展，加强对人民调解组织的供给。城市社会建设和现代化治理的核心问题是人民群众的纠纷得到及时化解，其体现了社会公平和正义，以及人们对社会稳定和谐幸福生活的期待。目前，在基层社会治

---

[1] 曾令健：“政府推动型人民调解的意涵变迁（1931—2010）——法学研究的历史社会学进路”，载《厦门大学法律评论》2016年第1期，第16页。

理中，人们之间由利益需求分歧产生的矛盾纠纷的及时化解在市域社会治理现代化中愈加重要。对于民间的经济利益矛盾，及时解决与化解是关键。社会上的众多纠纷均来源于基层，促进人民调解制度的科学化和民主化、让群众在自愿信任的基础上选择人民调解组织、化解人们生活中的纠纷，提升社会治理能力是关键。集中民间大众需求，建立科学矛盾纠纷的调处机制，需要市级层面政府的大力支持。开设方便的互联网人民调解平台，不仅可以创新社会管理渠道，还可以充分利用技术的力量，协助人民调解机制，构建法治、有序、高效的社会管理体系。

人民调解制度中的调解人员是人民调解组织的核心。而且，随着时代的进步，调解人员应具备应对各种纠纷的相应素质和能力。人民调解组织需注入新鲜血液，为培养新一代的人民调解人员建立相应的机制。新形势下的民间纠纷种类多、涉及面广，人民调解员必须具备较高的专业技能和个人素养。只有依法办事、兼顾效率、兼顾各方利益，人民调解组织才能日益壮大，实现与市域社会现代化的完美融合。

（三）人民调解与市域社会治理现代化相互影响

人民调解被誉为"中国的传统文化"，是现代善治文化的有机组成部分。[1]首先，人民调解制度促进市域社会治理现代化进程。市域社会治理体系要着眼于人，以人民利益为核心，推进市域治理现代化，这就需要我们便捷、高效地解决人与人之间的矛盾和问题。在市域内实行人民调解制度、建立健全人民调解组织，将对民间纠纷的解决起到很大的支持作用。只有调解好人们之间的摩擦，城市社会才能更好地进行现代化建设。

---

〔1〕 汪世荣："新时代改革完善人民调解制度的思考"，载《人民调解》2018年第2期，第35页。

其次，市域社会治理现代化建设促进人民调解制度发展。随着市域社会现代化走上轨道，市域社会治理体系的改进将推动人民调解制度的发展。市域社会基层公共服务体系现代化包括为人民调解组织创造更好的基层调解环境，提供有效且方便市民的大数据平台，进一步提高案件和纠纷解决效率等。在经济发展、科学技术进步的同时，人们的法律意识也在不断提高，这无疑为民间纠纷的调解注入了"润滑油"，使纠纷案件的解决得以更加效率化。

（四）人民调解在市域社会治理现代化中的作用

十九届五中全会审议通过的《关于制定国民经济和社会发展第十四个五年规划和二〇三五年远景目标的建议》提出到2035 年基本建成法治国家、法治政府、法治社会，并将"社会治理特别是基层治理水平明显提高"列入了"十四五"时期经济社会发展主要目标。

人民调解制度被誉为法治的"东方经验"，是现代社会管理系统的重要组成部分，是公共法律服务的重要内容，在解决矛盾和纠纷的多元机制中发挥最基本的作用，为中国的法治建设做出了积极贡献。改革开放四十多年来，中国在公共服务硬件建设领域取得了举世瞩目的成就，特别是在城市建设、高铁建设、机场建设等领域已跻身"领头羊"行列。但是，汽车售后服务、物业管理、住宅区管理、社会组织发展、公共法律服务等公共服务软件领域与发达国家相比还有不小的距离。包括人民调解在内的公共法律服务的大规模发展是改善民生，提高公众获得感、幸福感和安全感，充分展现制度优越性，完善国家管理体系，提高管理能力的重要举措。如佛山市南海区在坚持和发展新时代"枫桥经验"中不断推进基层社会管理理念、手段、方法、机制的革新，构建起了多元化矛盾和纠纷解决机制，通过积极推进人民调解、司法和行政调整来有机地形成具有时代特色、满足社会公共需求的局面，在化解矛盾、宣传法治、维护稳定、促进和谐等方面发挥着积极的管理作用，完善和发展了公共法律服务体系。

有学者认为，人民调解制度现代化转型的关键在于破解"国家化""专业化"与"制度化"三者之间平衡的关系。[1]要提升人们对人民调解制度的认可度和调解协议的公信力，就必须关注调解过程中的每一个环节。每成功调解一次纠纷，便会赢得一次民心。合乎感情、合乎逻辑、合乎法律的调解不仅有助于缓和当事人的矛盾和对立情绪，促进问题的解决，而且有助于恢复双方的融洽关系，促进社会和谐稳定和人们安居乐业。这便要求人民调解员要注意调解的每一个环节，只有使调解从政府控制型转为社会自治型，我们才能走出调解困境。[2]首先，重视人民调解员的选任。人民调解员被称为不穿法官服的"布衣法官"，是调停活动的司令官，手握着调停顺利进行的钥匙。建立一个专业配套的调解员小组对于人民调解事业的长期健康发展而言意义重大。南海地区重视发挥金牌调解员、品牌调解室的作用，重视对青年人才培养，不断优化调解员队伍的年龄构成，同时加强对专门知识和技能培养，为充分建设人民调解维护社会和谐稳定的"第一道防线"奠定了人才基础。其次，注重调解程序依法运行。一方面，调解基于当事人双方自愿；另一方面，教育当事人正确行使权利和履行义务。双方特别强调相互尊重，并敦促达成调解协议时应立即履行，调解协议发

---

〔1〕周望："转型中的人民调解：三个悖论——兼评《人民调解法》"，载《社会科学》2011年第10期，第16页。

〔2〕徐昕主编：《司法：调解的中国经验专号》（第5辑），厦门大学出版2010年版，第48页。

挥良好的社会效果。最后，重视对双方当事人调解协议达成之后的回访。调解协议开始履行后，调解员可通过微信、短信、电话等多种方式进行事后回访，以防止矛盾复发或在履行过程中产生新的矛盾，提高纠纷源头治理效果，提升调解制度规范化水平。注重争端解决效果，重视记录回访情况是南海区创新发展"枫桥经验"、完善人民调解制度的重要特色。

进一步发挥人民调解组织在基层社会治理中的作用。《关于制定国民经济和社会发展第十四个五年规划和二〇三五年远景目标的建议》提出，完善基本公共服务体系，完善共建、共治、共享的社会管理制度。"共治"强调多元主体共同参与治理，发挥国家、政府、社会机构、个人等作用。人民调解机构属于"共治"中的社会组织，是基层群众自治组织发挥作用的途径和方式之一。南海地区的经验表明，人民调解机构致力于多样化、专业化发展，有效推进了社会管理路径的转移，推动了社会管理能力和水平的提升。因此，大规模的人民调解组织的发展可以使国家和社会的管理体系更加完善。一方面，要建立一系列规范人民调解组织建设的管理体制，加强配套制度供给。制定一系列政策文件，建立调解组织和人事管理制度、评价制度、晋升制度、激励制度等。实现调解的事前选任、事中监督、事后奖惩等全过程的全方位覆盖，为实现调解组织队伍专业化建立、更好地履行调解协议提供强有力的制度支持。另一方面，要充分运用现代科技手段，推进调解机构参与社会管理方法的智能化。信息化时代不仅要继续保持线下调解的优良传统，也要方便、有效地构筑在线调解平台。随着人民调解工作方法的不断革新，应积极运用调解工作中的新手段、新方法、新载体。人民调解要根据不同利益主体的需求，更好地满足人民调解工作的需要。同时，加强人民调解信息系统业务平台的构建，进一步强化对信息大数据的利用，加强成功调解事例、调解数据、调整专家等资源的共享，确保各种基层矛盾得到及时、有效的化解，使"有矛盾、找调解"得到越来越多群众的认可和支持。

（五）人民调解与市域社会治理现代化的有效契合

社会管理是国家治理的重要方面，现代化建设离不开多元主体的共同参与。有学者认为，各种新型调解组织是人民调解的社会化和再组织，[1]是社会管理革新社会公共管理方面与时代一起走向现代化的内容。在党的组织和指导下，加强基层社会管理制度健全推进了重要的经济、科学技术的发展，推进了现代化，但各种各样的风险也夹杂其中，一定要把人们大众存在的矛盾和问题及时、快速地处理好。因此，在现代化社会管理中，人民调解的作用更加重要。

为了协调人民调解工作的开展和助力市域社会治理现代化建设，各地司法厅专门出台了相关办法。例如，四川司法厅制定的相关办法：首先，围绕高效市域，突出市域矛盾化解体系建设。一是优化基层组织建设。紧扣全省两项改革"后半篇"文章，同步对县、乡、村三级人民调解组织进行清理、调整、规范，织密基层人民调解组织网络，不断夯实人民调解的基层基础。二是深化专业性、行业性组织建设。围绕社会热点和民生需求，积极拓展服务领域，在医疗卫生、知识产权、商事金融等15个领域设立专业性、行业性人民调解组织。三是强化边界组织建设。推进并深化《川陕甘三省五市司法行政工作区域合作框架协议》《川渝边界地区人民调解联防联调工作方案》的落实，初步建成市、县、乡、村四级川渝边界联调网络体系，打造甘孜色达"党建引领边界联调"等一批独具地方特色的边

---

〔1〕　熊易寒："人民调解的社会化与再组织对上海市杨伯寿工作室的个案分析"，载《社会》2006年第6期，第95页。

界人民调解联调区域模式。其次，围绕和谐市域，突出市域矛盾纠纷防控排查。一是抓实"普调"结合。坚持"在调解中普法，在普法中调解"，以典型调解案例宣传为切入点，深化人民调解和文化建设，用活"调解文化长廊""调解文化大院"、新媒体、公益活动等载体，形成德阳绵竹"年画释法"、攀枝花"遵法评理"、南充"孝老爱亲、遵纪守法"等调解文化品牌。二是抓实科技融合。紧盯服务难点、办事堵点，全面推广在线调解"一网通办"，900 余个人民调委会实现视频在线调解，"四川人民调解"APP 已在 7 万人民调解员手机端运行。三是抓实防范整合。全面落实"村社每周一次、乡镇半月一次、区县每月一次"矛盾纠纷排查机制，深化诉非衔接、公调对接、访调对接等联动机制，联合 10 余个部门建立联络员制度，深化纠纷数据分析，探索形成"研判—预案—措施"防控化解机制。最后，围绕平安市域，突出市域矛盾纠纷有效化解。一是注重上下沟通。针对涉疫、涉军、涉众等市域重大复杂事件，通过移送衔接、工作派单、分级调处机制，实现上下贯通的分流响应处置"一体化"。二是注重内外协同。深入推进以人民调解为基础的市域重点矛盾纠纷调处"一体化"建设，聚合社会多元力量，深化"三调联动"，统筹律师、法律援助等内部整合，实现握指成拳、集约化解。三是注重前后贯通。持续推进预防、排查、调解、稳控、回访"一体化"跟进，形成有效的风险监测防控机制。实行"人民调解+司法确认"的模式，强化司法确认、支付令保护、赋强公证等手段，巩固调解工作成果。

第三节　行政调解与市域社会治理现代化的融合

　　行政调解制度离不开与市域社会治理现代化的融合，其作为我国的调解制度之一，在新时代人民调解制度与市域社会治理现代化结合发展的同时，也要顺应时代进行调整。

一、行政调解制度的概念

行政调解制度是指我国行政机关对与自身行政管理职能密切相关的民事纠纷，在当事人双方的自愿选择下主持，通过说服、教育、协商等方式，促使其自愿达成和解协议，解决纠纷的一种调解制度，[1]通常也被称为政府调解。它在传统上被认为是"由行政机关根据国家政策和法律管辖的行政行为，本着志愿服务的原则，通过说服教育，促进双方友好协商、相互迁就、相互理解，达成协议，解决争端"。

二、行政调解在市域社会治理中的运用

行政机关作为处理行政争议的调解主体，管理和解决了许多民事和行政纠纷，在稳定社会和谐方面发挥着重要作用。主要包括：

（一）解决争端、中止争端和维护稳定

行政主体运用不同的方式解决市场主体与公民之间的各种矛盾和纠纷，调整政府主体与行政相关方的关系，避免行政纠纷的扩大，对社会和谐稳定发挥着十分重要的作用。如果行政机关在规定期限内作出调解决定，纠纷的解决时间将被大幅缩短。从经济法的观点来看，这不仅有利于当事人，还能提高行政机关的效率。

（二）转变政府职能与构建服务型机构

行政调解体现了服务型政府的理念，全面深化改革的总体

---

〔1〕　张显伟、杜承秀："行政调解范围立法存在的问题及完善建议"，载《行政管理改革》2019 年第 8 期，第 37 页。

目标是完善中国特色社会主义制度，推进国家治理体系和治理能力现代化，加快政府职能转变，优化组织结构，从"管理"向"治理"转变，构建法治政府和以人为本的社会治理服务模式。通过说服、教育和引导行政调解，平等解决当事人之间的民事纠纷或与行政机关之间的行政争议。沟通和解是实现以人为本的国家治理能力现代化的重要方式，它充分体现了服务型政府的理念，对于政府机关转变工作方式、为人民执法也具有重要意义。

（三）迅速解决争端和减轻司法机关的负担

与司法程序相比，行政调解无疑具有快速、高效的特点。同时，我国传统的"以和为贵"文化使人们在面对争议时更愿意选择调解的方式予以化解。行政机关调解奉行便捷和无偿性原则，相比较于费用高、审理期限长、程序复杂的诉讼程序而言，行政机关的协商或说服具有更大的优势。大多数人更愿意选择行政调解来解决纠纷，无疑会减轻司法机关及其他部门的负担。

三、行政调解对市域社会治理现代化的作用

在我国经济快速发展的过程中，劳动争议纠纷案件数量大幅增长。其行政调解能够减少劳动者的维权时间和人力、财力成本，同时在公正性和权威性上也具有明显优势。[1]行政机关的行政调解是预防和解决社会矛盾的重要措施，体现了法治政府工作方式的变化，是构建社会主义和谐社会的重要因素，是促进依法行政有效发展的有效法律途径。行政机关作为地方政府的行政管理职能部门，对在其职权范围内的矛盾纠纷具有知识、专业、政策和技术上的优势，可以利用专业知识为当事人

---

〔1〕 教玲："我国劳动争议解决模式存在的问题及其完善"，载《山西省政法管理干部学院学报》2020年第3期，第11~13页。

提供具有可操作性的建议及解决方案。在行政调解过程中，行政机关不必严格遵守行政程序法和实体法的标准，尤其是在有些法律法规规定不明确、不完善或是没有相关法律法规具体规定的情况下，行政机关可以根据法律常识、公共政策和人情事理促成当事人和解。行政调解作为一种非强制性的纠纷解决方式，基于当事人对政府行政主管部门的信任，更具有权威性和主动性，有利于增强当事人纠纷的快速和解，促进社会和谐稳定。在行政职权和行政职责的范围内，行政机关可以排查社会矛盾纠纷，对纠纷的早发现、早预防和当场化解发挥了重要作用。其在公共事业的治理结构和从事公共服务方面的作用十分显著，成了实现公共利益不可或缺的力量。

四、行政调解制度的掣肘

行政机关行使行政职权都伴随着一定范围的自由裁量权，行政机关需要对自身职权的不确定性进行认定。[1]我国现行的法律法规针对行政调解制度还未出台严密的规范，还有很多不完善的地方。实践工作中主要存在的问题有：一是行政调解范围和主体不够明确。行政调解案件的受案范围和管辖均没有明确规定，行政调解的原则是矛盾不上交、纠纷化解在基层，但有些政府行政机关却误解了这一政策理念，将基层解决不了的矛盾纠纷拖延或下压，致使矛盾因得不到及时解决而更加激化。二是行政调解人员及能力不足。行政机关有着各自的行政分工及行政职责，绝大部分行政机关均没有设置专职的调解人员，致使行政调解缺乏专职人员配备。在实践中，大量的矛盾纠纷均需要一定的专业知识，例如医患纠纷、环境污染纠纷、道路

---

〔1〕 陈永革、肖伟："行政调解：内涵界定、法理基础和应然价值"，载《甘肃行政学院学报》2011 年第 3 期，第 119~126 页。

交通事故责任纠纷等。这类民事争议与行政机关的管理职权均有着密切联系，当事人可以寻求对应行政管理职能的行政机关进行调解。但基层行政机关的工作人员承担了大量的日常行政实务，往往身兼数职，难以再兼顾大量需要具有较强专业性的民事争议的调解工作。三是行政调解程序不够完善。行政调解作为多元化纠纷解决机制中的一种方式，在化解社会矛盾纠纷中发挥着重要作用。行政机关可以根据现行法律原则、公共政策和社会公序良俗来化解当事人之间的纠纷。在突发事件发生时，行政调解运用行政职能可以快速化解矛盾。但由于没有明确的行政调解程序规定，当事人的合法权利无法得到全面保障。这种"折中式调解"使当事人达成的调解协议在本质上违背了其真实意思表示，会产生新的矛盾隐患。四是行政调解协议的效力需立法明确规定。行政调解与人民调解、司法调解不同，目前没有明确法律规定行政调解协议的法律效力，即行政调解协议没有被赋予合法性与强制执行力。行政调解协议是在行政机关工作人员的主持下，通过说服劝解使当事人达成的和解协议，本质上是契约。基于行政机关的权威性，其居间主持达成的调解协议的法律效力应高于当事人之间自己达成的协议，否则将影响民众对行政机关的信任程度，也会占用行政机关的工作时间，浪费行政资源。但目前我国尚没有相关法律法规对行政调解的效力作出必要的制度或法律保障。

五、市域社会治理现代化与行政调解功能的优化

在社会转型期矛盾纠纷复杂多样的背景下，行政调解在维护社会秩序、促进国家治理方面发挥了重要作用。加深市域社会治理与行政调解的融合，促进行政调解功能优化，应围绕三个原则具体落实：一是要奉行政府网络治理原则。树立服务意识，破除"官本位"思想。从行政纠纷发生的实践来看，大多数争议均源于行政机关利用其行政职权优势，有意或无意地给当事人造成一定的压力，而这种问题往往可以通过行政机关转变工作作风和工作态度化解。[1]行政主体要充分利用自己的职业知识和经验，深入调查纠纷事实和争议焦点，实现国家和社会共同治理，行政机关不再是具体执行者，而是运用自身的行政职能优势，成为组织协调者、资源提供者、居间裁决者。发挥好行政指导功能、协调各方面利益主体的合法权益。引导当事人理性分析和解决争议的状态，避免不必要的分歧和伤害，有效处理纠纷。二是要奉行民主协议机制建设原则。现代行政的实质是通过协商民主实现民主行政，要求行政机关与广泛地域的多元主体合作，运用行政调解功能协调各种类型的公共组织、公民社会组织和个人之间的利益关系。建立合作的基础和平台，平等理性协商，达成一致调解协议。政府要大力促进民主行政的渠道，使非政府的社会组织积极投身公共事务，其他组织和公民也应不断提高自身素质。加强法治建设，完善法律法规等相关制度建设。通过法治化的手段来规范、制约和调解社会矛盾纠纷，克服目前立法空白地带的不足，以及在行政调解过程中出现的程序随意化现象，转变行政机关的行政观念，自觉、主动地为群众解忧、解困，真正实现案结事了、定分止争。三是要坚持矛盾纠纷多元化解原则。当事人利益诉求的多样化，促使建立健全多元化纠纷解决机制成为迫切需求。我国应根据纠纷的性质和种类，设置多种纠纷解决途径，尊重当事人选择解决纠纷途径和程序的权利，最大限度地满足当事人对自己权益的处分权，促成当事人之间达成合意。行政机关发挥

---

[1]　王名扬：《法国行政法》，中国政法大学出版社 1988 年版，第 156~177 页。

好行政调解功能，不仅可以树立政府公信力，而且可以有效地分流司法机关的诉讼压力，弥补诉讼制度的不足。建立行政调解与诉讼以及其他非诉讼纠纷解决途径的对接机制，更新行政机关理念，正确认识行政调解，将多元化纠纷解决实施工作纳入考核体系，建立不积极履行化解纠纷的行政主体责任追究制度。使行政调解由国家治理的"管理"模式，向市域社会"治理"模式转变。实现共建、共治、共享的社会治理新格局。

第四节　司法调解制度与市域社会治理现代化的融合

我国的司法制度是法律文化中必不可少的一部分，它与立法、行政三者之间相互联系、相互帮助、相互制约，让司法更加公平。我国的司法制度体系是由审判制度、检察制度、侦查制度、执行制度等构成的，司法制度的不断完善使我国的社会更加美好，人民生活水平也得到了显著的提升。

一、我国的司法调解制度

传统司法审判程序繁琐、审限较长、案件处理延迟、处理结果僵化，使人们产生了不满情绪。随着对调解方式认识的逐渐加深，民众展现出了较大的兴趣和热情。我国尝试将调解与新型司法制度相结合，从而形成独特的调解制度，一种"全民参与型"的司法调解制度逐渐形成。[1]司法调解是我国司法矛盾解决实施的一个重要组成部分，也是我国重要的社会矛盾纠纷化解途径。调整我国的司法制度，使人民法院在对经济事件、民事纠纷和轻微的刑事案件的处理方式上进一步发展，调整了

---

〔1〕　侯欣一：《从司法为民到人民司法——陕甘宁边区大众化司法制度研究》，中国政法大学出版社 2007 年版，第 267~273 页。

双方当事人之间的矛盾，改善了双方当事人的关系，促进了社会的和谐与进步。健全司法调解制度可以有效缓解诉讼压力，降低当事人的时间和人力、物力成本，提高司法机关工作人员的工作效率。司法调解制度可以在当事人开庭审理之前进行诉前调解，由司法机关派遣调解人员作为调处纠纷当事人的案件负责人，对原告和被告双方之间存在的矛盾和纠纷进行协调、协商，并在调解达成一致意见后由当事人双方自愿签署调解协议，人民法院出具民事调整书结束争议案件。在一般的离婚案件中，人民法院通常会进行调解。通过与双方当事人的沟通，调解原告和被告双方存在的矛盾和冲突。只有在无法解决时才会提起诉讼，由司法机关进行裁判。但是，司法机关的司法调解并不是所有诉讼过程中必须经过的程序，只是在一些案件中当事人自愿选择或者在双方同意的基础上由司法机关调解处理双方纠纷的途径。

二、我国司法调解制度的古今变革

我国的司法制度自古以来一直在发展，从以官权为中心转变为以国民为中心。人民是国家的主人，国家为人民服务。在这个过程中，我国的司法调解制度也随之发生了变化，司法制度越来越完善，从当初的承诺到现在的行动，一步一步地成为现实，让社会变得更加美好。我国司法调解制度的发展过程可被分为以下三个阶段：第一阶段，变革期到20世纪80年代后期，主要以化解争议矛盾为焦点。第二阶段，20世纪80年代后期至21世纪初，司法调整被人们所轻视。第三阶段，21世纪初到目前为止，我国的司法调整进入了发展时期。在第三阶段，主要是把司法调解的工作焦点放在科学调处上。司法调解是指双方当事人对事实清楚、个别轻微争议的事件，可以先协商解决，减少司法机关的工作压力。司法调解不仅减少了司法机关在判决生效后的执行成本，还可充分让法与情结合，让全国人民知道法律不只是冰冷的，也是有人情味的，司法工作者不仅是根据冷冰冰的法条处理案件，而且也在向他人传达温暖，在法律允许的范围内化解矛盾。司法调解制度不仅是我国人民法院司法审判权的体现，也是解决纠纷、促进社会和谐的一种方法。随着经济发展和社会的不断进步，当事人双方的矛盾不再仅限于原告和被告之间的私人主体纠纷，人民法院只能依赖目前的司法环境，通过审判管理和现有的司法调整制度，调解的是已经发生的民事争议。未来可能产生的新的争议以及涉及原告和被告以外的利害关系当事人不在司法调解的范围内，这会导致案结但事未了，而调解的宗旨是真正做到案结事了。如何发挥司法调解的优势、促进司法调解助力市域社会治理已经成了新的研究课题。

三、司法调解制度和市域社会治理现代化的融合

司法调解可以充分发挥人民法院在调处当事人诉讼纠纷时情、理、法相结合的优势。如果单纯以刻板法令为依据进行裁决，可能无法使争议双方都满意，导致最终案件虽然在法律层面审结，但在社会层面却并未了解。司法调解在每一起案件中均须在深入调查研究了解情况的基础上，充分问询当事人双方的意见，分析案件争议焦点，说明利害关系，调整当事人的情绪，寻求兼顾各方面利益的恰当解决方法，向当事人讲法析理、化解矛盾、维护社会稳定，做到真正的案结事了。司法调解充分运用司法权优势，结合符合社会"情景"的方式，可以彻底消除当事人之间的隔阂，从而化解社会矛盾。

司法调解作为司法制度之下的一种解决纠纷的方式，其实质

也是一种社会治理的模式。有研究认为，自革命战争时期以来使用的司法为民和司法便民的原则，无法接续现代法治的理念。[1]从社会治理的角度回顾，司法调解实际上延续了我国自有的社会主义法治理念和社会治理传统，在用法律解决问题之前，更多地使用非正规的和解机制和道德规劝。[2]中国传统的政治思想也强调用伦理性规范来控制社会的优越性，使得社会调解行动结合道德全面的儒家思想被广泛认同，并接受其成为社会的准则。调解式的社会治理方式在不断探索"官治与民治"之外的第三条道路，即以文化和政治治理的党治之路。[3]司法调解突破法庭审理的单一方式，将其放置在社会治理的大格局中进行理解。避免强调以法治为中心的社会治理方式，尤其是避免"法律万能论"。在生活中产生的社会矛盾，往往是人民内部矛盾，而且某些领域还可能超出法律管辖的范围，或者是不适宜单一适用法律来解决。强行适用法律条款来裁决，反而"可能会造就一个法律更多但秩序更少的世界"。[4]司法调解结合社会治理，有助于促进国家治理体系和治理能力现代化。社会的转型决定了社会主体的多层次性和社会矛盾的多样化。对于某些领域的特殊案件，并不都是必须通过审判才能解决，适用司法调解能收获最佳效果。[5]从司法调解的有效性来看，应关注地

---

〔1〕 陈洪杰："人民司法的历史面相——陕甘宁边区司法传统及其意义符号生产之'祛魅'"，载《清华法学》2014年第1期，第125页。

〔2〕 〔美〕郝大维、安乐哲：《先贤的民主：杜威、孔子与中国民主之希望》，何刚强译，刘东校，江苏人民出版社2010年版，第98页。

〔3〕 孙晓忠："创造一个新世界"，载孙晓忠、高明编：《延安乡村建设资料（一）》，上海大学出版社2012年版，第3页。

〔4〕 〔美〕罗伯特·C.埃里克森：《无需法律的秩序——邻人如何解决纠纷》，苏力译，中国政法大学出版社2003年版，第354页。

〔5〕 宋明：《人民调解纠纷解决机制的法社会学研究》，中国政法大学出版社2013年版，第180页。

缘、血缘、亲缘等因素，运用文化、风俗和情理结合，舒缓当事人焦虑和激愤情绪。调解人员本着公平正义精神，遵循法治基本原则，理智分析依法调解，更能高效地化解社会矛盾纠纷。

司法调解制度与市域社会治理现代化融合，可以使社会治理实现现代化，提高我国的司法公正性，更好地为人民服务，成为造福人民的利器。司法调解是司法机关处理轻微案件的重要工具，可以很好地提高我国司法工作者的效率，司法机关可以更好地处理案件、减少冗案，真正做到权为民所用、利为民所谋、情为民所系，更好地建立司法工作体系。

第五章

行业调解在市域社会治理现代化中的困境与破解

行业调解作为调解制度之一，也应顺应时代，同市域社会治理现代化结合发展。其在发展过程中难免会遇到困难，因此笔者将介绍行业调解的相关内容，并解释应如何处理在发展过程中的困难。

第一节　行业调解的历史沿革

行业调解，是指以专业人民调解行业协会作为矛盾纠纷的调解主体，依据国家现行法律法规规定、行业规范、风俗习惯等，通过讲法说理、劝导说服、合理疏导等方法，促使双方当事人在平等自愿、友好协商的基础上自愿达成调解协议，解决行业性矛盾纠纷的活动。行业调解作为一种"非诉讼纠纷解决机制"，能够切实可行地解决纠纷，与其他纠纷解决机制相比，有其自身独特的性质和优势。随着现代社会的发展，人民调解方兴未艾，而作为其重要组成部分，行业调解的兴起则无疑是其发展的新趋势。众所周知，调解在学界通常被分为司法调解、行政调解和人民调解三大类，行业协会特有的自治性、非政府性、中介性决定了行业调解的本质应属于人民调解。同时，行业调解以其独特的优势，为拓展人民调解制度的范围、丰富人民调解制度的内涵做出了巨大的贡献，它的兴起是人民调解制度发展的重要路径。

对行业调解的历史探究，我们可以先从其基础概念来入手分析。"行业调解"从字面意思来看，应被分为"行业"和"调解"两部分：

第一，"行业"，即各行业协会，是指由同行业从业人员为协会的会员，共同组成行业协会，以维护行业协会成员的合法权益，促进和提高本行业的经济利益，保护行业协会会员企业合法权益的民间组织。行业协会与市场经济是无法分割的，它对我国经济层面的治理有着举足轻重的作用。发达国家深受其利，它们对行业协会概念的研究分析也较丰富，对其加以适当的了解分析是必要的。例如，日本的行业协会是同行业的市场经济主体，是为了更好地实现在市场经济活动中的共同利益而自发成立的市场经济主体组织，是民间经济组织的综合体。英国的行业协会是由同行业的各自单独经济主体单位组成的，目的是维护所有的经济主体单位成员之间的合法权益，不以营利为目的的民间组织。

第二，"调解"，即同行业协会作为中立第三方，在其主持下对矛盾纠纷的双方当事人，按照法律法规以及行业规范，在自愿的基础上，由行业协会居间说服疏导，促使双方达成调解协议。从各国的行业协会发展历程、发挥的社会作用中我们可以看出，行业调解是力求从根本上解决矛盾纠纷，从而实现双方当事人诉求的活动过程。在行业调解中，行业协会仅是修饰词，调解才是重点。行业调解实质上是通过同行业经济组织成员自发形成，当行业经济组织内部人员发生矛盾冲突时，依据现行法律法规规定、行业内部规范等，通过行业协会的调解人员说服、疏导化解纠纷，行业调解应运而生。所谓行业调解，即在行业协会调解人员的主持下，依据现行法律法规和行业规范，居中说服和疏导，促使争议各方当事人自愿达成调解协议，从而解决矛盾纠纷的过程。

一、行业调解的萌芽时期

行业调解制度起源于行业协会的诞生。早在中世纪的欧洲行会制度便已存在，商人和手工业者与封建领主斗争的产物之一——"基尔特"其实就是行会。此后，随着行业协会的持续发展，它的名称同时发生了较大的转变，由最初的商业组织一步步变成了汇聚商业和工业的组织，名称也变成了商人行业协会。行会制度对欧洲中世纪无论是城市经济还是政治发展都具有较大的影响。与此同时，中国明清时期的行业协会正如雨后春笋般出现，行业调解也大行其道。自古以来，我国历代统治者一直推行"重农抑商"政策，这使得我国古代商品经济长期处于不发达状态。而在16世纪以后，由于人口压力的攀升，社会生产力的逐渐提高，明清时期呈现出以交换为目的的普遍生产现象，资本主义萌芽也随之出现，商品经济一片欣欣向荣。但是，这也不可避免地增加了商事纠纷。基于此，明清政府开始摆脱一直以来的"抑商"的传统，积极投身于治理与维护商业秩序。同时，明清时期的商人们为了能更好地化解商业纠纷以保护自身利益，使商业秩序得以被维护，不断提高自身的群体组织化程度，于是，行会、公所、会馆、同业公会等职业性商人团体也因此得到了蓬勃发展。国家也赋予了行会、公所、会馆等行业性商人团体一定的行业纠纷调解权力，让其参与对行业秩序的管理。随着商人团体调解行业内的商社纠纷变得普遍，行业调整开始出现。不可否认，这对明清时期的产业纠纷解除和政府管理等均起到了较大的作用。

二、行业调解的发展时期

随着我国经济的持续发展，市场经济中的各方主体基于利益冲突产生的矛盾纠纷不断出现。于是，中央及地方提出了一系列调整市场经济的政策，实现了市场经济主体自治。在双重条件的推动下，市场经济体制促使各市场主体再次自发团结起来，促使行业协会的建立迎来新高潮。组建行业协会，是在市场经济条件下，为了实现同行业市场主体之间的自我管理、自我服务和自我约束，共同维护市场交易秩序，促进行业内部成员自身利益最大化。同时，由行业协会主导的行业性纠纷调解模式也因此产生。迄今为止，全国性行业协会已经突破了地域、部门甚至所有制形式的约束，形成了一种行业内部自我调整、自我约束的发展新局面。自我国建立社会主义市场经济体制以来，国家为了实现这一目标，提出了"发展市场中介组织，发挥行业协会、商会等组织的作用"等口号方针，同时还倡导"把行业的日常管理工作交由行业协会来完成"。对行业协会的积极推进是符合当今我国国情的最优选择和向国家的社会主义市场经济体制的建设迈进的显著步伐，也是转变政府职能和完善国家经济治理结构，促进国家结构优化、精简政府机构的迫切需要。

虽然我国的行业调解制度已得到了较大发展，但却存在诸多亟须完善之处，在行业协会建立之初，主要是将分散的同行业从事生产经营的人员按其功能划分组织起来，建立民间组织，在经济活动中，解决单一经济组织力量薄弱的问题。我国行业协会与政府的密切联系似乎在成立之初便已存在。20 世纪 50 年代，计划经济和集权式指令经济模式广为盛行，这间接导致了政府掌控各行业经济主体的经济活动，当地经济的规划和发展甚至企业均服从于地方政府的指令与监管。如此计划经济条件下的行业协会，其应有的社会作用和发展空间无从谈起。随着我国改革开放的潮流涌进，市场经济蓬勃发展，中央顺应形势改变了以往的政策，积极支持、培育社会中介组织，鼓励通过社会中介组织进行服务和沟通，尤其是关于公证和行业监督的组织。因此，大量的行业协会应运而生。但基于多年的计划经济制度，新生的行业协会没有彻底脱离与政府的依附关系，在工业生产和商业流通部门的体制改革中建立的行业协会，逐渐演变成了地方政府部门的下属单位。其弊端没有得到良好解决，导致大量的行业协会依旧承接了地方政府的资源分配和经济调控等行政管理职能，其服务对象不是本行业协会的内部成员，而是政府或国有企业。民间性应当是行业协会的重要属性，而那个时期的行业协会却无法具备，这便使得它的方向是错误的。过于浓厚的行政色彩导致行业协会的中立性地位时常遭到社会公众的质疑，这对于我国的纠纷解决而言是一大阻碍。

　　我国的行业调解制度与国外的行业调解制度在这一点上存在较大的差异。例如美国的行业协会完全由同行业内部成员自愿组成，在市场经济条件下独立自主经营、自我约束。美国政府既不提供资金支持，也不干预行业协会的运营和管理，同时，行业协会还会对政府经济管理行为进行监督，实行完全独立的市场化运作。日本的行业协会在成立之初由政府为其提供支持，但在第二次世界大战后，日本政府不再向行业协会提供支持。政府和行业协会的分工日趋明确，政府对行业协会的运行和管理不再妄加干涉，而是仅为其提供宏观指导，最终由其自我管理、自我发展。这些均值得我国借鉴与学习。

第二节　行业调解的理论基础

　　行业调解作为存在已久、人们长期应用的调解方式，它的出现必然伴随着理论基础和实践证明，因此，笔者将对此进行详细讲解。

一、行业调解的主要特征

行业调解主要有以下几种特征，即行业纠纷的特殊性、解决行业纠纷的专业性以及行业调解的优势。

（一）行业纠纷的特殊性

大多数行业纠纷均涉及同行（或投资者/消费者/经营者关系）。诉讼虽然是解决纠纷的有效途径，但在具体的交易和竞争关系中却能保护自己的合法权益。然而，在较长的时间维度上，同伴并不是绝对的竞争对手，有时需要形成合作关系，需要灵活处理纠纷及纠纷以外的关系，调解是处理纠纷的最佳方式，符合双方的长远利益和行业发展生态。

（二）解决行业纠纷的专业性

在处理劳资纠纷时，法律知识和专业知识不可或缺。比如，在处理证券到期纠纷时，调解员需要了解证券到期债券的交易内容和规范流程，以及相应的法律法规和行业监管规则，行业调解是由行业协会居中说服和疏导的，其专业性已成为必不可少的条件要求。

（三）行业调解的优势

行业调解最大的优势就是行业协会可以利用其专业性，依据现行法律法规和本行业规范，居中说服劝导当事人，使其自愿通过友好协商达成协议，为纠纷双方可能的合作留下空间。与诉讼和仲裁相比，它至少有以下优点：一是从目的和动机的角度看，产业组织从产业整体健康发展的角度考虑，更倾向于组织纠纷各方达成协议，更有利于解决双方之间的各种纠纷。二是在能力和资源方面，行业协会拥有一支专业的调解员队伍，他们掌握了更多的行业资源、拥有更多的平台，可以为双方当事人解决纠纷、化解矛盾提供多种建设性意见或方案。行业协会为本行业的成员提供了友好交流平台，促使争议双方在有效沟通的基础上，达成共识、化解纠纷。

二、行业调解的构成

行业调解被广泛应用于各行业协会及行业协会建立的调解中心。同时还应用于中小型投资者服务中心。中国证券投资者保护基金有限责任公司这样的公司制法人性质的行业组织也设立了纠纷调解部门为相关行业的业务纠纷提供调解服务。从中我们可以得出哪些组织结构构成了行业调解。

（一）专业委员会

该组织机构的设立目的是指导研究调解工作。这些专业委员会的主要职责大多是指导调解工作、招聘调解员、指导调解员的培训和交流、研究处理与劳资纠纷调解工作有关的专业问题，但不处理具体的调解案件。

（二）调解平台，调解工作站

这些部门处理具体的调解案件。具体调解工作仍由各行业组织建立的线上、线下平台，工作站，工作室承担。例如，上海市金融消费纠纷调解中心在全市设立了 105 个调解工作站。上海市证券、基金、期货行业纠纷联合人民调解委员会分别在三个行业协会设立了证券、基金、期货行业调解工作室，处理涉及各行业协会会员单位的纠纷调解事务。另一个例子是，中国证监会中小投资者服务中心争议调解部在全国设立了多个投资服务中心调解工作站。工作站配备人员、场地、现场设施、远程设备设施等开展纠纷调解等相关工作。

（三）线上平台

自进入 21 世纪以来，随着信息科技的发展和大数据信息化，现代化的趋势逐渐增加。很多调解部门和调解组织都搭建了线上平台，当事人和调解员可以通过网络、视频等方式参与调解。还有一些企业建立了微信公众号，个别小型投资者服务中心、有限责任公司、纠纷调解部则依托于中国投资者网站平台。

除行业调解的组织机构以外，调解员的选定也是行业调解的重要组成部分。法院审理的审判人员都是单数，由一名法官单独代理，或者由法官和民事陪审员组成三人或五人合议庭。但在行业调解机构中，调解员的构成将更加灵活：多数调解机构均明确规定，案件原则上由调解员单独调解，如上海市证券、基金、期货转移纠纷联合人民调解委员会等；也有由两三名调解人组成小组进行调解的机构。同时，在各调解机构中，调解员的选定程序也类似。以中国证券投资基金业协会调解工作部门的调解规则为例：由独任调解员调解的，当事人应当在 5 个工作日内协商选定调解员。调解组调解的，当事人应当在 5 个工作日内协商选定 2 名调解人，或者由当事人各指定 1 名调解人。首席调解员由当事人协商确定。协商不成的，由调解工作部门指定首席调解员。当事人在规定期限内不能选择调解员的，由调解部门指定调解员。当事人也可以直接委托调解部门为其选派调解员。当事人不接受调解工作部门指定的调解员或者代表调解员指定的调解员的，视为不同意调解，终结调解程序。另一个例子是《中国期货业协会调解规则》第 15 条规定："普通纠纷由一名调解员进行调解。争议金额大、案情复杂的重大疑难纠纷由三名调解员进行合议调解。"第 16 条规定："当事人应当在调解程序开始后 5 个工作日内从调解员名册中共同选定或共同委托协会指定调解员，采用合议调解的，同时确定首席调解员。逾期未共同选定或者共同委托指定的，由协会代为指定。"可见，大部分规则均与仲裁规则相似，应该是多方面对仲裁的综合借鉴。

三、行业调解的规则程序与执行保障

行业调解想要进行首先需要明确一系列规则和执行程序，并且这些规则和程序在运行的时候有强有力的保障，促使其良好运行。

（一）行业调解的规则程序

我国行业调解的规则程序主要存在四个方面的特点，即调解规则不统一、调解流程各有所长、小额简易程序、单边承诺。目前，我国还没有统一的法律来规范各类行业调解组织和行业调解行为。有关调解的相关规范很多，且较为零散，大致可被分为立法和规则两个层面。立法包括《中华人民共和国人民调解法》《中华人民共和国民事诉讼法》和《中华人民共和国仲裁法》以及其他法律，如《最高人民法院关于适用〈中华人民共和国民事诉讼法〉的解释》和《最高人民法院关于人民法院进一步深化多元化纠纷解决机制改革的意见》《最高人民法院关于人民调解工作若干问题的规定》等最高人民法院颁布的司法解释或规范性文件，以及司法部门、各级政府和法院的规范性文件。《中华人民共和国民事诉讼法》强化了调解理念，具体表现在为该法的第 9 条规定了人民法院在审理民事案件时，应当以当事人自愿为基础，合法为原则进行调解；第 125 条规定当事人起诉到人民法院的民事纠纷，适宜调解的，先行调解；各相关章节还明确了受理后、开庭前、判决前、二审后、执行中等各诉讼环节的调解；第十五章第六节增加了确认调解协议案件特别程序。此外，根据行业调解规则调解机构组织也制定了很多相应的调解流程。它们大部分都有很多相似之处，但也有

不同，比如小额简易程序和单边程序等。

调解流程各有所长。大多数的协调都有类似的协调过程，但往往在单独的过程中有其他创新。例如，深圳证券期货业纠纷调解中心确立了投资者单方启动机制，《深圳证券期货业纠纷调解中心调解规则》规定，如果对方当事人已经承诺接受调解中心调解，并且是深圳市证券业协会、深圳市期货同业协会或深圳市投资基金同业公会的会员，那么投资者只需单方面申请调解即可启动调解程序。上海市金融消费纠纷调解中心于 2017 年 9 月试行中立评估制度，即对纠纷事实、责任的认识、解决方法有比较大的分歧，分别由独立的专家以各方陈述和证据及其他有关法令规范的文件为基础作出中立的、专业的评价意见。这是对国际上成熟的经验和实践的良好的借鉴。该机制的引入，可以使双方更合理、清醒，有助于纠纷的处理结果断定，能促进双方达成一致的方案。《中国期货业协会调解规则》为调解程序增加了回访流程，明确了协会对调解协议书执行情况进行回访，有利于行业协会收集案件大数据，形成反馈。

设定特别程序中小额简易程序。为了更快、更好地处理小额纠纷，保护非组织方的利益，各调解组织都确立了小额纠纷快速处理程序。例如，中证中小投资者服务中心有限责任公司纠纷调解部采用电话、网络、书面等方式在较短期限内快速解决纠纷。

简易调解适用于标的数额较小或不涉及资金、股权等给付的纠纷。与以下要介绍的单边承诺机制比较相似的是，上海市金融消费纠纷调解中心与上海地区 26 家银行业金融机构达成约定，对于赔付金额在 5000 元以下的纠纷，如果纠纷双方经调解不能达成一致，则由调解员根据法律法规、国家政策、行业惯例，依照公平公正的原则，提出调解意见。若消费者接受，则当事双方应接受并承诺履行该调解意见。

设定特别程序中的单边承诺。根据《中证中小投资者服务中心单边承诺调解细则（试行）》的规定，单边承诺调解是指证券期货经营机构、资本市场的其他主体承诺由投资者服务中心根据纠纷事实和相关法律法规、部门规章、规范性文件、自律规则及行业惯例等提出调解建议，若投资者采纳该建议，证券期货经营机构或资本市场其他主体应按照该建议与投资者签署调解协议并履行的调解方式。除投资者服务中心外，还有其他部分行业协会也设置了这样的单边调解承诺机制，用以约束其会员单位遵守并执行调解协议。这一机制主要建立在行业协会或类似组织对其会员单位的监督管理权限上，与人民调解和行政调解存在显著区别。

（二）行业调解的执行保障

经行业协会调解成功，在自愿的基础上达成一致协议，其执行方式有多种途径，比如制定行业调解协议，作出公正的仲裁和司法确认等。大部分的调解机构都是以书面调解协议的方式进行结案的，中证中小投资者服务中心有限责任公司（简称投服中心，是一家于2014年12月成立的投资者保护公益机构，归属于中国证监会直接管理）的纠纷调解部规定，通过网络调解达成的调解协议可采用电子签名或视频录像的形式进行确认，该协议与书面调解协议具有相同的法律效力。通过对几家机构调整规则的整理我们可以发现，在很多情况下，公证人确认、仲裁确认或司法确认均可以被规则明确规定，但使调整协议执行的可能性进一步加强的关键是调整的效率。这些既是行业调解的执行方式，也是行业调解的保障。一个代表性的案例是：2015年7月29日，天津市和平区人民法院司法确认中心、天津市证券业协会和人民调解委员会共同签署了《关于建立天津市和平区人民法院司法确认服务中心证券业工作站的实施意见》，并成立了证券业司法确认工作站。当事人起诉到基层人民法院后，工作站工作人员会通过计算机远程技术，采用"专业+科技"的工作方式，对当事人的纠纷进行梳理和劝导，在双方自愿的基础上达成一致协议。基层人民法院会通过视频通话方式征求当事人的意见，确认双方当事人对协议内容是否自愿达成、是否是其真实意思表示、协议内容是否合法有效、能否具有可执行力等问题，将对当事人纠纷的调解和司法确认合并为简化程序，减少当事人的诉累。在互联网时代，"云协议""云确认"的机制方便了当事人，也可以免去线下送达环节，节省了调解资源和司法资源，有较大的借鉴意义和推广的必要性。此外，也还有一些机构采取其他方式对不履行调解协议的机构一方加以约束，比如依托诚信监管协作机制或者是强制执行机制，或者将不履行行业调解协议的主体纳入资本市场诚信监管范围。

第三节　我国行业调解的发展困境

"调解"一词在汉语词典中被解释为调停各方意见、平息纷争。法律意义为双方或多方当事人就争议的实体权利、义务，在人民法院、人民调解委员会及有关组织的主持下，自愿进行协商，通过教育疏导，促成各方达成一致意见，化解矛盾纠纷的方法。

一、行业调解的概念与特征

"行业组织"即行业协会，是指由同行业会员共同组成，为维护、促进和提高本行业整体共同经济利益，保护行业协会成员的合法权益而自发依法建立的民间组织。

（一）行业调解的概念

行业调解不是简单地在调解的基础上加上"行业"二字，而是着重突出了行业调解的专业化特点。行业协会作为市场经济下的产物，对国家的经济部门治理具有十分重要的作用。在理解行业调解这一概念时，我们发现"调解"这个词尤为重要。调解在我国有着悠久的历史，从未中断。在封建社会，统治者以儒家的和谐思想为指导，适应以小农经济、血缘关系和熟人社会为主导的社会经济特点，大都较为重视民事纠纷的调解解决。民间调解与官方调解共同存在，调解形式和手段多样，积累了丰富的调解经验。要想充分理解行业调解的深层意义，首先要理解"调解"的含义。中国古代传统法律观念的一个重要特征是"无诉"，即息事宁人，平息争端，大事化小、小事化了，从而使纠纷得以结束。在古代，长期以来形成的封建君主专制政体为了有效地治理这个庞大的国家，基于效率和诉讼成本的考虑，从中央到地方的各级政府都尽可能地采取各种手段迅速、有效地化解纠纷，了却事端，以维护社会安定。虽然没有明确冠名为"调解"，但是"调解"仍然是解决纠纷的重要选择。

行业内的调解在我国古代表现为行帮规章对成员的约束。行会是中国古代城市商品经济中的工商业组织，包括手工业行会和商业行会。行会的出现是因为商品经济得到一定的发展后，同行之间的矛盾日益增加，为协调同行关系，保护各自利益，而由同行业人员组成一定的联合组织。基于求利求财、避免冲突的天性，行会在解决日常争端的过程中大量运用调解。从某种程度上说，行会本身就是为了调解矛盾纠纷而存在的。

纵观世界各国的学术成果，对"调解"一词的理解不尽相同，但也有共通之处。总结出的行业调解的概念为，当行业协会内部成员与社会外部主体，或与商会会员、行政主体等发生经济纠纷时，行业协会作为第三方主体，在纠纷双方同意的情况下介入，在公正、公平的基础上运用调解方法，疏导、调和，或摆出相关法律法规，化解当事人之间的矛盾，促使当事人达成协议，保护双方当事人利益的一种纠纷解决机制。

（二）行业调解的特征

作为行业组织，其调解纠纷的特点是发挥第三方的调解中立性、节能性、自愿性解决纠纷且效率更高、专业性更强，并且至少一方属于协会成员，能够节约资源。下面笔者将详细说明这一行业调整的属性。

第一，自愿性。调整对象至少一方是行业协会内部的成员。在调解开始之前，只有保证纠纷所属一方是其内部成员才能开展工作。行业调整本身的目的是维护本行业或内部企业的利益，促进内部企业的繁荣与稳定，只有成员一方提出要求且对方同意才能进行调整。

第二，中立性。在行业调解中，调解主体是纠纷当事人以外的第三人。在大调解下，行业调解属于第三方调解，而不是纠纷双方的个别协议和和解，因为行业调解被包含在人民调解之中。调解的主体需要以公正、客观的眼光看待争议双方当事人，即中立。行业调解属于人民调解，只有其自觉、客观、公正，才能实现调解的目的，并有利于确立更好的行业调解权威。

第三，节约性。对于纠纷双方当事人来说，行业调解靠其专业性为当事人节省了大量的时间和金钱。对于商家和企业来说，时间就是金钱，通过行业调解解决矛盾并节约了金钱，可以达到双重效果。从诉讼的角度看，行业协会居中调解不仅免去了双方当事人站在法庭上针锋相对和缴纳高额诉讼费用的不利后果，同时也大大减轻了法院的受案压力，为司法资源的节约作出了良好的示范。

第四，效率性。行业调整作为人民调解的一种，可以运用各种手段，效率高、速度快、手段更灵活。例如，调解员可以列举相关的法律条文，可以列举当地相关的城镇规章、商业习俗、善良的风俗、传统等。同时，在调解过程中，调解员不受诉讼程序和相关时间的拘束，可以自由思考，充分发挥自己的灵活性，使双方在公平的条件下和解，促进双方关系缓和，使纠纷双方未来合作的机会不受影响。在调解不成的情况下，要及时告知当事人可以通过诉讼等方式解决，避免双方的矛盾和纠纷因此次调解而加深。

第五，专业性。专业性是行业调解的精髓和灵魂，是行业调解区别于一般调解的特征之一。针对双方矛盾和纠纷的深度和复杂性，专业性行业调解可以经过整理，理清是非责任。协会优秀的调解成员能够运用行业专业知识和优秀的调解功能，详细适用行业的规章等，比一般的人民调解更具优势。

二、行业调解的原则和效力

行业纠纷大多发生在行业之间的竞争或合作中，或者是与行业成员及利害关系者的交易行为中。由于冲突各方之间始终存在着竞争与合作关系，调解作为一种有效且较为平和的争端解决方式，为争端各方主体所推崇。再则，行业调解主要解决法律关系比较简单、利益纠纷不太复杂的问题，把重大疑难问题留给法院，以构建我国多元纠纷解决机制战略为根本目的。

（一）行业调解的原则

行业协会是我国民间组织的一种，具有社会团体法人资格。其是由同行业从业人员或企业自发组建的，行业协会成员共同遵守本行业从业行为规范和内部契约。因此，行业协会在调解矛盾纠纷时具有一定的权威性。行业协会在调处矛盾纠纷工作中应遵循以下三个基本原则：首先，行业调解必须以双方当事人自愿调解为前提，行业调解委员会工作人员应居中遵循平等、公平、公正原则，在尊重公序良俗的基础上进行调解；其次，行业调解必须坚持依法原则，行业调解委员会工作人员在了解争议双方的分歧后，围绕争议焦点调解，在现行有效实施的法律法规、规章政策、风俗习惯以及本行业行为规范的规定范围内，进行梳理劝导，提供建设性意见，促使双方达成合意；最后，行业调解不得损害当事人的合法权益，在调解过程中应尊重当事人的意见和选择决定，如果调解不成，应及时告知其可向有管辖权的人民法院提起诉讼，不得因该争议未经行业协议组织调解、经调解没有达成一致协议而阻碍当事人向其他人民调解组织申请调解或向人民法院提起诉讼。

（二）行业调解的效力

最高人民法院于 2009 年 7 月 24 日发布了《最高人民法院关于建立健全诉讼与非诉讼相衔接的矛盾纠纷解决机制的若干意见》，规定经人民调解组织、商事调解组织、行业调解组织、主管行政机关调处，以及其他具有调解职能的社会组织调解，双方当事人自愿依法达成一致协议，由各类调解组织做出调解协议书，经双方当事人和调解员签字盖章，当事人可以申请有管辖权的人民法院确认其司法效力。经过人民法院司法确认的调解协议书，送达双方当事人后即发生法律效力，任何一方当事人拒绝履行的，另一方当事人均可以向人民法院依法申请强制执行。

经过行业协会调解达成一致协议的，相当于双方当事人达成了新的契约。如果当事人一方或双方不遵守该调解协议或者不履行该调解协议，任何一方当事人均可以请求有管辖权的基层人民政府予以处理，也可以直接向有管辖权的人民法院提起诉讼。

就其行业调解协议的效力而言可分为两种情况：第一种情形为当事人在达成调解协议后，没有向有管辖权的人民法院提出司法确认。该调解协议具有民事合同的法律效力，明确约定了双方的权利义务。当事人应根据调解协议内容履行各自义务，不得随意变更或解除该调解协议。如果一方当事人拒不履行，另一方当事人可向人民法院起诉，该调解协议可被作为证据使用。如果一方当事人认为该调解协议非本人真实意愿和意思表达，可向人民法院要求变更、撤销或是确认该调解协议无效。人民法院应依法予以受理，在查清事实的基础上，对调解协议进行审查，对合法部分依法予以确认，违法部分依法予以撤销。无效或被撤销的调解协议自始无效。人民法院可对该纠纷依法进行司法调解，调解不成的依法作出判决。第二种情形为当事人债权债务纠纷的调解协议，双方对调解协议中涉及权利义务的条款进行确认。在行业协会出具调解协议书之后，当事人可为该协议书办理公证，经公证员依法做出赋强公证，该协议书即被赋予了强制执行效力，债权人可以向该调解协议中的债务人住所地或者其财产所在地的有管辖权的人民法院申请强制执行。2002 年《最高人民法院关于审理涉及人民调解协议的民事案件的若干规定》第 10 条规定："具有债权内容的调解协议，公证机关依法赋予强制执行效力的，债权人可以向被执行人住所地或者被执行人的财产所在地人民法院申请执行。"2009 年《最高人民法院关于建立健全诉讼与非诉讼相衔接的矛盾纠纷化解机制的若干意见》第 12 条和 2016 年《最高人民法院关于人民法院进一步深化多元化纠纷解决机制改革的意见》第 11 条规定，当事人可以对达成的具有给付内容的调解协议、和解协议申请公证机构赋予强制执行效力。《最高人民法院、司法部关于开展公证参与人民法院司法辅助事务试点工作的通知》规定公证机构可以参与调解、取证、送达、保全、执行等环节的司法辅助事务，应由当事人申请，就具有给付内容、债权债务关系明确的和解、调解协议办理公证并赋予强制执行效力。第三种情形为当事人在达成调解协议后，可向有管辖权的人民法院申请司法确认。人民法院立案后审查调解协议内容，符合法律规定的出具《民事调解书》，当事人签字盖章确认后即发生法律效力。任何一方当事人如果反悔不得上诉，但可向人民法院提出再审。任何一方当事人如果拒不履行《民事调解书》，另一方当事人可向人民法院申请强制执行。综上，行业调解协议书不具有法律强制力，其法律效力等同于普通的民事合同，其诉讼时效适用《中华人民共和国民事诉讼法》的规定。但如果原纠纷经过行业调解达成协议，当事人没有对该调解协议书进行赋强公证和司法确认而直接向人民法院提起诉讼，那么，该调解协议无论是否被撤销或被认定为无效，均在发生诉讼时效中断，自被撤销或判定无效的判决生效之日起重新计算诉讼时效。

三、行业调解的管辖范围

2011 年 5 月 12 日，《司法部关于加强行业性专业性人民调解委员会建设的意见》明确规定了行业调解的受案范围及其管辖。

（一）行业调解受理纠纷的范围

行业调解是行业调解组织根据双方当事人的矛盾纠纷的性质和复杂程度，充分发挥行业调解委员会的专业优势，有针对性地进行说理劝导，促使双方在平等自愿、友好协商的基础上达成一致协议的一种调解形式。行业调解的受案范围主要包括三类：其一，本行业协会成员内部之间、本行业协会成员与其他生产经营者在经营过程中发生的商事纠纷；其二，当事人之间发生的民事争议，例如债权债务纠纷、合同纠纷、婚姻家庭继承纠纷等；其三，侵犯他人人身权和财产权，应承担民事责任的纠纷。如果该纠纷同时构成了行政或刑事违法，由主管行政机关或司法机关依法追究其行政责任或刑事责任。行业调解与人民调解、行政调解、司法调解相区别，其受案范围更具有行业性的特点，即主要是本行业内部或与本行业生产经营活动相关的各种民商事纠纷。

（二）行业调解的管辖

行业调解管辖以本行业成员之间和与本行业经营范围相关联活动过程中发生的民商事纠纷为主，由该纠纷当事人所在地或者纠纷行为发生地的行业调解委员会受理。行业调解委员会利用自身对本行业的了解和熟悉情况，有针对性地开展调解工作。采用说理、说服、劝导、疏导、教育等多种方式进行调解，促使纠纷双方在互谅互让的基础上，平等协商、消除隔阂，自愿达成调解协议。对于矛盾分歧较大、纠纷较为复杂、跨地域的案件，在调解过程中，行业调解委员会也可以联合行政机关、企事业单位、居民委员会、村民委员会的人民调解员共同调解，结合不同地域、不同行业的差异性，在调解中采用求同存异、利弊分析、趋利避害等方法，共同促使争议双方达成一致协议。

四、我国行业调解的发展"瓶颈"

目前，社会公众对行业调解的认知度还不高，内部和外部存在的一些客观原因限制了其进一步发展。

（一）我国行业调解发展的内部制约因素

首先，部分行业协会调解员专业性不强、素质偏低。目前协会调解员老龄化现象比较严重，素质普遍偏低，业内培训只注重向调解员灌输注意相关违法事项、调解不要违法等内容，培训只是"走过场"，在调解能力、个人专业修养、行业规范熟悉度等方面没有对调解员进行系统、细致的培训，所以导致部分调解员解决纠纷的能力较差，纠纷久调不下，拉低了行业调解的专业形象。

其次，在维持行业协会调解机构经济运转方面，经费严重不足。在内部运作所需费用方面，一是缺少相关立法的规定，二是经济来源比较狭窄，主要是由成立之时会员缴纳的会费和相关活动中的咨询费组成，所以调解员的薪酬较低，甚至没有报酬。在调解相关纠纷的过程中，调解员有时候甚至要自掏腰包来完成工作，譬如茶水费、交通费、餐饮费等由调解员自理，从而使调解员积极性下降，调解人员减损严重，其工作热情受到经费不足的影响而大打折扣。

最后，行业协会及其调解组织作为民间自发组成的非营利性组织应当具有高度的自治性，然而现在却缺乏自治性。行业协会组织有时候完全是依附于政府的，没有做到实质的政府、行业协会分离，协会行为的政府主导性较强，不足以代表协会内部会员和外部企业的意志，行政权力主导下的行业协会有脱离自身本质的风险。

（二）我国行业调解发展的外部制约因素

首先，行业调解无法律的支撑，缺乏立法依据。我国的调解立法较少，从法律效力等级的角度来看，目前关于"调解"立法位阶最高的是《中华人民共和国人民调解法》，而该部法律并没有准确列出其效力，相关规定在民事诉讼法和最高人民法院的司法解释中可以找到。

其次，行业调解的公信力与程序的规范性不足。行业调解公信力的不足，固然与立案登记制大大降低了案件受理门槛，使得原本可以由行业调解解决的纠纷进入司法程序有关，但不可否认的是，商事主体对协会调解制度的认知不够，认为刚性的诉讼就是万能的，不看好软性的调解的作用，从而使调解被抛在一边。再者，行业调解在解决专业纠纷方面能力稍显不足，有些协会的存在是为了满足政府相关工作的需要、解决行业矛盾的意识和能力不足、把政府的目标放在第一位等原因也是行业协会公信力不被肯定的重要因素。所以，行业调解公信力不足的问题是比较突出的。

最后，行业调解缺乏必要的强制力和执行力。协会内部成员企业通过行业协会调解的方式来厘清纠纷企业之间的权利和义务关系，除了节约时间的效率因素和节省金钱的成本因素之外，行业调解的内部拘束力也是重要的考虑因素。行业协会组织在长期的成长过程中积累了信用和一定的内部拘束力，协会成员会考虑自身行业领域的发展和壮大。在许多发达国家，一个企业在行业中会顾及自身的形象从而遵从调解结果。在我国，市场经济虽然取得了巨大的发展，行业协会也如雨后春笋般成立起来，但行业协会的声望和信誉尚未在协会企业之间普遍建立也是一个不可忽视的事实。

此外，我国目前行业调解程序的规范性不足，缺少相关的立法规定，在基本程序方面，在调解过程中已经使用的证据和提出的主张缺乏确定性和稳定性，当事人事后想反悔很容易，导致前期调解的努力都化为泡影。对于那些真正想依靠调解来解决纠纷的会员和企业来说，其因可预测性不强而让人望而却步。我国行业调解面临的困境还有待突破。

第四节　行业调解的路径分析

确定我国行业调解将来的发展路径，首先需要对其优势与劣势进行比较，给予建议并明确未来的发展方向。

一、行业调解的定位

对行业调解的定位需要注意两个方面：行业调解与大调解的关系以及典型的民间调解。

（一）行业调解与大调解的关系

行业调解与商事调解、行政调解和司法调解并列，共同组成人民调解。行业调解与其他类型的调解相互协调补充，在各自领域各有特色，发挥不同的优势，不断调整完善，协调调解中的各种资源，共同组成人民调解的整体框架，化解社会矛盾、促进社会和谐稳定。

（二）行业调解与典型的民间调解的关系

行业调解在实质上是本行业内部的一种矛盾纠纷的自我修复、自我调解，属于典型的民间调解形式，是市场系统内部的一种自我校正装置。行业调解相比较于典型的民间调解，具有自身的特色。其一，调解对象的特定性。行业调解主要调整行业纠纷，即在市场经济发展中出现的市场主体之间的因生产经营生产和市场交易而产生的纠纷。其二，调解人员的专业性。行业调解是由行业协会选定的调解员根据双方的矛盾纠纷争议焦点作出的居间调解，调解人员了解本行业的工作内容、工作特点、行业专业性法律法规以及行业行为规范，具有专业上的权威性。其三，调解各方主体地位平等。行业协会是由本行业的从业人员和相关企业共同组成的，协会成员之间地位平等。行业协会是一种自发组织的社会团体，行业协会成员更注重行业自律性规定。行业协会及其成员的特点使行业调解就争议双方而言更具信服力和权威性，可以快速、有效地化解行业内部的矛盾纠纷，是社会救济类型中的一种便捷、高效的民间调解。

二、行业调解的优势

行业调解与其他纠纷解决机制相比，有其自身优势：其一，行业调解的专业性。纠纷方之所以找行业协会来调解纠纷，是因为行业内的相关事务主要由行业团体来处理，他们对本行业的业务熟悉，能够快速分析双方的争议焦点，辨别性质，提供可行性建议意见，从而快速、高效地化解纠纷。行业调解一旦受理纠纷，将由具有丰富行业管理经验的调解员负责，对于行业纠纷中的焦点问题，基于查清的纠纷事实结合相关法律法规，快速地梳理出争议双方的各自权利义务及其法律关系，因此比一般的调解员更能巧妙地处理。其二，行业调解的相对权威性。这一点可以和其他调整方式相比较。在纠纷调解过程中，行业协会在行业内的信用自律、评级监督等主体地位将起到促进调解成功的作用，行业内对信用不良行为的惩戒也保证了调解的效力。其三，行业调解的调解成本较低。业界纷争如果进入诉讼程序，当事人将投入相对高额的诉讼费用。诉讼费用包括社会费用和经济费用。社会费用包括声誉费用和相关费用，经济费用包括各种费用支出、时间消耗以及所带来的各种机会费用的损失。与之相对，因纠纷各方均为行业协会成员，行业调解人员可以利用自身的专业优势，在调解过程中加大说服劝导力度，促成双方达成解决纠纷的共识，避免当事人陷入诉讼纠纷，增加法院和当事人的诉累。行业调解不仅降低了矛盾纠纷双方处理纠纷的经济成本和时间成本，减少了人力、物力和财力支出，还为当事人双方日后的合作留有余地。

三、行业调解存在的问题

行业协会在各地政府的重视和支持下，从无到有、日趋完善，建立行业调解是多元化纠纷解决的重要途径之一。行业调解不断开展工作，使人们对其逐渐从认识到信任，也日渐得到了各行业组织成员的认可。但随着我国改革开放的不断深入，社会转型期出现了新的社会阶层，行业调解的工作机制尚未成熟。社会矛盾纠纷的多发性和复杂性日益增加，人们对诉讼法律救济途径的重视使得人们质疑包括行业调解在内的代替性纠纷解决方式信任程度和其法律效力。虽然行业调解已经取得了一定的工作成绩，但其在制度建立等方面还存在不足，限制了我国行业调解事业的发展，造成了一些其未来发展的困境。

其一，认识理念阻碍了行业调解的发展。我国的行业协会历史悠久，将行业内部矛盾纠纷交由行业协会中身份地位较高、有一定社会威望的人居中调解已经得到了广泛认同。但随着社会的快速发展，人们更重视解决纠纷的法律效力和强制执行力。诉讼成了纠纷当事人的第一选择，使调解这种传统的解决纠纷方式遭到冷遇。在当前的改革大潮中，有一种思潮认为调解这种传统的非诉讼纠纷解决途径虽然历史悠久，但却不具有司法审判的法律效力与强制执行力，更多是在计划经济体制下使用。[1]而且，在我国建设社会主义法治国家的进程中，应梳理法治权威，弘扬社会主义法治理念。过多地重视和强调调解的地位和作用会不利于人们法治观念的树立，也不利于我国社会主义法治的发展。[2]这种思想着眼于民众现实生活培育法治意识，但忽略了客观事实中人民法院的诉讼承载力，因大量诉讼案件激增导致审判压力过大。同时，因诉讼程序要求严谨，尤其是涉及鉴定案件，案件审理结案时间较长。

---

〔1〕 范愉：《非诉讼纠纷解决机制研究》，中国人民大学出版社2000年版，第120页。

〔2〕 胡旭晟：《法学：理想与批判》，湖南人民出版社1999年版，第95页。

其二，对行业调解制度的重视程度不够。我国对于行业调解的规定主要体现在一些行政规章和地方行业协会内部的规章制度中。2011年1月1日实施的《中华人民共和国人民调解法》对行业调解也没有作出具体规定，导致行业协会调解缺乏相关法律法规依据。行业协会的规章制度虽然规定了相关行业调解的内容，但行业协会毕竟是民间组织，行业协会的规章只能起到规范作用，不具有法律规范的性质，不产生法律效力。经过行业协会调解达成的调解协议只能是双方当事人形成的契约。目前，社会各界对行业调解的认识不足，仅将其等同于普通的人民调解忽略了行业调解的自身优势。从当前构建和谐社会的发展理念来看，行业调解可以通过法律规定与道德约束、行业自律的有机结合，在调解中更多地融入人文关怀，化解同行业之间以及彼此行业之间的矛盾纠纷，在人民调解中成为一种优先发展的行业纠纷解决途径。

其三，行业调解的程序不够完善。调解本身就是基于双方当事人的自愿，决定着当事人对个人的私权利享有完全的意思自治决定，在调解案件的受案范围、案件的管辖、调解适用程序和法律适用中，均应尊重当事人的意见，在行业调解中应最大限度地尊重当事人的合意和意思自治。[1]当事人自愿选择调解程序、适用法律法规，双方达成的一致协议更利于当事人的自律履行。行业调解的程序规则和利益平衡较之诉讼程序享有更大的自治空间，当事人的自愿履行是诉讼无法替代的纠纷解决优势。

其四，行业调解与司法审判衔接存在脱节。因各行业协会存在于各行业之中，没有形成整体合力，缺乏与人民法院审判工作的有效衔接。经过行业调解达成的协议，如果一方当事人

---

[1]　黎军："行业自治及其限制：行业协会研究论纲"，载《深圳大学学报（人文社会科学版）》2006年第2期，第26页。

反悔或拒不履行，另一方只能去人民法院重新提起民事诉讼，行业调解就没有必要了，从形式上看依然是"一调+两审"的模式，增加了当事人解决矛盾纠纷的人力、物力和财力成本，也浪费了国家资源。

其五，行业调解的专业人员和组织经费保障不足。行业协会虽然具有行业组织成员和行业自律规章等优势，但在行业调解中需要具备行业专业知识和调解能力的人员。在行业调解过程中必须有配套资金保障，调解人员的知识培训、组织人员调解费用开支等均需资金保障。

其六，行业调解混同于普通民众调解。行业调解没有根据本行业的组织特点和纠纷类型进行区分，没有利用好本行业自治职能和现有资源，是目前行业调解存在的主要缺陷。

其七，行业调解缺乏相应的监管。从我国行业协会调解的历史发展可以看出，许多行业协会均依附于政府职能部门，从完全服从于政府到逐渐脱离政府，登记管理体系发生了变化，但新的监管体制却没有配套制定，导致会员企业在行业调解中产生疑问。行业协会的非会员担心行业调解倾向于会员企业，会员中的小企业担心行业调解倾向于大企业。在行业调解过程中，当事人担心行业协会原有的行政性会致使其倾向于政府职能部门，从而质疑行业调解的中立性。

四、行业调解存在问题的对策建议

各种纠纷问题随着社会发展而不断增加，而其中的民商事纠纷需要调解人员具有更强的专业性和灵活性。行业调解已然成为我国的正式制度，但其发展之路漫漫，许多最初存在的问题也需要我们在一步步的探索中进行完善并解决。对此，我们可以从完善行业调解的内部治理和外部机构的对接两方面入手解决以上困境。

（一）完善行业调解的内部治理

目前，绝大多数的行业纠纷调解机构均为行业协会和法院，行业调解制度的内部治理可具象化为行业协会的内部治理。

（1）增强行业协会的自主性，体现其真正的团体自治价值。政府对行业调解的重视使得行业调解制度在我国经历了从"无"到"有"的过程。也正因如此，在我国的计划经济时代，行业协会过于依赖地方政府，变成了地方政府职能部门的"影子"。同时，大众对于行业协会的中立性提出了疑问。而行业协会作为联系企业和政府的媒介，其公信力下降，使得纠纷双方主体之间终止调解程序而转向其他调解方式的情形大大增加。因此，当务之急是加强行业协会组织的独立性和自主性。当前，行业协会的登记注册仍采取的是行政主管机关审批制，是由发起单位或发起人组成筹备组，在完成筹备工作后向民政部门提出申请，同时将相关文件上交的一种登记注册制度。众多商事主体因为行政审批权的效率问题而无法及时获得相应的法人资格。

因此，"行业协会商会与行政机关脱钩"这一改革任务仍需大力推进，弱化行政机关对行业协会的影响，提升协会商会的自治性，消除政府与行业协会的"附庸关系"，建立起平等的"伙伴式合作模式"，更好地发挥行业协会团体自治的优势。

（2）保障调解协会工作经费，拓宽经费来源。行业协会的资金来源主要有会员费、政府补贴和企业资助三种方式。行业协会的非营利性决定了其无法通过解决案件纠纷来获取资金。因此，在行业协会的发展过程中，政府补贴成了其主要的资金来源，也使得行业调解组织脱离对政府的依赖较为困难。在笔者看来，行业协会可以通过将政府补贴转换为政府购买服务、拓宽调解范围、发展线上行业调解咨询等方式来增加资金收入，也能够不受干扰地保证行业协会的正常运转。同时，对于协会中的资金流转等事项也需要做好登记，并且需要根据《社会团体登记管理条例》中的相关规定，接受国家财政部门和审计机关的监督，定期向社会公众公布协会内的资金流动去向，保证资金公开透明，不仅要接受来自社会和政府的外部监督，还要接受来自协会会员的内部监督。

（二）着力推进行业调解的普及，完善行业调解立法和诉讼
　　　　对接机制

目前，推进行业调解的普及需要完善立法和各项程序，使人民能够理解并有保障地运用。

（1）增强人民的行业调解意识，使人民更好地了解行业调解。行业调解有良好的发展前景，大众的了解对其有着巨大的推动作用。然而，如今大众对于"行业调解"这一词仍然只是一知半解，即便是对行业调解有所了解，也会对行业协会这种民间组织的中立性产生疑问，因此还是需增强行业协会的自治性，同时也需要消除人民对行业调解的误解。对于如何消除人民的误解，我们可以从以下两方面入手：一是可以增强行业调解的大众化辐射力，提升对行业调解的推广力度，让大众更加了解行业调解。二是要提升行业调解的服务力度，增强大众公信力和大众对行业协会这种民间调解组织中立性的信任。同时，我们也可以创新行业调解服务，使人民在行业调解服务的帮助下实现利益最大化。

（2）加快完善行业调解的法律保障。社会经济的快速发展促进了社会组织的快速发展。而法律与之相比有较明显的滞后性。因此，如果仅靠行政法规和部门规章进行行业调解，行业调解的效力及影响便会具有不稳定性。我国以《中华人民共和国宪法》为依据，已经制定实施了《中华人民共和国人民调解

法》，并将以《中华人民共和国行业协会商会法》为基础，起草
制定了《中华人民共和国社会组织法》，以此形成了较为完备的
法律体系。此体系在权利本位的基础上处理好了权责一致的问
题，提升了强制与引导的关系和民众参与社会治理的积极性，
为符合建设法治社会的要求，将行业协会治理纳入法治轨道。
同时，法律也应针对不同的行业及调解作出具体规定，政府可
以通过出台一系列相关政策为其提供支持。

　　（3）完善诉讼对接机制。完善诉讼对接机制需要做到以下
几点：其一，理清诉讼与调解的案件范围。要区分什么案件是
可调解的、什么案件是必须诉讼的。行业性商事纠纷可以在双
方自愿的情况下，交于法院以外的第三方行业协会进行调解。然
而，这种纠纷一旦涉及违法，便只能在人民法院以诉讼方式解决。
同时，也是对行业调解解决纠纷案件范围的一种约束。其二，在
调解与诉讼中更好地体现司法的能动性。如何建立健全诉讼和
非诉讼的对接机制是我们应考虑的问题。要做好诉讼与非诉讼
的渠道衔接，需充分发挥相关国家机关、各组织单位的力量，
在调解过程中充分发挥对审判权的规范、引导和监督作用，并
在调解失败后为当事人提供法律救济途径。可以请求人民法院
依法变更、撤销调解协议，也可以请求人民法院确认调解协议
无效，从而更好地体现司法的能动性和救济性。其三，完善和
规范行业调解的程序，促进法院和调解组织的诉讼对接多元化。

　　目前，就我国而言，即使在当事人自愿的前提下，行业调
解可以不受民事诉讼法律程序的拘束要求，行业调解协议可以
不用查清法律事实和受法律论证的限制，但我们仍然需要通过
立法来解决和完善调解的程序问题。目前，各行各业中行业协
会自编的内部规章和调解程序规范依据不同的调解程序所作出
的调解协议呈现杂乱无章和自立山头的现象，出台一部新立法

统一规定其调解程序已经成为一项迫在眉睫的任务。而法院和调解组织的诉讼对接机制也随着互联网的发展逐渐多元化。双方不再拘泥于以线下见面的方式进行对接，也可以采取线上对接的方式。2015 年 9 月，上海浦东新区人民法院首次适用了"网上调解"和"行业调解"双向解决机制，审理了机动车交通事故责任纠纷案件。同月，浦东新区人民法院高桥法庭专门组织了一场由保险行业协会的专家调解员开展的"网上行业调解"，调解成功后由法官当场进行司法确认。我们可以以此案为例，设置线上对接和线下对接相结合的模式，使之后的纠纷调解更加方便。

五、行业调解的未来发展路径

对于我国行业调解的发展路径问题，笔者将从完善立法与加大监督两个方面解答。

（一）行业调解在宏观上应完善立法

目前，行业调解立法缺失，导致行业调解没有立法依据，行业协会大多按照自身的行业章程进行行业调解，但各行业协会的章程没有统一的制定标准，具有独立性和自主性，从而出现了一定的随意性和调解标准的差异性。针对现实中出现的问题，我国应就行业调解作为人民调解中的一种专业调解作出专项立法规范，对行业调解的受理案件范围、调解人员的专业要求、建立调解人员名册、当事人自主选择调解员制度、行业调解程序、行业调解案件质量、行业调解的效力等问题进行具体规定，以回应社会大众对行业调解的质疑。

（1）行业调解应引入法律专业人员。行业调解与大调解相比较而言，争议本身和当事人均有一定的专业性，所以对行业调解人员的资质水平具有更高的期待性。行业协会需引入法律专业人士，由本行业从业经验丰富的人士与法律专业人员共同组成调解人员队伍，供争议双方当事人共同选择组成调解庭。简单纠纷可由独任调解员担任，复杂纠纷则可组成合议调解庭。合议调解庭组成人员可参照《中华人民共和国仲裁法》关于仲裁员条件的规定。当事人一方有权选择一名调解员和首席调解员，双方选择的首席调解员不一致或没有选定的，可以委托行业协会会长指定一名首席调解员。当事人对调解员的资质和专业性有信任度，并对调解庭的组成和调解员的选择有自主性，对调解庭组织的调解结果才会愿意主动履行。

（2）行业调解应规范调解程序。从行业调解案件程序启动来源上看，《中华人民共和国人民调解法》对人民调解案件的调解程序规定得较为笼统，难以解决行业调解的一些现实问题。关于行业调解案件的程序启动，在现有法律规定的"人民调解应当双方自愿选择才能调解"的基础上，行业调解可有三种启动来源：一是争议双方当事人主动选择行业调解。当事人可在争议发生前约定"发生争议的解决途径为行业调解"，也可以在争议发生后协商约定行业调解。二是行业协会劝导选择行业调解。争议双方当事人均是本行业协会成员的，或是该纠纷对本行业影响较大、有可能会涉及本行业重大利益的，行业协会应当主动介入，劝导双方当事人自愿选择行业调解。三是行政职能部门、信访机关、人民法院主动委托移交的案件。当矛盾纠纷产生之后，当事人信访或是提起行政复议、民事诉讼等，受理的行政机关和人民法院可以建议双方当事人选择行业协会调解，也可以在案件审理过程中征求当事人的意见，邀请行业协会参与调解。熟悉本行业的专业人员的介入可以使调解更具专业性。[1]

---

〔1〕　王文婷："论我国行业协会的调解功能及其实践途径"，湘潭大学 2013 年硕士学位论文，第 19 页。

（3）行业调解应提高调解协议的执行力。当事人在选择解决纠纷的途径时，最为关注的就是争议解决结果的执行力。有的学者建议赋予行业调解协议强制执行力，[1]这一设想与我国现行的相关法律法规规定不一致。而且，各行业协会的调解人员专业素质参差不齐，调解程序等制度规定尚不完善，直接赋予行业调解协议强制执行力难以实现。根据我国《中华人民共和国人民调解法》《中华人民共和国民事诉讼法》《中华人民共和国公证法》的规定，可就行业调解协议的结果，由当事人协商自愿选择的公证部门作出赋强公证，或者选择人民法院进行司法确认，以保障行业调解协议的执行力。这就需要相关立法规定行业协会与公证部门和人民法院建立工作衔接制度，如果缺乏相应的制度，当事人会举步维艰。

（二）行业调解在微观上应建立监督制度

针对当事人对行业调解的中立性存疑，纠纷双方就行业调解不信任导致放弃行业调解方式的现象，应加大对行业协会调解的行政监督和司法监督。我国行业协会的成立往往依赖于政府职能部门，政府培育色彩较浓，导致行业协会公信力不足。我国的行业协会原有的"行政色彩"较浓，取消双重管理之后，对行业协会的监督制度没有规定，行业调解应建立行政监督和司法监督制度。

（1）加大政府支持力度，建立行政监督体制。减少行业协会对政府的经济和政策扶持依赖，当行业协会充分发挥其维护会员企业和本行业从业者利益的作用时，该行业协会就会吸引大量的从业者和企业加入，自愿缴纳会费，支持协会所需的运营费用。政府可通过购买行业协会服务的形式支持行业调解，

---

〔1〕 熊跃敏、周杨："我国行业调解的困境及其突破"，载《政法论丛》2016年第3期，第26页。

或给予税收减免政策扶持行业调解。[1]同时，应加强对行业调解的行政监督，由政府行业业务主管部门建立相应的合规性监督制度。行政主管机关应建立完善的事前、事中和事后监督制度，[2]支持行业协会作为独立的社会团体与政府进行沟通合作。政府通过对行业协会的合规性监督，审查行业协会的合法资质，对行业调解的受案范围、调解程序、调解协议内容是否符合法律法规规定、调解过程是否中立、调解是否收费等事项进行监督，包括会员企业履行行业调解协议的情况，如果行业协会在调解中存在违法行为，行政机关有权进行行政处罚。

（2）增强司法机关案件质量监督，建立支持配合执行制度。行业调解基于当事人的自愿选择，由行业协会居中调解，司法机关不宜过多参与和干涉，以保证行业调解的独立性。但相比较于司法机关，行业协会内并没有专业的司法审判人员，对法律法规适用条款的把握，不如司法审判人员那般精准。为充分保护当事人的合法权益，经过行业协会调解，当事人向人民法院提请强制执行时，人民法院经过合法性审查确认调解协议合法后应予以及时执行。如果当事人在行业协会调解过程中质疑调解人员选择的程序，认为应有回避情形而未回避导致调解有失公正，对调解程序的中止或终止等问题产生新的分歧，当事人双方均可向人民法院申请对行业调解协议进行变更、撤销或确认无效，为纠纷当事人建立社会公平正义的最后一道保护屏障。

---

〔1〕　吴英姿："'大调解'的功能及限度 纠纷解决的制度供给与社会自治"，载《中外法学》2008年第2期，第16页。

〔2〕　郁建兴等：《全面深化改革时代的行业协会商会发展》，高等教育出版社2014年版，第98页。

第六章

商事调解在市域社会治理
现代化中的困境与破解

　　我国调解体系的基础是农业经济，商品经济处于低发展状态。国家有司法渠道调解人民之间的矛盾，但大多数人都会加以回避，因为它基于农业经济。父母和族长在维持家庭秩序方面发挥着重要的作用。国家赋予和认定调解强制权限，不能调解的，由国家司法机关处理，"清官难断家务事"的谚语也是基于此。对于家庭和家庭纠纷，每个家庭的责任都是通过调解维持内部秩序，从而维持整个国家的良好秩序。

第一节　商事调解制度概述

　　中国传统社会的调解体系以封建社会的"三纲五常"为核心行动规范，以封建的家长制为基础。中华人民共和国成立以后，我国建立了人民调解体系。人民调解组织是我国为了调解民间纠纷而建立的社会组织，在基层的居民委员会和村民委员会中设立人民调解员，调解群众邻里纠纷，化解人民内部矛盾、消除国家和社会中的不稳定因素。但是，我国过去的人民调解体系是以高度的公共所有权为基础的计划经济产物，目前我国已经进入改革的深水区，大量的商事纠纷亟须专业的商事调解组织调解。

一、商事纠纷与商事调解

随着社会生产力的不断增强，人们从事商业活动的范围不断扩大，民商事纠纷逐渐分化。人民生活变得更加幸福，生产关系也从单一变得越来越复杂，商事的含义越来越广泛，内涵变得越来越丰富，已经从最初的"有形"转变成"无形"，也被越来越多的人所认识和了解。现在人民已经通过"营利""交换""转移"等词语来认识它了。《联合国国际商事调解示范法》对"商事"也作出了大概的解释，指出"商事"一词涵盖了商品生产者从事的与商业活动有关的所有事项。商事纠纷包括商业公司之间的经济纠纷，债务纠纷，公司的重整、破产和清算纠纷，还包括广泛的商事主体自然人、法人和非法人之间的合伙经营、有价证券转让、经营、抵押等商事活动中所产生的争议。随着我国经济的快速发展、商业主体经营贸易行为活跃，新型利益团体和新的社会阶层产生，各种类型商事活动大量涌现，相应的商业纠纷在所难免。

商事调解就是指在交易双方产生矛盾不能私下解决时，由第三方出面为有争议的双方进行调解，提出有价值的建议。但是，在第三方介入进行调解前，如果有一方拒绝，那么该事件的调解就不会成立。商事调解最重要的一点就是双方必须自愿，否则即使进行调解，结论也是不被认可的、是无效的。但是与一些造成严重后果的法律程序相比，商事调解显得尤其简单，在双方统一的时间与地点进行调解，没有复杂的法律步骤，并且调解失败后可以选择进行多次调解，这对于矛盾双方以及第三方而言都是便利的。同时，商事调解的工作人员也需要有过硬的专业知识、良好的口才以及理解能力，因为一个商事调解往往涵盖许多法律知识，只有拥有专业知识的人才能胜任这份工作，才能真正帮助有困难的双方解决问题。有争议的双方在经历过第一次调解却并没有解决问题时，可以选择暂停调解，这样做不仅可以使双方的关系变得更加缓和而且也可以重新思考这些争议，给所有人缓冲时间，让商事调解变得更加温和，也会让调解进行得更加顺利。商事调解与判决案件不同：判决案件必须强调以事实为依据，不会考虑人们的意愿，其结论全都是权威的；商事调解会考虑当事人的意愿，会在不违反相关法律规则的情况下综合考量双方的请求。在商事调解过程中，人们会通过最简单的交流方式解决纠纷，不会对社会造成任何影响，而且还可以间接增进人们的交际，是一种既高效又便捷的纠纷解决方式。在双方有纠纷时，第三方只是相当于一位辅助人员，或者说只是一位主持人，纠纷解决主要还是靠双方自己，第三方介入只是为了给予人们更大的便利性。

二、商事调解制度与其他调解制度的区别

调解是指调解组织在双方或多方当事人，甚至包括当事人以外的第三方共同参加的情况下，根据国家现行的法律法规、规章制度、风俗习惯等，围绕纠纷争议焦点，对各方进行合理说服劝导，促使各方当事人在平等自愿的前提下进行友好协商、相互谅解，共同达成一致协议，化解矛盾纠纷的活动。调解所体现的是一种灵活、多变的争议纠纷解决方式。它是借助一个处于公正且中立地位的人员进行调解协助的调解模式，由纠纷当事人本人就分歧或争议进行协商并达成处理结果。调解协商和传统的争议解决方式相比，特点是纠纷解决的结果和最终的掌控权在纠纷当事人手里，是当事人进行的自我救赎。调解存在多种模式，其中有两种主要模式：第一种是辅助式调解。在辅助式调解中，调解员以共同利益为基础协助双方当事人找到

共通之处，以此为基础促使当事人达成协议。辅助式调解员提出相关问题、归纳纠纷当事人观点、挖掘当事人需求背后的利益点、帮助当事人提出问题并分析和解决纠纷争议。第二种是评估式调解。评估式调解是在法官主持并召开和解会议的模式上发展起来的。评估式调解员通过向双方当事人指明案件的弱点，对法院或陪审团的判决结果进行预测，进而协助双方当事人达成和解。采用调解便可更好地注重当事人的法律权利而并非单单只注重当事人的利益需求，进而可以更好地帮助当事人及其代理律师评估立场、比较调整结果与衡量诉讼利弊。商事调解指在商事裁决程序之中，依照双方当事人的申请或者法庭、仲裁庭的自行决定，并在法庭、仲裁庭的主持下，由双方当事人对争议纠纷的权利和义务在自主自愿的基础上协商一致，进而达成调解协议解决双方当事人商事法律纠纷的活动和方式。社会主义经济的不断变化发展、商事贸易的急速繁荣，不断引导着契合商事特点的纠纷解决方式出现。由此，商事调解制度承载着这一使命。由以上"商事"及"商事纠纷"的概念可以推出，商事调解即指在市场经济条件下的商业活动过程中，针对平等市场主体在商业交易中产生的矛盾纠纷，当事人双方自愿协商选定商事调解委员会，将其纠纷提交选定的商事调解机构进行调解的行为和过程。商事调解在大调解制度中占有重要地位，与其他人民调解相比较而言更具专业性。商事调解机构必须由精通商业行为、商业交易、商事法律的专业人士组成，是依法成立的专门调解组织。与传统的民事纠纷相比，商事调解制度也有明显的不同：一是商事调解具有较强的专业性。商事纠纷多是解决企业与企业间的问题，其所包含的内容涉及很多商事交易习惯、产品属性、交易流程等专业性问题。因此，商事纠纷只能由具备专业知识的人士或机构解决。二是商事调解需要解决复杂的法律关系问题。商事法律关系的涉及面在社会生活中十分广泛。一般来说，商主体通常会同时开展多项业务，进而产生了众多法律关系与责任主体。因此，若想调解好商事纠纷，就需要协调好商事活动涉及的众多关系及利益。正是商主体关系的复杂性，催生了商事领域内复杂的法律关系。

三、商事调解制度的现状

商事调解的存在价值。商事调解要求在调解的基础上公平公正地处理案件，创造公平、诚信的经济环境。商业行为往往涉及大量资金，随着经济社会的快速发展，商事主体呈现多样性、纠纷呈现复杂性。将商事纠纷交由专业处理商事争议的调解委员会，可以降低纠纷中各方当事人的对抗性，减少人民法院案件量巨大的诉讼压力、当事人为应诉而付出的大量时间精力以及人力、物力成本。商事调解是在法律公正维护正义条件下的利益妥协，强调纠纷解决程序和处理依据的多元化。自愿原则是商事调解制度的基础，也是所有调解制度的基石。除此之外，独立中立原则、合法原则、利益均衡原则、保密原则和合作共赢原则也都在商事调解制度中发挥着重要作用。

自愿原则是指商事纠纷的当事人必须在自愿的前提下进行解决纠纷，如果当事人不是基于自愿，那么这次商事调解就是不成立的，无论得出怎样的结论都是不被法律所认可的。同时，在了解了当事人的纠纷后，商事调解员对这一事件进行分析并提出相对应的解决方法，当事人对这一提出的解决方法采纳或者不采纳是由双方当事人自愿选择的，任何人或者机构均不可进行干预。当事人对调解员提出的方法不满意或有任何异议都可以进行商议，这种商事调解制度既是自愿的也是平和的。

在商事调解制度中，独立中立原则指当事人在产生商事纠纷时所求助的调解机构不隶属于政府，而且调解员也不在政府部门工作。这不仅在一定程度上保障了商事调解过程的公平性，还会让商事调解变得更加透明，更加具有说服力，使更多的人能够信任相关调解机构，同时也会提高调解的效率以及积极性，不会出现任何行政机关、社会团体或个人以权力改变商事调解协议结果的现象。

商事调解必须基于调解依据、调解程序和调解结果的合法性，即商事调解机构及调解人员的一系列调解措施举动或者说过的话都必须是合乎法律依据的。因此，调解人员必须具有过硬的法律知识，因为法律知识的拥护者更能尊重商事调解。例如英国的商事调解人员需具有专业法律知识，其薪酬随着从业经历和调解案件数量和经验的增加而逐年递增；[1]加拿大的调解员按小时收费，调解费用无需上交调解机构，但对调解员的要求更高，需要由具有精深专业知识的人士担任，如资深的退休法官、工程师等，调解费用根据调解员的资历和学历背景等确定。[2]

虽然在商事调解制度中自由是基石，一切都以当事人的自愿为前提进行调解，但是自由不能是随意的，我们不能因为这一基石而无视法律，做出违背法律的事情。同时，也要依据事实，不可随意编造或者歪曲事实，以达到相应的目的。在不违反法律的情况下，我们不可以做出任何对国家利益或者是国家荣誉不利的事情，一定要让所有的商事调解公平、公正、公开。商事纠纷有很多都是由双方当事人的利益冲突造成的，在调解纠纷的过程中一定要讲究利益均衡原则，不可偏向双方当事人

〔1〕胡仕浩、龙飞主编：《多元化纠纷解决机制改革精要》，中国法制出版社2019年版，第333页。

〔2〕许健："论商事调解制度"，黑龙江大学2015年硕士学位论文，第36页。

中的任何一方。同时，调解员不可以单纯为了调解而调解，只是简单地、敷衍了事地解决一件商事调解案件。

由于许多商事纠纷都围绕着各个公司的商业机密，在这种情况下，保密原则显得尤为重要。在进行商事调解活动之前，双方当事人以及调解员要签订保密协议，在法律保护之下禁止将一些机密泄露出去，给社会其他人造成影响。事后一旦发现有人将机密泄露出去，当事人还可以拿起法律武器来保障自己的利益。

中国自古以来就讲究合作共赢的理念，在商事调解过程中虽然双方是因为纠纷才进行调解，但其目的是解决现在存在的问题然后合作并达成共赢。调解作为诉讼和仲裁以外的一种解决争议纠纷的机制，以灵活、自愿、当事人拥有自主权利为主要特点。当争议无法通过争议方自己或者其代表律师解决时，中立的调解员可以促进争议方的沟通，协助各方打破僵局，并达成友好和解。调解可以作为另一种争议解决的方式，有效地减轻或解决上述提到的痛点。专业调解员经过基本的专业训练，可以修复纠纷双方当事人的关系，而且调解是在保密的情况下进行，可以同时满足当事人对保密性的要求。在专业调解员的指导下，当事人自己可以控制结果，因此可以让双方在自己可控的范围内达成友好和解。

为了提出对于未来我国商事调解机制发展的构想，以目前稍微成熟的上海经贸商事调解中心和"一带一路"国际商事调解中心为例，在调解成功的情况下会达成调解协议或出具调解书，而该调解协议或者调解书具有民事合同的性质，在有需要的情况下，当事人可以通过额外的"确认"程序确认其效力。综上所述，无论是较为传统的由法院参与的调解，还是现在逐渐发展的商事调解机构的调解，在调解书和调解协议的确认、执行或履行方面都有可能存在障碍，即在实践中会增加当事人时间和金钱等方面的成本，甚至会由于程序或材料缺失等问题造成调解书无法被确认和执行。这一障碍有可能导致调解机制在商业实践中被当事人忽视。

从商事调解发展的现状来看，目前中国并没有统一的关于商事调解的专项法律规定，相关商事调解仅散见于若干相关的法律法规中。例如，在人民法院审理商事案件中，遵循《中华人民共和国民事诉讼法》关于审理程序中的司法调解、对人民调解协议的司法确认等规定；遵循《中华人民共和国人民调解法》和最高人民法院颁布的调解与诉讼衔接制度的规定；行政机关涉及的特定行业调解行为遵循《中华人民共和国劳动争议调解仲裁法》和《中华人民共和国农村土地承包经营纠纷调解仲裁法》中关于仲裁与调解的衔接规定，以及证券、银行、保险等特色行业法规中针对行业纠纷的调解规定，这些法律法规因涉及特殊行业、特定纠纷，所以往往带有"行政化色彩"。由此可以看出，我国在商事调解中缺少明确的商事调解规范，也缺少立法上的支持。总的来说，我国商事调解制度仍不完善，与发达国家相比还有一定的差距。我国的商事调解机构大部分还存在发展不均衡、专业人才缺乏、国际竞争力不足等问题，由此导致商事调解案件少、商事调解业务范围小，在一定程度上制约了商事调解机构的发展速度。[1]但近几年来，商业调解机构不断努力创新，涌现了许多新的类型，如依托行业协会的调解机构、仲裁委员会下设的调解中心、专业商事调解机构。除此之外，随着改革开放的不断深入、市场经济的发展，一些依托于社会团体的民间商事调解组织，有的甚至是由律师事务

---

〔1〕　龙飞：《多元化纠纷解决机制促进法研究》，中国人民大学出版社 2020 年版，第 143 页。

所自行建立的小规模组织，专门服务于某一区域或某些领域的商事纠纷。这类商事调解组织规模小、数量多，缺乏统一规范，其竞争力、吸引力和公信力均难以与其他国家的同类型商事调解机构相媲美。[1]尽管调解在我国并不稀奇，但是我国的商事调解机制仍然缺乏完善的体系以及相关立法，现在各地区和机构正积极开展对商事及国际商事调解制度的探索和尝试。如最高人民法院对"一站式"国际商事纠纷多元化解决机制进行探索与创新，尝试让国际商事法庭搭建"一站式"国际商事纠纷多元化解决机制，不仅可以通过诉讼解决纠纷，还可以支持当事人通过调解、仲裁等多元方式解决争议。此外，在国际商事方面，目前在北、上、广等地区已有相关的商贸调解中心设立，例如上海经贸商事调解中心、位于北京的"一带一路"国际商事调解中心以及去年在广州成立的国际商贸商事调解中心等。其中，"一带一路"国际商事调解中心组建了由200余名来自世界60多个国家和地区的法律学者和法律执业者构成的调解员队伍。截至2019年3月，其已受理了198件民商事案件，服务了数百个项目，调解成功率达64%。

四、商事调解制度的基本原则

我们早在封建时期就已经有了各种调解方式，但是商事调解作为一种较为特殊的调解方法，在明朝才基本得到确立。商事调解制度发展至今，不仅解决了国家内部的商事纠纷，也开始渐渐面向国际，处理与其他国家的国际商事纠纷。但是我们并没有一部完善的法律是专门针对商事调解制度的。我国一直在朝着建设法治国家的目标不断奋斗，商事调解的队伍机构以

---

[1] 廖永安等：《中国调解的理念创新与机制重塑》，中国人民大学出版社2019年版，第228页。

及相关组织和越来越多的人选择在遭遇商事纠纷的时候进行商事调解。商事调解一直在发挥着巨大的作用。在目前这个阶段，商事调解不只包含国家内部的商事纠纷，随着"一带一路"等对外贸易的发展，有合作的地方就会有纠纷存在，尤其是与其他国家进行合作时。商事调解在这个时候可以发挥不可忽视的作用，商事调解制度的不断完善也从侧面显示出中国在日益强大。

（一）商事调解制度

商事调解制度是指商事调解机构根据调解规则，主持、协调和解决商主体之间商事纠纷的制度。这是一种高效的解决问题的机制。在国际范围内，该制度日益成为解决商事纠纷的重要方式之一。调解是指在第三方的协助下，当事人自助协商解决纠纷的活动。调解具有自愿性、灵活性、高效性等特点。从传统意义上来讲，调解缺乏约束力，如有一方当事人不履行调解义务，那么调解工作便很难展开。商事调解在国际上已经发挥重要作用，但是，我国商事调解制度与国际商事调解相比还有一定差距。表现在：一是我国目前的商事调解法律体系尚未建立，只散见于大调解的相关法律法规、规整政策中，没有对商事调解制度作出专项规定；二是商事调解组织发展快速，却缺乏统一的运行机制和管理制度，这导致商事调解的公信力不足；三是商事调解组织现行制度仍然对行政主管机关有行政依赖，独立性和自治性不足，尤其是涉及商主体在市场经济交往中的商事行为，很多商事调解组织均没有合理的运营方式和准确定位，缺乏科学的制度设计。针对商事调解的不足，我们要有针对性地建立和规范相关制度，构建相关体系，实现冲突双方的互利共赢，落实依法治国的精神。

（二）商事调解坚持的原则

商事调解的特征在于商主体具有趋利性。在商事诉讼纠纷中，实现争议双方的互利互惠、减少损失、快速化解矛盾纠纷才是最佳选择。商事纠纷中的当事人作出是否同意调解协议的决定的出发点不是损失成本，而是可获取的受益。商主体大多会采取委托律师的形式进行调解，商事调解给予了当事人充分主张权利并听取当事人意见的制度保障，在友好的氛围下沟通协商，减少了诉讼中的对抗性，有利于商主体维系未来的合作，可以自主选择可能达成的协议，有利于减少诉累。

任何调解制度都应该有应守的准则，当事人自愿是民事调解的基础，独立中立原则是商事调解的价值所在，合法原则是商事调解的基本保障，利益均衡原则是商事调解的重要工具，保密原则是商事调解的优越性体现，合作双赢原则是商事调解的最终目标。相比较于纠纷解决的其他法律救济途径而言，商事调解制度确立的原则凸显了自身优势：

第一，私密原则。在商事活动中当事人难免遭遇经济纠纷，诉讼的公开性、程序的严格性和审限的时间成本均是商主体所要顾虑的因素。通过人民法院诉讼，庭审视频网上公开、法律文书上网，会直接影响到商主体的后续商业声誉。而在商事调解中，涉及的案件事实、信息，未经当事人允许不得透漏。商事调解的审理和调解协议均不公开，可以最大限度地保护争议双方当事人的商业秘密和商业声誉。

第二，自主原则。争议双方可以事先约定发生争议时选定的商事调解机构，商事调解中当事人不受地域限制，有权约定选择双方信任的商事机构。在商事调解过程中，双方有权约定调解地点、调解程序。调解人员不受任何单位和个人的约束和干预，在调解中不得偏袒任何一方，尊重当事人意思自治，如果有一方当事人要求退出调解，那么调解程序即告终止。

第三，合法原则。不得使用诱骗、威胁等非法手段强迫当事人违背本人意愿选择商事调解机构，调解的全过程必须在法律法规规定的范围内进行，调解协议内容必须符合法律规定。调解过程可以按照当事人意见选择适用法律和相应程序，但不得违反我国法律强制性规定，不得损害国家利益，不得损害他人合法权益，不得侵犯商业秘密，不得违背公序良俗，不得有违公平。

第四，合作双赢原则。商事调解制度以合作双赢，追求共同利益，建立长远、稳定的合作关系为主要目的，从而为下一次的合作奠定基础。与诉讼相比较，商事调解通常都能达到共赢。

第二节　商事调解制度的价值和优势

目前，人民调解员是人民调解工作的具体施行者，他们自身的素质对人民调解工作的顺畅进行具有重要作用。而有关人民调解员素质的法律和规定的低要求，是我国人民调解员质量较低的主要原因。《人民调解委员会组织条例》对人民调解员的要求是公正衔接群众，热心人民调解工作，具有一定水平法律知识和政策的成年市民。其中对人民调解员的教育水平没有要求，人民调解员的教育水平由后述的"几条规定"规定，要求人民调解员具备一定的教育水平，必须接受高中以上的教育。但只适用于城市和小城镇的人民调解员，即人民调解员中占绝大部分的农村调解员的教育水平要求事项还不能适用。毫无疑问，这是我国农村地区调解工作水平较低的重要原因。人民调解员没有特定的文化理解能力，便不可能理解我国政策的精神意义，掌握有关法规的知识。现在的民事纠纷越来越复杂，国民对法律的理解程度越来越高，权利不断增加。人民调解制度的意义应当包括：适用法律、法规、政策或道德、习惯等社会规范。通过说服和教育、协商及协议鼓励当事人协商和和解，敦促当事人通过调解协议处理矛盾、化解纠纷。人民调解必须遵循平等自愿的原则，调解的开始、适用调解规则、签订调解协议，应以双方当事人自愿为基础。在当事人提出异议的情况下，人民调解委员会无权强迫其接受调解或者履行义务。

一、商事调解的法律文件

调解在我国有着悠久的历史，我国一直倡导"以和为贵"，因此大力提倡以调解的方式解决商事问题。作为一个商事不断发展的大国，我国积极参与着各种国际条约规则的制定。从《新加坡调解公约》的起草到签署，我国都发挥了积极的作用。从国际层面上看，该公约的签署极大地推动了各国用调解的方式来解决国际商事纠纷。从国内层面上看，该公约的签订会使我国的商事调解制度得到更大程度的发展。从目前看来，我国关于调解的立法还比较少，带有"调解"字样的法律只有《中华人民共和国人民调解法》《中华人民共和国劳动争议调解仲裁法》和《中华人民共和国农村土地承包经营纠纷调解仲裁法》。虽然我国已经制定了《中华人民共和国人民调解法》，但还缺少一部专门的商事调解法。现如今我国颁布实施的有关法律，有些条款已经涉及了商事调解。因此，制定一部全面、专业的商事调解法指日可待。

二、商事调解制度的发展价值

根据国际商会替代性争议解决国际中心的统计，商事调解申请数量于 2020 年再创历史新高。[1]商事调解有助于节约诉讼

---

[1] "ICC Announces Record 2020 Caseloads in Arbitration and ADR"，载 https://iccwbo. org/media-wall/news-speeches/iccannounces-record-2020-caseloads-record-2020-caseloads-in-arbitration-and-adr，最后访问日期：2021 年 6 月 22 日。

资源、提升社会福利。目前，在各种各样的纷争频繁发生的情况下，很多纷争被聚集到法院。法院正面临前所未有的压力，导致了诉讼的非效率性。作为诉讼以外的纠纷解决机制，商事调解可以积极预防和缓和矛盾与纠纷，及时解决矛盾，防止纠纷的扩大。同时，商事调解具有覆盖面广、便利、灵活、程序简单、费用低廉等优点，可以解决相当数量的民事纠纷，进而大大减轻法院的诉讼负担、节约司法资源，更好地使用有限的司法资源，提高审判质量和司法效率。

目前，民众商事纠纷尚不能全部通过诉讼解决。人民调解的范围仍然以自主调解原则为基础，但结婚、家庭、住房和农户、邻里纠纷长期以来一直占据着调解的很大一部分，法院审判起来不容易。历史上的法律关系把这些纠纷看作是应该通过调解来解决的诉讼的事前程序。对于其他类型的纠纷，在征求当事人意见、由人民法院提起诉讼立案前，在得到当事人同意的前提下，人民法院可以引导当事人选择通过人民调解的方式加以解决。人民调解组织接受调解案件并进行初次调解，如果调解失败，那么诉讼就会进行。受理案件后，人民法院也可以委托调解机构进行调解，以便进行民事法律规定的司法调解，司法调解适用法律规定的严格程序。人民调解的灵活性虽然更大，但也应该满足国民的要求，正式启动调解的特殊调解程序，严格遵守国民调解的规范性质。

商事调解是恢复人民调解体制不可避免的趋势。职业发展道路面临一些问题，商事调解制度以中国社会为根基，在解决纠纷方面具有独特的制度优势。其必然会在争端解决机制中发挥巨大潜力，形成竞争优势。

第一，优势平衡不因合法化和制度化发展而减弱，而是在专业化发展过程中更加突出商事调解体制价值。商事调解制度专门性开发的初衷不是被作为诉讼程序的代替方案，而是复原系统的优点。商事调解制度的长处是在现代社会纠纷中长期形成的，所以不是没有价值的。相反，商事调解在提高团结力、继承和调整道德价值方面具有特殊作用，是法规、公共秩序、风俗习惯所无法替代的。

第二，作为人民调解的一种，吸引优秀专家、保持队伍稳定，核心是建立人民调解职业竞争力和专业安全机制。国际商事调解要求调解员具备跨国语言沟通能力和熟悉运用跨国相关法律能力，同时应具备足够的技术经济知识，需具有解决争端的商业信息和商业谈判能力。[1]为了让人民调解能够获得自尊和专业名誉，在专门的商事调解制度进入大众视野后，其在解决纠纷时所展现的优点，有必要得到大众的认可。促使群众认可人民中间人的价值和专业，提高人民调解员的社会地位，吸引更加优秀的人才进入人民调解员的行列；设立规范的专业人民调解机构福利激励和职业升级路径，这一机制既要有足够的财政支持，也要为日后的发展提供合理的前景，以保证调解团队的稳定性。

第三，为达到分类诉讼的目的，有必要建立标准化、反复适用的程序对接机制，使纠纷当事人能够选择符合案件妥当性和正常化的人民调解体系。"一带一路"的部门行业已经表现出对商事调解的迫切需求，尤其是在国际基础设施和建设合同纠纷中，人民愈发倾向于选择商事调解。[2]转换诉讼是人民调解体制多元化的纠纷解决机构提出的现实要求事项。在目前专门

---

〔1〕 Thomas Gaultier, "Cross‐Border Mediation: A New Solution for International Commercial Disputes", *Annales de la Faculté de Droit d'Istanbul*, 2016, Vol. 48: 65, pp. 229~244.

〔2〕 Zeynep Derya Tarman, "Mediation as an Option for International Commercial Disputes", *Annales de la Faculté de Droit d'Istanbul*, 2016, Vol. 48: 65, pp. 229~244.

性开发还没有形成充分的竞争优势的情况下，为解决纠纷而有意选择商事调解体制的纠纷当事者并不多。完成分类诉讼的目标，虽然官方的指导和激励不可能是主要的手段，但建立标准化的程序性对接机制后，纠纷当事方为解决纠纷可以选择具体而普遍适用于调解的具体操作程序，为纠纷当事人解决纠纷提供指导，专业化的商事调解和诉讼分类功能可以发挥实质性作用。

第四，有必要促进人民调解体制的市场指向性发展。在人民调解体制的发展过程中，国家的鼓励和支援是必不可少的，但过分强调国家政策援助会削弱人民调解体制的发展能力。如果国家权力撤出该领域，商事调解的专业性开发的推进力必然会减少。市场指向性竞争有助于激发人们调解专业化的巨大发展潜力。在市场指向性竞争中，人们的调解组织和调解员队伍的组成不断优化，能够不断适应社会的要求，能真正提高纷争调解系统本身的专业性开发能力。

三、商事调解收费的基础依据

多年来，我国的商事调解一直处于免费或费用较低的阶段。但商事调解制度又与其他调解方式有着较大的区别，商事调解的特殊性要求它只有坚持市场化的发展，才能继续向全社会提供有质量的调解服务。为了使商事调解的运营成本与收益之间的关系达到平衡，采取商事调解收费制度是大势所趋，也是商事纠纷调解的必然选择。

首先，我国的商事调解组织在性质上一般属于社会团体或非企业法人，靠自己独立经营，自负盈亏。但商事调解组织若没有收入来源，就难以一直经营下去。其次，免费的商事调解也并不等同于商主体都可以请求免费的商事调解服务，而是需要商事调解组织在进行调解服务的同时维持与组织盈利的平衡，但是这种盈利也区别于企业直接以盈利为最终目的的盈利。最后，商事调解解决的都是商事领域的专业性问题，若想得到最有益的调解方案，就需要调解员具备相关的专业知识和从业经验。由此可以看出，培养一名高素质的调解员需要投入较大的精力，这就需要将一定的费用投到调解员身上。因此，只有商事调解员有稳定的收入，才会有更多人投身到商事调解之中，才能培养出一批高质量的调解员队伍。最后，从商事调解面向的主体来看，当事人主要是各个企业的法人、商事从业者等。他们寻求调解帮助的主要原因大同小异，无非是想解决双方的商事矛盾，但又想保持商业上的关系，想要一个比较圆满且成本低的解决方式。显然，传统的商事仲裁和起诉的方法难以实现这些需求。商事调解制度会越来越受大多数人的欢迎。所以，商事调解实施收费制度可以实现权利与义务间的相对平衡，这既是对商事调解员的尊重，也是对调解质量的保障，同时也符合商事调节制度的发展趋势。

四、商事调解制度的特点及优势

（一）商事调解制度的特点

其一，调解程序的自主性。当事人在商事调解中始终都处于主导地位是商事调解制度的一大特征。由于我国法律没有对调解程序作出规定，因此调解程序的自主权全程掌握在双方当事人手中。当事人可以自主选择以何种形式进行调解，调解员只能在双方都同意的条件下提出建议，双方当事人也可以自由决定是否采纳建议、是否结束调解，也可以自由选择调解员等。

其二，"非法律化"的调解制度。商事调解是一种友好的解决商事纠纷的方式，无需适用法律，不需要严格按照各种约定，在通常情况下双方当事人本着求"和"的想法并自愿"各退一步"，或从本质上讲，只要双方当事人的意见达成一致，就可以认定为调解成功。

其三，调解程序灵活便捷。在一般情况下，在调解过程中只需一名调解员就可完成全部的调解程序，节省时间且节约成本，效率有保障，还会充分尊重双方当事人的意见，调解方式灵活多变。在调解的同时，调解员还会对调解过程和调解信息进行保密。

其四，商事调解遵循和强调调解自愿原则。在商事调解中，各方当事人都可以决定要不要进行调解、什么时候退出调解，甚至可以决定谁是调解员，自己决定调解什么时候完成，并且可以在调解组织的主持下自愿决定调解的时间和调解所依据的规则和协议等。

其五，商事调解员实行推荐制。即由商事调解机构的工作人员为当事人提供商事调解机构的调解人员名册，为需要进行调解的当事人提供一些选择，当事人既可以在名册中选择调解人员，也可以在名册外选择。商事调解的特点之一就是充分尊重当事人的意愿，一切程序全由当事人按照自己的意愿进行，调解员当然也可以由当事人自己决定。

其六，商事调解与仲裁相互独立。商事调解与仲裁不同，他们相互独立、互不干预，商事调解就像是一种仲裁的调解规则，它是仲裁之外调解纠纷方式的一种。它比仲裁更温和，能最大限度地维持调解双方的良好关系，是一种较为温和的解决纠纷的办法。在一些没有必要进行仲裁或上诉的案件中，调解发挥着重要的作用。

其七，商事调解不以书面调解协议为必需。国际商事调解可以通过签订独立的调解协议约定，也可以通过多层争议解决条款约定。[1]商事调解的受理范围不受书面协议的限制,当事人可以选择不书写书面协议,直接将争议交由调解机构进行调解,只要双方的当事人都同意调解的进行,那么就可以直接开始进行调解,不需要事先签订书面协议,这样可以使调解的程序更加简洁,大大节约时间成本。

其八,商事调解程序便捷灵活。商事调解的调解方式一般是由调解员直接与当事人面对面进行调解,使调解更为迅速,且在调解之前的过程简洁明了,可以大大节省时间和成本。商事调解员可由当事人自己选择,充分尊重了当事人的意愿,使得当事人可能更加愿意与调解员就案件进行更深层次的探讨,进而提高商事调解效率。并且,商事调解的方式灵活多样,与仲裁相比,商事调解的程序便捷。

其九,商事调解强调调解员和当事人的保密原则。商事调解中还规定了保密义务,调解过程中的当事人和调解员都有义务对此次调解的过程和内容在其他程序中保密。这防止了其他法律程序对解决纠纷的影响。当然,调解机构对当事人的个人信息也要进行保密,未经当事人同意,不得将有关调解的相关信息透露给他人。

(二) 商事调解制度的优势

经济贸易合作是"一带一路"倡议的核心内容,加快商事调解机制,构建商事调解制度成了其不可或缺的重要环节。[2]

第一,商事调解制度可以弥补裁判刚性的不足。与调解相比,商事仲裁与调解是严格按照法律来解决问题的一种方法,

---

〔1〕 S. I. Strong, "Realizing Rationality: An Empirical Assessment of International Commer Cial Mediation", Wash. & Lee L. Rev., 2016, Vol. 73, p. 1973.

〔2〕 张巍:"'一带一路'商事调解的上海实践",载《人民法院报》2017 年 7 月 28 日。

无处不体现着司法的公正与庄严，仲裁的裁决是除当事人以外的第三人来作出的，仲裁的结果同时约束着双方当事人。而且，没有人可以影响仲裁程序的进行。与此相比，商事调解制度强调"和"，可以不用严格按照法律文件进行调解，双方当事人能够充分发表自己的想法，并可以对商事调解的结果产生影响。同时，商事调解的结果也是根据双方的共同意愿达成的，它是一种柔性的解决纠纷方式，能够反映商主体的意愿，在合法的条件下使商事调解具有主观性。

第二，商事调解更加高效。商事调解能够有效避免其他调解方法带来的局限性。商事调解在省时、省力的同时还具有安全性且费用低廉等优势。以这种方式解决纠纷不仅能够将矛盾化解，还可以保持双方的商事关系，不影响企业的正常运行，可以创造更多的合作机会。这对于所有的商主体来说无疑是最重要的价值，拥有着巨大的吸引力。

第三，商事调解能够充分满足当事人的需求。商事调解作为一种灵活的调解方式，在调解中，调解员只充当着一个辅助的角色。商主体在调解员的帮助下，可以自行对商事纠纷进行协调、谈判，可以自我衡量是否采纳调解员的建议，并达成一个双方都满意的调解结果。这可以让双方都处于一个相对满意的状态。与其他调解制度相比，商事调解在较大程度上避免了非黑即白的论断，这更像是商主体的一种自我救赎。

第四，商事纠纷随着商事贸易的繁荣，呈现出日益上升的趋势，商事纠纷的形式也日益复杂多样。商事调解还可以有效避免由诉讼或仲裁带来的制度局限。商事调解允许双方自由沟通，给双方提供了陈述自己主张的机会。商事调解制度弥补了裁判刚性的不足，是一种柔性的裁判解决机制，如果说判决是公权力追求公正的体现，那么商事调解便是对私权追求公正的体现。调解程序灵活、方便、保密、成本低。当事人选择调解方式解决纠纷，可以解决未经仲裁协议不能进入仲裁的情况，或者由于仲裁协议的相对性，不同主体的相关合同不能同时审理的情况，避免因程序纠葛造成延误。商事调解的优势显而易见。同时也是我国纠纷解决发展的需要。

第五，当事人可以选择解决方法，避免由程序性纠纷造成的延迟。商事调解的优势显而易见。与仲裁相比，它可以节省更多的时间、精力和金钱，调和双方矛盾、化解纠纷，努力保持双方良好的合作关系，创造未来的合作机会。同时，基于我国纠纷解决发展的需要，应探索多元化纠纷解决机制的新途径，在一定程度上分担法院的审判压力和调解压力。商事调解高效、便捷，可以省时、省力地解决纠纷，调和双方矛盾。

第六，当今社会的商业活动大多是商业主体之间的合作，他们通过这种合作建立了长期稳定的合作关系。这种长期稳定的合作关系也需要双方的维护。如果在合作中出现纠纷，我们应该采取诉讼这一棘手的纠纷解决方式。商事调解制度可以充分满足双方当事人的需求，作为一种灵活的解决纠纷的机制，其以自行解决纠纷为主体，调解员只处于一种辅助地位。商事调解机制有利于避免非黑即白的对抗制。商事调解的目的不是制裁，只是化解纠纷，调整过程只是和平、平等的协商，双方在这种状态下达成共识、解决纠纷。商事调解制度有利于双方当事人以较为平和的方式解决纠纷，有利于实现双方共赢，有利于减少由诉讼带来的财力、人力方面的压力，维持双方的良好合作关系，为下一次的合作带来便利。

第七，商事调解制度是纠纷解决过程中的一种合作。双方以合作的态度寻求双赢，可为今后进一步合作打下基础。在实践中，商事主体之间存在着纠纷。商事调解归根到底，就是要解决纠纷引起的问题。虽然诉讼和仲裁也可以解决问题，但双方之间的商事调解结果通常是双赢的，这也符合合作共赢的理念。目前，商事调解发挥着越来越重要的作用。大力发展商事调解事业、加强和完善商事调解组织制度建设的重要性毋庸置疑。商事调解的重点在于找出双方共同的"目标"和"利益"。通过调解来寻求纠纷背后的经济、情感和利益的平衡是非常有益的。事实上，法律问题并不一定是调解的基础。调解的基础大多是纠纷双方的商业考虑和利益。在调解的气氛下，双方可以交换意见和建议，站在对方的角度来理解问题。因此，商事调解制度更容易实现双方的互利共赢。商事调解是一种具有较强生命力的新生事物，司法改革的实践证明了商事调解从无到有、从小到大、从弱到强的生命力。在当前的经济社会形势下，我国商事调解必须努力为保障经济社会发展发挥积极作用。同时，要对国际标准和标准进行比较。我国国际商事调解虽然发展不快，但从一开始就直接适应了国际商事文化的精神，而且大方向是完全一致的。

第八，商事调解乃至整个纠纷解决机制在国家治理体系中的地位越来越重要。商业活动的内部自律和自主性很强，商业团体的自主性已经基本得到了外部甚至是国家权力机关的认可。调解和仲裁虽然不直接决定和发展规则，但可以发挥解释规则和灵活适用规则的作用。因此，在一定程度上，商事调解还可以促进商业规则的形成和完善，提升商业文化，为随后的规则创新提供条件。商事仲裁从某种特定的层面上来说是一种民间仲裁，也是一种自治性的纠纷解决机制。在商事管理自治之中，还有一个特别重要的方面，那便是主体的商业信誉，而这一点也特别适合商事调解的生长和发展。它可以为商业领域提供一个很大的空间和平台。

商事调解制度具有极大的优势，但商事调解制度若想在我国有更长远的发展前景，完善我国调解制度就是必然要求。未来我国商事调解制度的构建需主要关注以下内容：

首先，从立法层面，我国亟须一部全面的、权威的《商事调节法》，使它适用于国际、国内的商事纠纷，并明确制定商事调解的收费标准，为商事调解提供充足的法律依据。其次，从政策层面，应加大对职业化调解员的投入，使我国尽早拥有一批高水平、高质量的商事调解员队伍，建设更多的商事调解组织。最后，我国应反思当前调解制度的不足，借鉴各国先进的调解制度经验，发挥出我国商事调解的优势作用，并结合国际环境与我国国情，构建一套适用于我国的商事调解制度。

第三节　商事调解在市域社会治理现代化中的应用

社会治理是创建充满生机、和谐有序的美好社会生活的重要组成部分，是提高国家治理能力和治理体系的应有之义，也是现代国家经济治理体系效能得到新提升、新发展的重要基础。市域社会治理现代化的提出，对我国加强基础设施建设和完善工作的开展起到了很大的推动作用。在推进市域社会治理现代化的进程中，商事调解的作用日益凸显。我国的调解在社会生活等方面有着更加重要的作用。党的十九届五中全会提出，健全基本公共服务体系，完善共建、共治、共享的社会治理制度。"共治"强调多元的主体共同参与治理，而人民调解组织就属于"共治"中的社会组织。

一、市域社会治理现代化的理论阐释

市域社会治理中存在大量新型商事矛盾纠纷，商事调解既

是化解社会矛盾的重要阵地，也是维护社会治安的重点，我们要维持社会秩序，就要从市域着手。一些市域已经将调解运用到市域社会治理现代化中，并取得了显著的成果。

（一）市域社会治理现代化的缘起

市域社会治理现代化是由"市域""社会治理"和"现代化"三个词汇组成的。"市域"是指设区的市，是我国社会治理中的基础，也是国家治理的重要维度。在 2018 年 6 月 4 日延安干部学院的新任地市级政法委书记培训示范班开班式上，正阳政法委秘书长陈一新首次提出了"要把市域社会治理现代化作为社会治理现代化的切入口和突破口来抓"，[1]引发了学术界和理论界的广泛关注。2019 年党的十九届四中全会提出"加快推进市域社会治理现代化"，党的十九届五中全会提出"加强和创新市域社会治理"，凸显了党和国家对市域社会治理要求的重要性和迫切性。"市域社会治理现代化"包含了设区的市在治理过程中要达到的治理理念、治理体系和治理能力三个方面的现代化水准。随着我国改革开放进入深水区和攻坚期，社会的矛盾纠纷集中在市域层级，市域成了社会矛盾和风险压力的集聚地，在社会治理中积累的一些问题集中表现出来。例如，治理主体的"泛化"、治理过程的"虚化"、治理机制的"硬化"。市域在社会治理的第一线，是将矛盾和风险化解的最直接、最有利的治理层级。[2]所谓市域社会治理现代化就是将"治理域服务重心下移、资源下沉"，[3]不断向基层政府放权赋能，创新社会

---

〔1〕　陈一新："'五治'是推进市域社会治理现代化的有效方式"，载《人民法院报》2019 年 7 月 27 日。

〔2〕　陈一新："'五治'是推进市域社会治理现代化的有效方式"，载《人民法院报》2019 年 7 月 27 日。

〔3〕　顾元："市域社会治理的传统中国经验与启示"，载《中共中央党校（国家行政学院）学报》2020 年第 4 期，第 78~80 页。

治理方式，通过提升基层的社会治理水平来增强国家治理效能。

（二）市域社会治理现代化的本质特征

市域社会治理开辟了具有中国特色的社会治理先河，在"中国之制"的基础上，创新了"中国之治"。市域社会治理现代化的本质特征是以中国共产党为领导，以人民为中心，以社会治理共同体为目标的社会治理体系和治理能力。

首先，坚持以党领导为核心的治理原则。党的全面领导是中国取得一切胜利的根本保障，也是新时代经济与社会发展中国特色的基本方略。党的领导要在政治上为国家治理和社会治理提供正确的指引方向；在组织上为国家治理和社会治理提供优良的制度保障；在理念上为国家治理和社会治理提供坚持真理、修正谬误的勇气担当。不断提高党的执政能力和领导水平，统筹谋划国家治理体制。关注市域社会治理，在纵向上发挥市域承载国家治理的中层纽带作用，在横向上发挥社会矛盾和利益诉求多元化的调解作用。

其次，坚持以人民为中心的治理理念。人民性是马克思主义最鲜明的品格。[1]我国是人民民主专政的社会主义国家，人民群众的利益是党和国家一切工作的出发点和归宿点。人民利益是社会治理的逻辑起点，市域是人们对"美好生活"感受最直接、最敏感的层级。党和国家治理只有坚持以"人民对美好生活的向往"为社会治理的方式，才能真正让市域社会治理方式和途径为人们自愿、共同遵守。

最后，坚持以共同体为归宿的治理目标。市域社会治理的根本目标在于建立良好的社会秩序和城市活力，建设"人人有责、人尽其责、人人共享"的社会治理状态，实现城市"共建、

---

〔1〕 中共中央宣传部：《习近平新时代中国特色社会主义思想学习纲要》，学习出版社、人民出版社 2019 年版，第 40 页。

共创、共治、共享”的社会治理共同体。只有市域社会中的每一个人都成为权利的共有者和命运的共同体，人们才愿意成为风险的共担者，人们才会能从邻里的守望者转化为相互信任的利益结盟者。

（三）市域社会治理现代化的现状分析

我国历来实行中央政府统一领导，各地方政府分层管理的原则。当前，社会不断发展，新型社会矛盾牵扯的经济活动，人民群众的资金往来、生活交易、法律诉求等一系列社会活动，一系列的矛盾诉求不断超越传统县域层级能够解决的职权范围。因此，设区的市在解决这类矛盾和问题上具有很大优势，特别是对于资源管理、地方针对性立法以及执法司法等方面。这也是大力推动市域社会治理现代化发展的根本原因。

“城市社会治理现代化”的提出，推动了社会现代化治理从下级的“县域”向行政权力较强的上级“城市”转移，使城市社会治理现代化进程中的“主导”地位更加突出。通过发挥市一级的党委和政府在社会治理中的谋划作用，可以优化市域社会治理组织体系，形成权责明确、高效联动运行的城区（县、市）乡（街）体系，党委、政府、社会、公众等多党合作的社会治理体系，进而在全市范围内构建共治、共享的社会治理模式。改革开放四十余年来，我国城市化进程不断加快，新兴产业不断向市域社会发达地区迁移和聚集，带动了人们向发达地区迁徙，形成了人口流动大潮。这也就要求市域范围有较强的容纳能力。因此，“城市社会治理现代化”的提出是为了将社会治理的重心转移到城市。通过发挥市级资源的统筹协调优势，应对新社会风险挑战，真正把以人民为中心的发展思想落到实处。“市域社会环境治理能力现代化”目前在我国还处于讨论与谋划阶段，具体的工作管理体系还需要在实践中不断探索出实践活动经验。我国目前也在开展"城市社会治理现代化"试点工作，以期为创建市域社会治理现代化新模式提供丰富的经验和宝贵的启示。

二、市域社会治理及新型商事调解组织建立

（一）市域社会治理中商事调解的要求

通过市域空间社会环境治理的主要治理责任单位主要以其所设区的市级城市政府为治理载体，"市域社会治理现代化"应该是一个分区城市治理单元，集中在城市地区，覆盖农村并连接城市和农村地区，发挥市政管理的主导作用，规划和实现社会治理城市的范围。近些年来，我国的商事调解工作得到了极大的发展，商事调解团队的范围也在不断拓宽，调解工作的专门化程度也在不断提高。但由于我国法律目前没有明确规定商事调解协议在法律上的效力和约束作用，其并不具有任何强制执行力，在现实中往往会出现双方在协议达成一致后不予履行的情形。这影响了商事调解协议在法律上的效力。商事争议调解委员会要紧密围绕我国民营企业的发展和生存所需，立足现场实际，真抓实干，不断促进商事争议调解工作的创新和发展。要严格执行《中华人民共和国人民调解法》，在双方当事人平等、和谐、自愿的前提下开展调解，并且要在实际操作中找到一种化解经济和商事争端的好办法。要对自己在工作和实践中探索到的好方法进行归纳和总结并逐步上升成一个制度性的规范，形成一套可复制、借鉴、推广的管理经验和模式，为开展全国性的商事争议和人民群众调解活动提供有益的借鉴。我们要充分认识到做好民营企业商事争议调解工作的重要性和现实意义，密切配合、通力协同，不断提高商事争议化解工作的专业化、规范性水平，用自己的实际行动保障和促进民营企业的

发展壮大和安全运转，为我国整个社会的高质量发展做出积极的贡献。

（二）市域社会治理中的新型商事调解组织

商事调解是市场经济快速发展的客观要求，是商业活动解决纠纷专门化的产物。商事调解的快速发展得益于多元化纠纷解决机制的建立，体现着商人自治和市场治理的迫切需求。我国各地政府逐渐认识到商事调解在化解商业矛盾纠纷中的重要作用，开展了各种尝试并取得了很多有益的经验。基于商事调解独有的特点和优势，其在多元化解决机制中的地位和发挥的作用日益凸显，使商事调解逐渐从人民调解中独立出来。尤其是在"一带一路"的建设中，商事活动使其具备了更大的需求和发展空间。各行各业均提升了对商事调解的关注度，使经济、金融、法律等专业人士积极参与，加快了商事调解组织的发展。国际商事调解机构已经取得了客观成就和丰富经验，[1]其中国际贸易促进委员会和自贸区的商事调解中心，在国际上都有一定的影响力。随着商事纠纷主体的增多、纠纷类型的扩大，产生了以解决经济贸易为基础的消费争议，使得传统的商事调解增加了新的内容，新型商事调解组织由此应运而生。新型商事调解主体多元化包括了行政机关的职能监督、行业协会的内部监管等，例如消费者协会的调解主要针对多发性的物业、水电暖纠纷，保险金融消费纠纷，中小投资者保护纠纷。为了更好地解决频发性纠纷，各地政府纷纷采用多种方式及时化解。有的采用政府购买服务，有的鼓励法律援助，有的采用政府开设"热线咨询+投诉"。云南省昆明市官渡区在全省成立了首家"行政争议调解和解中心"，让商主体在商事活动中与政府之间

---

[1] 范愉："自贸区建设与纠纷解决机制的创新"，载《法治研究》2017年第1期，第27页。

因经济政策、行政管理产生的官民纠纷在诉讼前、诉讼中及时调解，使矛盾化解在萌芽或初级阶段。官渡区政府鼓励社会组织积极依法参与调解，建立商会调解室，大大降低了商主体在商事活动中产生的民商事纠纷所消耗的人力、物力和时间精力的成本。北京市服务业扩大开放综合试点启动以来，建立了"一带一路"法律与商事服务中心，从 2017 年至今，受理了涉外案件 337 件，调解成功 1149 件，成了"一带一路"上最响亮的北京名片。"一带一路"国际商事调解中心是响应国家"一带一路"倡议而建立起的国际化商事调解组织，提升了中国在国际商事纠纷解决中的话语权，增强了国家的软实力和国际影响力，形成了"一带一路"国际商事调解的中国品牌和全球实践。这些各具特色的新型商事调解组织体现了政府主导、市场规律、民间自治等并存的多元化格局。

调解帮助治理，治理离不开调解。调解不同于仲裁与上诉，其处理方式更加温和、简便，但是也与仲裁和上诉一样有效，能进行调解的案件尽量不要上诉，这也给法院减少了很多压力。在市域社会治理现代化中，商事调解发挥着重要的作用，中国是一个向往和平的国家，为了更好地维持现代社会稳定，我们推进市域社会治理现代化的发展，并且把多种调解方式应用于市域社会治理现代化。如今，我们也在努力优化各种调解方式，完善商事调解，助力市域社会治理现代化，维护社会秩序，使社会更加稳定地发展。

三、市域社会治理现代化中商事调解制度面临的问题

早在 2018 年，我国的商事调解制度就曾面临过一次严峻的问题。2018 年 12 月，联合国审议通过了《新加坡调解公约》。2019 年包括中国在内的 46 个国家签署了《新加坡调解公约》。

该公约旨在加强国际对商事调解的交流与协作，彰显了国际社会对商事调解制度的支持与认可。但是，我国当时制定的商事调解制度尚且不能与《新加坡调解公约》实现吻合与交融。例如，我国法律将经调解后产生的解决结果区分为调解书和调解协议。调解书具有强制执行力，而调解协议还需要经过人民法院的司法确认才具有强制执行力。依据《新加坡调解公约》第1条、第3条的规定，因商事调解所产生的、当事人为解决争议而以书面形式签订的具有国际性的协议，可以在公约国按照其本国法定规则并依据该公约规定的条件得到执行，不需要经过司法的确认。调解必须以双方当事人自愿为前提。但实际情况是，大多数的商事调解均未充分聆听当事人的诉求，调解结果具有片面性、强制性甚至是不公平性。商事调解制度在实施过程中难免会受到各种外界因素的消极影响，使很多调解原则难以落实。法官拥有调解者和裁判者的双重身份：一方面，法官自身无法自由灵活地调整这两项职能，甚至会由于更加偏重某一项职能而影响调解方式与结果；另一方面，法官裁判者的身份使法官具有潜在的强制性，不少当事人迫于压力，不得不同意不合理的调解方案。基于这种条件达成的调解协议容易产生不公平或是无法满足当事人合理诉求的后果，会出现调解协议生效后当事人并不履行协议中所规定的义务的情况。如果调解结果与当事人的预判结果有较大出入，未能满足当事人合理诉求，当事人就未必会履行协议中的有关规定，从而使调解适得其反。我国的商事调解制度起步晚、发展慢，有时会出现商事调节制度落后于市域社会经济发展步伐的情况。

目前，互联网、大数据和人工智能快速发展，如果未来的调解可以结合此类先进科技，就更有可能随着现代化和数字化的发展而迈进另一阶段，实现"远程调解"、趋势预判和人工智能翻译，使得未来整个调解过程更加便捷、灵活和高效。但在目前也存在着制约商事调解发展的现实问题。

（1）我国关于商事调解的立法还不完善。我国正处于社会主义初级阶段，经济、政治、立法、司法、行政等领域还存在诸多不足。有的学者提出："现行调解法律制度行政化色彩浓郁。"〔1〕当前，我国既不存在一部由国家制定的规制调解类型的统一的法律法规，也不存在专门规范商事调解的调解办法，针对各种调解方式的规定仍较为零散地出现在多部法律法规中。

（2）商事调解缺乏科学的顶层设计。商业活动中的相关行政主管机关对商事纠纷的重视程度不够，对解决商事纠纷的规律缺乏深度研究，商事调解组织长期处于盲目且无序的发展状态。由于我国对于商事调解的立法仍待完善，商事调解组织一直处于"自由发展"态势，各调解机构由行业协会设置、成立或自发成立。但因缺乏统一的监管和规划，各调解组织各行其是，业务范畴或空缺或重叠，并未形成体系严格、层级分明、分工合作的协作机制，使得商事调解无法正常按照社会主义现代化所需运行。

（3）商事调解规范性差，调解机构公信力弱。主要体现在两个方面：一方面，商事调解机构并未有统一、严密的规范管理制度，在调解进程中得不到及时的处理与反馈，对于当事人的实际需求以及解决其纠纷的实际方法不能进行及时反馈和处理，对于调解行业可持续性发展产生了较大的影响。另一方面，商事调解组织机构在流程规划、调整方式、收费标准、文书格式等诸多方面没有规范统一的调解模式和法律制度，调解公信力弱，当事人对调解的结果并不完全信任和认可，仍然存在各

---

〔1〕 唐琼琼："《新加坡调解公约》背景下我国商事调解制度的完善"，载《上海大学学报（社会科学版）》2019年第4期，第116~129页。

种疑问和顾虑。加之我国对于国内社会诚信体系的建设尚不完善，商事调解的违约方通过商事调解促成纠纷迅速解决的内生动力不足，在商事调解的实践中存在拒绝调解、借调解拖延诉讼等情况，甚至不履行调解协议的内容。

（4）商事调解组织的生存存在问题。我国民众信奉社会权威传统文化，对出现问题的处理方式更加趋向于选择诉讼等由国家强制力保障的纠纷解决机制。并且，在商事调解中，当事人较少主动寻求商事调解机构解决纠纷，调解机构案源不足，实际运营的效果较差，大多调解组织仅靠调解业务难以维持生存，许多成立在行业协会下的商事调解机构要依靠相关行业协会的补贴和救济才能继续运转。

（5）商事调解工作缺乏具备较强专业素质的人才。在多元化纠纷解决体制的改革背景之下，我国现有商事调解机构人员专业素质不能较好地胜任岗位需求。商事调解组织长期处于自我发展的态势，调解案件数量大，调解员的数量和专业素养却不高。在调解过程中易出现调解机构并不具备相应的承接案件的能力、调解员的专业素质不能胜任岗位需求、案件调解的成功率不高、调解效果较差等问题。

（6）信息化调解等手段在案件流程和管理中应用不合理。在具体实践和操作中，由于调解案件的信息化程度较低，案件的分配、调解方式、成功率等相关信息仍然需要依靠人工记录，进而导致数据统计不及时、不准确，案件中的问题无法及时且全面地得到反映，案件管理难度较大。

四、商事调解在未来社会实践中的应用

《新加坡调解公约》于 2019 年 8 月 7 日在新加坡开放签署，包括中国在内的 46 个国家和地区作为首批签约方签署了这一公

约。该公约的开放签署将有利于经调解产生的国际和解协议的执行，也为执行企业与其跨境交易方经调解达成和解协议提供了便利。《新加坡调解公约》标志着国际商事调解协议法律执行力的提升和国际流动性的增强，开辟了国际商事纠纷解决的崭新局面。随着中国商务部代表政府签署该公约，业界认为，此举将大力推动我国国际商事调解制度的发展，为中外当事人提供在司法、仲裁之外的商事纠纷法律选择。在推动"一带一路"建设和粤港澳大湾区发展的时代背景下，其无疑有助于进一步改善我国的营商环境。

中国签署《新加坡调解公约》后，随之面对的问题是如何充分发挥该公约对我国的积极作用，在建立符合我国社会背景的商事调解法律体系的同时，尽最大努力克服和避免可能带来的法律风险。由于目前中国的商事调解机制还未完善，社会认可度不够高，而且缺乏法律层面的规范和制度指引，因此调解的每一步改变与更新都是对整个商事调解机制发展的探索，商事调解机制可依赖多方合作的形式。

首先，在执行问题上可以与仲裁机构合作。与调解不同，仲裁制度在中国较为成熟，体系比较完善。《纽约公约》、1985年联合国国际贸易法委员会《国际商事仲裁示范法》赋予了仲裁裁决在全球范围内的可执行性，使得仲裁裁决能够在世界上的大多数国家得到执行。仲裁机构参与调解，与调解组织合作并非争议解决的新鲜事，目前和仲裁机构的合作大多发生在国际商事仲裁机构下设的国际商事合作中心（例如北京仲裁委下的仲裁机构），通过此方式可以实现两个机构的资源整合，从而节省人力和物力。另一方面的合作则是仲裁员和调解员由同一人担任。但是此种合作方式会引起英美法系的当事人对调解不成后仲裁过程及结果的公平公正的疑问。目前来看，未来的调解机构可以考虑尝试将调解机制与仲裁机制相结合，例如在调解协议中约定仲裁条款，将调解协议转化为可执行的仲裁裁决。协议当事人可以单方面将该协议提交给仲裁机构，由仲裁机构确认，并将调解协议的内容宣告为仲裁裁决。同时，约定争议解决中的仲裁条款，一旦对协议内容和执行有争议，当事人便可将争议提交至调解中心所在的仲裁机构。

其次，未来的国际商事调解机构可以尝试与外国商会以及当地政府主导的企业信用公示制度合作。外国商会对于其会员的影响力和公信力较大，而且拥有丰富的国际商贸经验，可以促成争议双方迅速达成和解以及监督后续的履行。同时，外国商会的参与还在一定程度上避免了地方保护主义的偏见，使得海外的履行或执行可以更加容易地得到认可和协助。例如，德国目前已有相当成熟的商事调解制度，并有专门的《德国调解法》以及与其配合的法律保障机制。假设德国商会可以参与未来的国际商事调解机制，那么这种成熟的制度以及该商会在华对其成员的影响力和社会公信力将会提升该商会成员对整个调解制度的接受程度。同样为了促进履行监督，如果在调解后达成的协议里引入信息公示条款，在协议当事人不按照调解协议履行时，该行为便可经另一方当事人申请，由调解中心提交给相关负责的工商管理机构，将违约信息记入企业信用公示系统，从而对该企业起到警示作用。

商事调解可以在市域社会治理现代化实践中发挥积极的作用，只有给予高度重视、积极统筹谋划、认真组织推进，才能更好地帮助预防、有效化解各类社会矛盾，更有效地促进社会治理方法理念、治理机制体系与社会治理服务能力的全面优化提升，更好地促进实现国家的长治久安。

第四节　商事调解助力市域社会治理
现代化的困境及思路

社会治理结构是指社会治理主体之间和内部各种治理关系的总和。均衡的社会治理结构是社会治理实现善治的基本保障。任何一种治理都需要正确处理自治与其他治理的关系。自治是基础和内因，他治是外部保障和外部原因，社会治理也是外在的保障。政府监管是必要的，也是不可或缺的，但这只是一个外部条件，不能取代社会自治。

一、商事调解在市域社会治理现代化中的困境

目前，市域社会治理随着当地经济的快速发展，对商事调解的需求也与日俱增。我国尚未针对某一种类型的调解制定专项法律规定，因没有统一的立法和规范，商事调解在社会治理过程中遭遇了一定的困境。

（1）商事调解受案范围覆盖面小。市域社会治理主要是以设区的城市为载体开展治理，推动大数据、云计算、人工智能等现代技术的应用。在比较之下，商事调解在整个治理现代化的开展进程中显得微不足道。相关部门的宣传和普及力度小，人民群众对商事调解的了解少，从某种意义上来说，这在一定程度上会增加仲裁和诉讼的压力。但就调解、仲裁和诉讼三种处理争端的方式来说，调解明显是最友好、成本最低、程序最灵活的纠纷解决机制。《中华人民共和国宪法》第111条规定了居民委员会、村民委员会有权设立人民调解委员会调解民间纠纷，此处的人民调解不覆盖商事调解。商事调解主要解决专业性强、争议较大的重大疑难案件。商事调解主管部门按照"谁主管、谁负责"的原则，主要由退休法官、资深律师、专业领

域专家学者等组成；商业调解主要走市场化的道路。除少数行业协会有担保资金外，大部分采用市场化运作，适当收取调解费以保证机构的运作。所以，人们大多数都会愿意选择行政机关组织的商事人民调解而不是民间组织的商事人民调解。由此，导致了商事调解组织案源不足、生存堪忧。由于普及力低，大众往往会选择通过诉讼方式来解决问题。

（2）在市域社会治理中，商事调解组织长期处于无序、盲目发展的状态。目前，商业调解没有专业法律支持，有学者提出现行的《中华人民共和国人民调解法》难以有效约束和规范商事调解活动。[1]此外，由于缺乏统一的规划和管理，没有明确的分工和层次分明的合作协调机制，各调解组织独立运作。因此，应尽快新编制"商事调解法"，明确纠纷调解期间产生的纠纷和解协议的具体实施管理方法，建立健全统一的纠纷调解人资格认证管理机制和调解行业标准规范。这将为我国加快推进形成以国内经济周期市场为经济主体、国内和海外国际经济周期相互促进的协调发展的新经济格局建设提供有力的法律政策保障。在市域社会治理现代化的今天，法律人才较少，司法资源较为匮乏，律师参与调解的形式有待形成，应促进律师、调解、仲裁的多元化发展。许多律师在立案前不愿选择通过调解解决纠纷，其中存在着许多问题：一是现行律师起诉制度有待完善，在实践中没有发挥应有的规范和指导作用；二是调解的经济效益低于代理案件。因此，在大多数时候，律师通常会选择诉讼方式，当事人一般会听取律师的意见，这就导致了一个漫长而复杂的纠纷解决周期。市域社会治理现代化是近几年才被提出并大力实施的一个概念。对于市域治理现代化以及商

---

〔1〕 黄良盛："'一带一路'建设背景下我国商事调解的发展思考"，载《中国司法》2020 年第 4 期，第 101~106 页。

事调解在市域社会治理现代化中如何发挥作用，相关的研究和理论成果较少。与之相对，在市域治理现代化中商事调解的相关问题有待专业人士来解决。除此之外，我国目前关于人民调解的相关法律法规对于调解员的资质没有作出相应的条件要求，使实践中从事人民调解工作人员的专业知识和文化水平差异较大，无法保证调解的公信力。各地的商事调解机构对调解人员的资质与认证制度规定得不统一，将会直接影响其为当事人提供的专业商事调解服务质量，以及公众对商事调解的认可度。

（3）商事调解相关立法不完善。我国目前涉及商事调解的相关法律法规只有《中华人民共和国人民调解法》和最高人民法院关于诉调对接的司法解释两大类。基于市场经济发展的需求，商事调解的适用范围不断扩大，对经过调解达成的协议进行司法确认的案件日益增多，对司法确认的程序规则要求越来越高。实践中的一些问题日渐显现。例如，在立法方面，现有法律法规内容不统一，分散层次较多；调解机构多样化，包括行政机关、行业调解组织、人民调解委员会、商事调解机构等，但缺乏统一的调解规则和调解程序；调解案件的范围过广，没有任何法律法规规定商事调解组织的受案范围，以及调解排除适用的范围。由此看来，我国商事调解在市域社会治理现代化中缺少一定的法律制度保障，我国商事调解的立法现在处于待完善阶段。《中华人民共和国人民调解法》并非所有民间调解、社会调解的综合组织法，仅是以狭义的人民调解为对象的单行法律，[1]不能涵盖全部类型的调解组织及调解规则。我国既没有一部统一的从形式上规范各类调解的调解法，也没有一部专门针对某一类调解的调解法，对各种调解的规定分散在各种法

---

[1] 范愉、李泽："人民调解的中国道路——范愉教授学术访谈"，载《上海政法学院学报（法治论丛）》2018 年第 4 期，第 1~9 页。

律法规中。在内容上，对调解所涉及的基本问题缺乏普遍性和刚性规定，调解立法的内容也十分缺乏。目前，只有《中华人民共和国民法典》的合同编等实体法确认调解可以作为一种独立的商事纠纷解决方式，但并未对商事调解的相关问题作出具体规定。事实上，关于商事调解并没有统一的单行立法。我国于2011年1月1日实施的《中华人民共和国人民调解法》弥补了我国调解制度的立法空白，为了适应社会发展需要，2012年对《中华人民共和国民事诉讼法》进行了修改，首次增加了关于经过人民调解达成协议书只具有一般民事合同效力，进行司法确认才具有强制执行力的相关内容。2019年，最高人民法院、全国工商联出台了《关于发挥商会调解优势　推进民营经济领域多元化纠纷解决机制建设的意见》，规定符合条件的商会可以成立专业商事调解组织。此外，1995年出台的《中华人民共和国仲裁法》、2007年出台的《中华人民共和国劳动争议调解仲裁法》、2009年出台的《中华人民共和国农村土地承包经营纠纷调解仲裁法》等法律法规均是针对具体的调解事项，没有涉及商事调解及调解规则规定，学者们纷纷提出我国当前"商事调解立法滞后"。[1]实践中，商事纠纷的调解与其他专项调解有较大差异，至今没有专项的商事调解立法，使得商事调解的法律地位处于不确定状态，商事组织没有统一规定、商事调解人员没有统一调解、商事调解程序没有明确规定等因素制约着商事调解的发展，也在一定程度上损害了商事调解协议的公信力。

二、中国商事调解的机遇

近几年来，我国从事的商事调解在《新加坡调解公约》的

---

〔1〕　胡仕浩："中国特色多元共治解纷机制及其在商事调解中应用"，载《法律适用》2019年第19期，第3~14页。

背景下迎来了飞速发展与创新机遇。在"一带一路"经济建设的带动下，涉外民商事案件逐年增加。

（1）对于商事调解的空缺，党中央明确对将多元调解作为社会治理的重要举措予以了高度重视。中央于2017年下发14号文件，印发了《最高人民法院关于民商事案件繁简分流和调解速裁操作规程（试行）》的通知，最高人民法院也于同年下发了配套文件，将多元调解从中央决策层面到司法实践的操作层进行了明确的规定。

（2）法院针对商事调解试行做了认真研讨和实施。法院同时进行了两项重要的改革：第一项为立案登记制；第二项为法官员额制。但立案登记制的施行导致大量案件堆积于法院，而法官员额制又使得员额法官数量减少，使得案多人少的矛盾十分突出。因此，国家急需大量高素质的人才。在这种背景下，我国通过发放相关人才培养计划，给商事调解创造了巨大机遇，进而推动商事调解在市域社会治理现代化中的发展。通过合理规划布局，把大量的案件从法院分流出来，进而给法院"减压"，提高其效率，增强其权威，不仅可以给商事调解注入更多的新鲜血液，增强其活力，还可推动法院的司法改革。除了法院自身的改革外，把大量通过调解能够解决的案件分流出去，可以减轻法院改革和审判工作的压力。因此，最高人民法院对多元调解高度重视，也进一步给予了较大的支持，也为商事调解的进步和革新提供了机遇。

（3）调解比诉讼高效、便捷。平等协商、实质性地解决争议，节省成本，保密性强，这些优势是诉讼没有的。所以，应该讲，诉讼不是解决争议的最佳方式，它只是解决争议的最后一道防线。调解才是最佳的解决争议的方式，是解决争议的第一道防线。

（4）商事调解形成参与，汇集更多的优质资源。我国早期调解主要是由司法调解、人民调解、行政调解三大类组成，但商事调解并不归属于以上三类，是一种新的调解类型。商事调解依据其自身优势可以把各种资源、行业专业的专家、律师、退休法官，各个领域的优秀人才集中到一个平台上来，这是其他调解所不具备的。人民调解依托的是基层人民调解机构，行政调解以行政机关为主，司法调解是司法机关的调解，只有商事调解可以充分把不同类型的各方人才聚到此处。

（5）商事调解具有先进性和预兆性。立法存在一定的滞后性，而随着经济活动的高速发展，诸多争议的解决缺少相关法律法规支持。对于这些非实时性的争议，法院没有相关法律法规便较难处理。但只需要通过调解便可以把这些争议解决。所以，立法滞后性可以被调解的先进性所补充，进而体现商事调解的预兆性。

（6）有利于增进我国法治社会建设。从整个社会发展、社会治理来看，法院的司法审判应该是对社会活动问题的规范和解决，解决了人民群众行为规则的问题。通过我国司法实践可看出，法院的大量诉讼案件都不涉及此类问题，使得大量司法资源都被浪费在了本就不应通过法院来解决的争议上。如通过调解便可将争议全部化解，进而将有限的司法资源更加合理且高效地利用，我国在社会治理方面便会取得巨大进步。一些发达国家95%以上的民商事案件都是通过调解解决的，这对我国也是较好的启示。

（7）商事调解的法治建设加强了中国在世界上的影响力。《新加坡调解公约》的签署使我国受到了国际调解大环境的影响，而且国外和国内调解组织互相配合、互相协调，这成了当代经济全球化下的国际趋势。特别是我国的"一带一路"倡议会使我国企业接触到更多的国际企业，这些企业在发生纠纷时往往会选择国外的仲裁和调解机构。所以，我国在商事调解领域的发展空间十分广阔。针对此问题，我国本土的商事调解努力提升，便会在国际上享有更多的话语权，这是我国商事调解面向世界的一个机遇，也是我国十分重要的发展方向。在抓住经济全球化的发展机遇的同时，我国应顺应"一带一路"倡议潮流，更好、更快、更稳地建立起面向国际、面向现代化、面向世界的商事调解制度，在未来的国际商事往来中占据有利地位。

三、现代市域社会商事调解制度的完善和发展前景

为了顺应全球商事调解的发展趋势和经济发展潮流，市域社会应该尽快建立起一套科学、完备的商事调解法律制度。其中包括提高商事调解员的水平、加强工作团队的素质建设、简化政府机关的办理程序、为商事调节制度的改善提供便利等。借助市域社会的现代化机制与科学办法，优化调整软件和硬件，相互配合发展，构建国际化、现代化的高水平商事调解制度。目前，中国在世界上发挥着举足轻重的作用，但是在一些方面仍旧存在不足。就商事调解制度而言，美国、加拿大、英国等国家对商事调解制度有专门的法律条文，影响力更大，并且会有专门机构负责管理商事调解。在我国，我们有待形成一部明确的成文法律文书。虽然近几年商事调解的地位在不断提高，但是我国对商事调解制度的研究仍没有达到国际上的一般水平，研究成果并不显著。商事调解制度的机构、程序、效力和执行能力都有不足之处。

在商事调解制度的完善上，国家政府要联合全国人民代表大会一起制定相关法律，并且邀请中外法律专家进行指导，进一步促进商事调解制度的完善，保证所有的商事调解过程都要

在法律的保障下进行。我们不仅要让商事调解制度更加完善，还要建成商事调解制度体系，让它也成为中国特色社会主义法治的一部分。目前，我们只有一些商事调解机构，其调解的范围还是较为模糊的，商事调解人员的队伍还是较小，我们要不断扩大商事调解纠纷的范围，还要让调解人员的队伍不断扩大，建设一支既专业又能力较强的队伍。在处理各种各样的商事纠纷的时候，要针对不同种类的纠纷设置不同的调节方法，并且对应独一无二的调解程序。这样在处理不同的商事纠纷时才会游刃有余，做到最大限度地发挥商事调解制度的优势。

第一，确保商事调解程序的独立性。相比较于诉讼调解和仲裁调解，商事调解的独立性优势凸显。在诉讼或是仲裁案件中，往往是审理案件的主审法官或是首席仲裁员主持调解，因法官习惯于将案件调查清楚后再行调解，[1]对案件的审理带有一定的主观认识，在调解过程中难以做到快速高效。商事调解人员接触案件即着手调解，纠纷当事人可以充分阐述自己的观点和主张。调解员会灵活运用多种劝说疏导方式，不断提高和改变调解策略，创造机会提供具有可操作性、可行性的方案供当事人参考、吸收和借鉴，在友好的氛围下促成争议双方达成一致意见。

第二，引导纠纷主体的自治性。商事调解区别于诉讼法律救济途径的是，纠纷当事人可以选择自身信任的调解员居中调解。当纠纷双方产生争议诉讼至人民法院时，可由人民法院引导当事人选择调解组织，充分发挥人民调解预防和化解社会矛盾纠纷的作用。如果当事人选择直接诉讼，人民法院也可以在诉讼中征求当事人双方的意见，由调解组织列席参与，共同研

---

〔1〕　陆晓燕："'裁判式调解'现象透视——兼议'事清责明'在诉讼调解中的多元化定位"，载《法学家》2019 年第 1 期，第 101~111 页。

究解决纠纷的方式和途径，充分尊重当事人意见，提高调解效力和案件的绩效，真正化解纠纷，做到案结事了。

第三，确保调解过程和调解结果的保密性和执行力。当事人选择通过调解方式解决纠纷，是基于对调解组织和调解人员的充分信任，调解员应加大业务培训力度。[1]相比较于诉讼的公开审理和法律文书上网，调解组织充分保障了当事人的商业秘密和商业隐私。调解过程和调解文书均不公开，防止因商事纠纷数量而影响当事人的商业信誉和商业声誉。调解协议经双方当事人确认后签字，即发生法律效力。经诉讼的调解，达成调解协议后法官征求当事人意见，将双方意见记入笔录，双方签字确认后当庭生效。任何一方当事人拒不履行调解协议，另一方当事人可向人民法院申请强制执行，确保调解协议书的法律强制执行力。

第四，要学习借鉴外国商事调解制度的先进经验与方法，求同存异、取长补短，在保留自身特色与融合国际发展趋势的前提下谋求平衡。

在我国，商事调解制度是一种刚刚兴起的制度，虽然其在生产生活中发挥着重大作用，但是现阶段无论是商事调解制度的完善还是在商事调解过程中的程序、效力都需要不断加强、完善。我们要时刻学习国际上的商事调解制度，在建成商事调解制度的同时加以创新，建成适合我国国情的商事调解制度。每一次成功的调解纠纷都能赢得人民的心。合理、合法的调解，不仅有助于缓和双方矛盾对立的情绪，解决问题，而且有助于恢复双方的和谐关系，促进社会和谐稳定和人民福祉。这就要求我们国家必须关注调解的每一个关键环节：

---

〔1〕 唐琼琼："第三方资助纠纷解决规制模式的国际经验及思考"，载《上海财经大学学报（哲学社会科学版）》2018年第6期，第140~152页。

其一，注意商事调解员的培训和选拔。对商事调解员的培训注重基础理论、调解技巧和案例示范等内容，商事调解员的作用非常重要，我国对商事调解专业培训也越发重视。他们被称为不穿长袍的"法官"。要想有较高的解决效率，就要选择真正能走上群众路线的人。调解员不仅是调解活动的主持人，也是调解顺利进行的关键。建立专业的调解员队伍，对人民调解事业的发展具有重大意义，能够为充分发挥中国人民调解维护我国社会主义和谐稳定"第一道防线"的作用奠定坚实基础。

其二，依法重视调解程序。调解人将在调解开始时指导双方达成协议，同意调解。一方面，它认为调解是基于双方的意愿；另一方面，教育当事人正确行使权利、履行义务。那么，双方应该相互尊重，一旦达成调解协议就立即执行，使调解协议能够充分发挥其社会效应。

其三，人民调解员要重视对双方当事人的回访。调解协议实施后，调解员可以通过微信、短信、电话等方式进行事后回访，从而有效避免矛盾再次发生，提高源头治理效率，提高调解制度规范化水平。

要使人民调解司法确认在推动市域社会现代化治理领域起到积极作用，就要制定出一套规范人民调解组织建设的管理制度，加强制度供给。通过出台一系列政策文件，明确调解组织和人事管理制度、考核制度、晋升制度、激励机制等，实现预选、监督、事后奖惩等方面的全覆盖，为调解组织更好地履行职责提供强有力的制度支持。此外，要充分运用现代科技手段，使得人民调解员在工作中能够高效智能、方便快捷地工作。即使在信息时代，也要构建方便、高效的网络调解平台，同时还要保持线下调解的优良传统，将线下的亲民式调解与高科技调解相结合，积极创新工作方式与工作方法，使用新手段、新科技、新平台、新载体，更好地满足不同群体的调解需求。与此同时，要加快人民调解信息系统平台建设，强化人民调解大数据运用，增进调解案例、调解数据、调解专家等资源的共享，确保各种基层矛盾得到及时、有效的化解，使"有矛盾，找调解"得到越来越多群众的认可和支持。十九届五中全会提出完善基本公共服务体系，完善共建、治理、共享的社会治理体系，就要充分发挥党中央、国务院、各地人民政府、广大人民群众的积极作用。商事调解属于人民调解中的一种，也是社会治理中的"共治共享"，商事调解更需要向市级一层发展，从而推动人民调解在"市域社会治理现代化"中的作用。

第五节　探索商事调解助力市域社会治理现代化的途径

市域社会治理现代化作为一个新的概念，在其实施过程中必然会遭遇各种问题。但作为有效应对城乡区域发展过程中各类新型社会矛盾风险的有效手段，我们必须完善社会治理体系，制定科学合理的方法，推动市域社会治理现代化的顺利实现。

一、市域社会治理现代化进程中司法保障的作用

司法保障在市域社会治理现代化中扮演了至关重要的角色。法律作为上层建筑，是一个国家必不可少的一部分。这些年，我国的法治体系建设随着经济的不断发展得到了完善。新概念的提出，意味着在司法方面也要有所创新。法律是不断变化的，它随着社会和人们观点的改变而改变。但在社会发展过程中，会有各类新型社会矛盾风险出现。挑战必然会出现，重要的是

在面对这些挑战时的做法，这时便出现了司法保障。因此，司法保障对推进市域社会治理现代化有着重要的保障作用。为维护社会稳定、缓解矛盾，我们需要从司法方面对社会进行规范治理。但是依照法律方面原有的方法路线是行不通的，新概念要对应新对策，新问题须得对症下药。

要发挥人民调解在基层治理中的作用。社会基层治理由村委会、居委会进一步发展到以居民委员会、城市社区为单位，基层居民的生活与市域社会治理密切相关、紧密相连，商事调解组织在市域社会治理中与人民息息相关，社会基层治理的调解具有提升社会治理能力的重要作用。现代化城乡治理体系构建与基层民主建设密不可分，关系到基层治理制度和基层文化建设中自治制度的落实。

（一）程序设计和及时履行

商事调解既要基于双方当事人的自愿选择、自愿协商，又要督促双方当事人自愿履行。所以，调解员要正确引导双方当事人达成同意调解的意愿，尤其是强调双方要真诚参与调解活动。调解员也要在调解的过程中，针对双方当事人，在讲法析理的基础上积极劝导、说服，使其互谅互让。告知双方协议一经签订即发生法律效力，具备履行条件，以便在当时便解决问题。如不能即时履行，约定保证强制履行的措施。在履行措施中，可以寻求保证人为其提供担保，也可以提供抵押财产以物担保，或者约定违约金，针对不履行的当事人设定相应的制裁措施。对于不能够即时履行或约定履行期限的人民调解协议，可经过司法机关的确认，转化为司法调解，从法律程序上取得强制执行力。人民调解协议一经司法确认，便可以申请人民法院进行强制执行。"枫桥经验"重视在纠纷解决时的仪式，以双方当事人握手言和、调解仪式达成证明纠纷解决。这一项程序奠定了当事人在调解过程中的心理基础，为解决社会治理能力进行了心理上的建设，收获了良好的效果。人民调解不仅要重视过程，还要重视回访程序。对于纠纷解决的成果要进行定期的回访。通过微信、短信、电话等多种方式进行回访并且对该工作进行书面记录，可以从根本上解决问题，进而体现人民调解制度与其他解决途径和方式的不同。

（二）加强行业治理

近年来，各类行业协会不断出现，行业协会设定了相应的行业行为规范，对本行业内部的从业人员以及加入本行业协会的会员企业起到了一定行为规范和约束作用。一方面，可以强化行业自律，改善本行业从业人员的服务质量和提高产品质量，化解行业内部纠纷；另一方面，可以提高行业标准，保持行业竞争力，以此反映人民对生活质量的追求。通过人民调解进行行业内部与行业外部的共同管理，以长远的目标维护行业的发展，是保障国民生活发展的重要前提。以此来看，行业自治自律也是基层治理的一个重要组成部分，对树立行业从业人员职业道德、规范行业行为都有着重要作用。商事调解发挥重要作用的基础是社会认同，培养青年调解员进入队伍是商事调解的重要组成部分。同时，还需要社会公众对商事调解的认同，这也需要我们的媒体进行积极、正面的宣传以及商事调解员在调解过程中的态度、调解程序的公正性和对调解的认可度等多方面的努力。商事调解司法确认制度是一项创新的制度，同时也是一项优越的制度，但是也需要正确的落实和实践中的正确应用。这就需要调解员充分发挥作用，同时也需要参与调解的当事人相互谅解，以便通过高效、便捷、灵活的方式化解矛盾，这就是商事调解在社会治理中的重要作用。商事调解需要入情、入理、合法的劝解，对发生矛盾纠纷的双方当事人进行由情到理、从情感到法治的劝解和疏导，致力于恢复争议双方之间的和睦关系，促进社会和谐。在这一点上，商事调解发挥着不可估量的作用。

（三）发挥商事调解优势

随着商事贸易的繁荣，商事纠纷也呈现出日益上升的趋势，其形式也日益复杂、多样。商事调解可以有效避免诉讼或仲裁带来的制度局限。调解程序灵活、方便、保密、成本低。当事人选择调解方式解决纠纷，可以避免未经仲裁协议不能进入仲裁的情况，或者由于仲裁协议的相对性，不同主体的相关合同不能同时审理的情况，避免由程序纠葛造成的延误。商事调解的优势显而易见。与仲裁相比，它可以节省更多的时间、精力和金钱，调和双方矛盾、解决纠纷，努力保持双方良好的合作关系，创造未来的合作机会。同时，这也是基于我国纠纷解决发展的需要。探索多元化纠纷解决机制的新途径，可以为当事人解决纠纷提供新选择，在一定程度上分担法院的审判压力和调解压力。

当今社会的商业活动大多是商业主体之间的合作，他们通过这种合作建立了长期稳定的合作关系。这种长期稳定的合作关系也需要双方的维护。如果在合作出现纠纷时双方能以合作的态度寻求共赢，将为今后的进一步合作打下基础。在实践中，商事主体之间存在着纠纷，归根到底，是要解决纠纷引起的问题。虽然诉讼和仲裁也可以解决问题，但双方之间的商事调解协议通常是双赢的，这也符合合作共赢的理念，商事调解发挥着越来越重要的作用。大力发展商事调解事业，加强和完善商事调解组织制度建设的重要性毋庸置疑。商事调解的重点在于找出双方共同的"目标"和"利益"。通过调解，寻求纠纷背后的经济、情感和利益的平衡。事实上，法律问题并不一定是调解的基础。调解的基础大多是纠纷双方的商业考虑和利益。在调解的气氛中，双方交换意见和建议，使他们能够站在对方的角度来理解问题。因此，商事调解制度更容易实现双方的互利共赢。

商事调解是一种具有较强生命力的新生事物，司法改革的实践证明了商事调解从无到有、从小到大、从弱到强的生命力。在当前的经济社会形势下，我国商事调解必须努力为保障经济社会发展发挥积极作用。同时，要对国际标准进行比较。我国国际商事调解虽然发展不快，但从一开始就适应了国际商事文化的精神，而且大方向是一致的。商事调解乃至整个纠纷解决机制在国家治理体系中的地位越来越重要。

商业活动的内部自律和自主性很强，商业团体的自主性已经基本得到了外部甚至是国家权力机关的认可。调解和仲裁虽然不直接决定和发展规则，但可以发挥解释规则和灵活适用规则的作用。因此，在一定程度上商事调解还可以促进商业规则的形成和完善，提升商业文化，为随后的规则创新提供条件。商事仲裁从某种特定的层面上来说是一种民间仲裁，也是一种自治性的纠纷解决机制。国家在配置解纷资源时会或多或少地渗透一些国家强制力的成分，赋予仲裁裁决法律效力，赋予它强制执行力。在商事管理自治之中，还有一个特别重要的方面，便是主体的商业信誉，而这一点也特别适合商事调解的生长和发展，它可以为商业领域提供一个很大的空间和平台。

二、商事调解司法确认在市域社会治理现代化中扮演的角色

任何一个国家都离不开法律，社会的发展也必然带动着法律的发展。法治方面的创新发展是一个国家的重要工程。我国

正处于城市化高速发展阶段，这意味着社会更新换代的速度将会随着经济快速发展变得越来越快，需要进行社会治理体系的创新。市域社会治理现代化便是顺应这一发展的产物。法治保障对于实现市域社会治理现代化极其重要。其中，人民调解司法确认制度便是一个推动其向前稳定发展的不可或缺的动力。市域社会治理现代化与人民调解司法确认制度都是新的概念，人民调解司法确认制度则是经过了一段时间的实践逐渐从人民调解发展到了人民调解司法确认制度。这一法律制度为构建新型社会起到了保障作用，新上加新，可实现"一加一大于二"的功效。

首先，人民调解司法确认制度能够开展人民调解工作，缓和社会矛盾。为响应"枫桥经验——矛盾不出村"的号召，闽侯县开启了首例"线上司法确认"案例，顺利调解了一起工商赔偿矛盾纠纷。像这样的例子还有很多，各地积极实施人民调解司法确认制度，不仅是法律上的进步，更是有效地缓解了社会矛盾，合理地分配了司法资源，也缓解了法官因审理过多案件而带来的审理疲劳，大大提高了工作效率，促进了社会发展。在任何时候，社会矛盾都是一个国家的重要问题，在创新社会治理体系的同时，更要着重关注社会矛盾，及时解决问题，减少前进路上的障碍，加快社会主义现代化的实现。

其次，多方联动、共同努力推动人民调解司法确认制度顺利实施，促进市域社会治理现代化发展。市域像一颗纽扣，它的发展不仅局限于自身，而且能够带动周围乡镇市县的共同发展。人民调解司法确认制度也是如此，若要在司法方面保障市域社会治理现代化的实施，人民调解司法确认制度功不可没。作为享有"东方经验"美誉的调解制度，其制定的初衷便是合理分配司法资源、缓解社会矛盾。这项调解制度在市域治理的过程中扮演的就是调解员这一角色。社会矛盾的缓和需要各方努力，而参与人民调解司法确认这一工作，正是需要多方共同努力才能达成共识。

最后，司法保障调解社会矛盾，市域治理需合理完善布局。在市域社会治理现代化发展的过程中，最重要的便是合理完善社会治理布局。完善布局只是一个面，而要做到合理分配、事无巨细，则需要将这个面发散成一个个小点。而连接这小点的线，则是人民调解司法确认制度。由此可见，市域社会治理现代化的顺利实现离不开人民调解司法确认制度，人民调解司法确认制度的产生与存在，也是为了能促进社会的发展。

综上所述，人民调解司法确认制度对市域社会治理现代化有促进作用，既可简化司法方面的程序，为司法人员"减负"，也可简化案件处理方面的程序，在一定程度上打破人民调解的局限性。只有进一步完善这项制度，为市域社会治理保驾护航，才能促使新型社会治理体系的实现和发展。市域社会治理现代化作为一个新提出的概念，在实施的路上必然会遇到各种困难，激发各种矛盾。有矛盾、困难不可怕，重要的是要有应对的策略。而为了促进社会的进步，各种策略的提出都离不开法律这个后备军。也许有人认为法律很冷酷、不通情理。但作为推动社会进步必不可少的一部分，法律还是体现出了一丝温情。通过调解的方法来缓解社会矛盾，用商量取代强制，以平等的眼光去看待问题、解决问题。如此，也体现了社会主义制度中人民当家作主的本质和核心。

三、商事调解助力市域社会治理现代化的途径探析

对社会的治理布局加以完善，以达到维护社会和谐稳定的目的。市域社会治理现代化的作用，是以市域为枢纽，发挥以

点带面、以城带乡、承上启下的作用。那么在这期间，便需要统筹规划好社会治理，减少社会矛盾的出现，以及对出现的社会矛盾进行调整。新的治理思路在实施的过程中遭遇问题是不可避免的，而在其中，面对新的概念，要以新的方法来解决。人民调解制度是我国法制的一个进步。相比于对簿公堂，它多了一丝人情味。根据法律、政策以及社会主义道德规范，对产生纠纷的双方进行说服和规劝，最后达成协议，消除彼此间的纠纷。没有任何一个政策或者想法从一开始便是尽善尽美的，在其逐渐完善的过程中也会遭遇很多问题。比如，人民调解协议具有一定的局限性与妥协性。为了完善人民调解制度的缺陷，我们需要在此基础上进行创新。《关于人民调解协议司法确认程序的若干规定》于 2011 年 3 月 23 日发布，自 2011 年 3 月 30 日施行。这是一项在人民调解实践基础上的创新，它的出现对市域社会治理现代化具有至关重要的作用。

（一）对商事调解进行立法

商事调解作为多元化纠纷解决机制的重要组成部分，得到了世界各国的广泛认可。尤其是"一带一路"各国均在这场打破国家的贸易大潮中感受到了市场经济的快速发展，对大量涌现的商事纠纷抱有友好解决的迫切需求。有学者预测，调解将成为"一带一路"的争端解决中心，[1]对商事调解纷纷作出了高层次的呼吁，对统一商事调解规则的呼声也较高。我国有的地方规定在诉讼审前阶段，提交状书完成后 28 天内，争议双方需提交设定时间表的问卷，以确认是否已经有了调解证明书、调解通知书和回复书。如果当事人不愿意尝试调解，需要提供

---

〔1〕 Feldman Mark, "Connectivity and Decoupling: Belt and Road Dispute Resolution in a Fractured Trade Environment", *Peking University School of Transnational Law Research Paper*, 2019, p. 12.

原因。在诉讼中，法院可在诉讼期间指示争议双方进行调解，当事人除非有合理的理由，否则法院会在案件审理结束时，对其作出惩罚性的缴费命令。2018 年，"一邦国际网上仲调中心"被创建，为促进"一带一路"国家内的合同订立和和解提供在线提交文件以及视频会议等服务。2017 年《新加坡调解法》明确规定了国际商事调解。2018 年 8 月 1 日，有 46 个国家在新加坡签署了《新加坡调解公约》，为国际商事纠纷解决提供调解协议的跨境执行问题。在此国际大环境下，我国迫切需要尽快制定商事调解法，从立法层面为商事调解在市域社会治理现代化中的应用提供法律制度保障，确立执行商事调解协议的统一法律框架，更有利于促进商事调解在市域社会治理现代化中的应用。

（二）构建有中国特色的商事调解制度

中国国际商事法庭及其"一站式"平台，为"一带一路"各国处理商事纠纷提供了技术平台，[1]加大宣传力度，提高了群众对商事调解的了解。相关的部门机构（例如调解组织、政府相关部门等）应该提高普及力度，加大专业知识的普及和宣传，使人民群众对"商事调解"和"市域社会治理现代化"有更多的了解。加强对调解员的培训，扩充调解员的专业知识储备，提高调解员的调解能力，教育和鼓励具有专业法律知识的律师积极参与商事调解。国外商事调解的迅速发展，有赖于国家完备的立法保障、专业的调解机构，还有商主体的自身调解意识。[2]培育市域社会治理中的商业环境、跨国贸易、商业调

---

〔1〕 Gu Weixia, "Hybrid Dispute Resolution Beyond the Belt and Road: Toward a New Design of Chinese Arb-Med (-Arb) and Its Global Implications", Wash. Int'l LJ, 2019, Vol. 29: 1, pp. 117~171.

〔2〕 谢绮雯："论我国商事调解体系的完善构想"，华东政法大学 2020 年硕士学位论文，第 23 页。

解提高了人们对商业调解的认知度。有学者提出，应该在商事调解组织大量涌现的基础上，建立一个商事调解组织自律性的行业管理协会。在该组织尚未建立的地方，可以由当地的政府行政职能部门牵头代行商事调解协会的相关职能。[1]在引导普通民众选择纠纷解决途径的过程中，要关注法律专业群体人士，提升企业法律顾问、执业律师的商事调解意识，促使其发挥在"一带一路"国际商事活动中的市场推进作用。为了提升调解员及相关组织的专业性，调解员和调解组织要不断扩充相关知识，转变传统解决商事纠纷的对抗方式以及律师通过诉讼解决纠纷的对抗性思维惯性。通过规范商事调解规则，严格商事调解中的律师准入制度，确保商事调解程序统一，保障当事人商业秘密等，将律师纳入商事调解人员的行为规范领域，提高执业律师参与商事调解的自律性，努力对接商事调解的现实需求，以便更好地服务于商事调解。

（三）将技术措施融入市域社会治理现代化建设

在长期的市场经济发展的双边和多边贸易中签订的大量长期合作合同，特别是基础设施和建筑合同中，人们越来越多地采用调解作为解决纠纷途径。[2]改革国内供给侧、开拓国际市场、发展"一带一路"经济对于我国发展商事调解而言是一个契机，也是一个新起点。世界处于百年变革之中，全球经济一体化使各国的社会治理开启了新局面。尤其是突如其来的新冠疫情，对世界各国均是一大挑战，使各国加快了将技术手段和技术措施融入商事调解的步伐。各国在隔离抗疫环境下仍需加

〔1〕 廖永安、段明："我国发展'一带一路'商事调解的机遇、挑战与路径选择"，载《南华大学学报（社会科学版）》2018 年第 4 期，第 27~34 页。

〔2〕 Zeynep Derya Tarman，"Mediation as an Option for International Commercial Disputes"，*Annales de la Faculté de Droit d'Istanbul*，2016，Vol. 48：65，pp. 229~244.

强国际贸易、解决贸易争端，因此线上商事调解开始为世界各国所推崇。在化解商事纠纷的过程中，技术支持已经在不同层面融入了商事调解。例如各地商事调解组织纷纷开展了网上受案、网上交换文书、网上征求意见、网上视频调解、网上签署意见、网上文书送达等。为应对新冠疫情常态化，2022 年 1 月 1 日起实施的《中华人民共和国民事诉讼法》对送达诉法法律文书的电子方式作出了明确规定，以送达信息到达受送达人的特定系统为电子送达方式，以到达日期为送达日期。我国正在积极完善在线调解的相关程序规则、证据规则，对个人信息和商业秘密加大了技术保障措施，在促进国家治理体系和治理能力现代化的进程中，在实现国家的"微治理"方面发挥着举足轻重的作用。我们应从微观的角度发掘社会治理的内生动力，激发和引导人们的积极性、创造性，赋予城市发展的活力和动力。只有积极构建社会组织发展的良性生态系统，培育社会力量合作的新模式，才能实现全民参与市域社会的"共治"与"善治"。

第七章

"远程调解"在市域社会治理现代化中的挑战与应用

以先进的工程科技装备创新技术为理论基础和技术支撑，通过对城市信息基础技术和城市经济社会快速发展过程中的各领域信息进行一次深度整合，提升智慧城市的综合治理和城市运行管控效率，促进我国现代智慧城市的健康和社会可持续发展，可积极推进各级行政市域经济信息中心基础网络设施的联通、网络畅通、平台信息贯通、数据交互与信息融通，运用移动互联网、大数据、人工智能等技术手段，不断增强党委、政府重大决策工作部署的客观科学性、风险隐患防控的准确性与精度和人民公众信息服务的快速、便捷。

第一节 "远程调解"的概念及优势

依托我国现代化的信息网络技术，为未来发展优化环境治理，发掘并建立、完善新的环境治理质量指标与政府绩效考核评估标准体系，为逐步促进我国城市环境治理与政府决策执行工作提供理论支撑，提升我国推进市域集体经济与城市社会环境治理制度的科学化、精细化、智能化融合程度，让我们的信息科技更好地服务于我国人民的幸福美好生活。

一、"远程调解"的概念

"调解"是当事人之间解决纠纷的一种法律救济途径，由发生争议的双方自愿约定选择调解组织，中立的第三方居中说服、劝导，提出解决争议的意见和建议，促成双方达成一致协议。对于在城市建设工程中大量发生的建设工程施工合同纠纷，仲裁与诉讼既费时又费力，也不利于当事人双方的企业信誉。[1] 调解可以更好地避免审理时限过长、激化矛盾。纠纷当事人可以就工程的造价管理制度，根据施工合同和法律法规等进行友好协商，这是较为理想的办法。[2] 而"远程调解"则进一步打破了空间限制，即使双方不在一个地方，也能通过智能化的手段（例如无线会议等方式）将当事人联系在一起，从而达到一个多方交流的目的，促成矛盾纠纷的化解。调解的主要类型有：行政调解、司法调解、仲裁调解和人民调解。所谓"远程调解"，指的是通过使用网络视频技术，在线上进行多边调解。只要有网络并使用同一个平台就可以进行。这种方式在疫情期间被广泛运用。如 2020 年 3 月，北京市通州区一小区就在封闭管理的背景下通过"远程调解"解决居民矛盾，取得了良好的成效，实现了战疫情和调解矛盾纠纷两不误。"远程调解"在实际运用中具有灵活性强、适用面广的特性，当调解双方处于不同的地理位置，调解工作人员无法当面进行沟通时，便可以借助于各种网络平台、软件，通过直播大屏幕等与调解双方相关当事人对话，进行"面对面调解"。

二、"远程调解"的产生及发展

在市域社会治理领域化解社会矛盾是非常重要的任务之一。

---

[1] 陆小清："谈谈工程造价纠纷的几个问题"，载《江苏商报》2013 年第 18 期，第 25 页。

[2] 张艳芹："工程竣工结算争议案例分析"，载《建筑工程技术与设计》2016 年第 34 期，第 4 页。

在我国，以调解方式解决纠纷在纠纷解决机制中占据着重要地位。"调解"这一方式，在中国历史的发展过程中不断延续和发展，有着较深的历史渊源。

（一）"远程调解"的产生背景

"调解"这一方式应用至今，发挥着快速化解社会纠纷的显著作用。而随着信息化时代的到来，我国经济社会的迅速发展和经济体制的深刻变革，社会结构不断变化、利益格局不断调整、社会关系向复杂化发展，调解的方式也随之多元化、信息化、便捷化，出现了"远程调解"这一方式。"远程调解"是诉讼调解的方式之一，是在当事人因特殊原因不能到达现场面对面进行调解的情况下，借助现代通信工具等方式，对纠纷和争议的事件进行统一协商，从而达成一致处理意见的调解方式。"远程调解"方案包括各种场景的调解建设，能够解决多元化的纠纷问题，利用无纸化会议、语音转录、在线视频等技术实现调解室预约管理，实现纠纷解决一体化、多元化、智能化的有机结合。"远程调解"在解决市民难题的同时也减轻了相关工作人员的工作负担，使得调解过程更高效、更规范，不断熟悉和掌握"远程调解"的使用流程，有利于形成便捷、高效的调解方式体系，推动市域社会治理现代化。

随着国家治理体系和治理能力现代化进程的不断加速，20世纪中期产生了信息经济与社会相适应的新概念。[1]"远程调解"的出现，一方面得益于当代社会生活发展，人民生活方式发生了翻天覆地的变化。特别是消费方式的变化，电商的蓬勃发展，使人们在很大程度上摆脱了时间和空间的束缚，这客观上也导致在许多的民事纠纷中，双方当事人存在较大的空间跨

---

〔1〕〔美〕小约瑟夫·S.奈、菲利普·D.泽利科、戴维·C.金编：《人们为什么不信任政府》，朱芳芳译，商务印书馆 2015 年版，第 1~2 页。

度。民事主体身处异地将导致矛盾难以协调，这就使得传统调解变得十分困难。另外，在新冠疫情的影响下，为了满足疫情防控的需要，面对面的线下调解无法保障，这就导致在许多时候都无法及时、有效地进行民事调解。因此，建立远程化民事调解办法势在必行。在这样的背景下，"远程调解"开始受到司法调解人员的青睐。另一方面，信息技术运用成熟。现如今的视频通话已经可以做到低延迟、零卡顿，为"远程调解"提供了技术支持。总之，时代的不断变化催生着司法实践的不断变化，"远程调解"作为我国司法界在民事调解领域的新尝试，即便面临许多有待解决的问题，也依然能称得上是一种进步。

（二）"远程调解"的社会应用

调解无处不在，"远程调解"是现代化调解方案中不可缺少的部分。调解可被分为人民调解、行政调解、司法调解等类型，"远程调解"的发展应用为这些调解的开展提供了便捷的方式。"远程调解"被广泛使用在各类纠纷调解中，主要体现在司法、民事、行政三大板块中，其仅凭一部手机或一台电脑就能解决现场预约排队等流程复杂等难题，大大提高了调解的效率，为市域社会治理现代化带来了很大的便利。我们在部分市域乃至乡镇地区法院的远程调解室、居委会调解室、法院的诉讼调解室、劳动仲裁司法调解室、人民调解室等地方都可以发现"远程调解"的应用。运用"远程调解"，能够做到在特殊情况影响下也能让当事人"面对面"地调解矛盾纠纷的，解决距离对调解的限制。2018年8月21日，襄城区人民法院诉讼调解中心在对一起离婚纠纷案件进行调解时，因为被告人身居外地，无法赶至现场，便采取了不同于现场调解的"远程调解"方式，运用互联网调解平台，法院、原告、被告三方通过平台连线，进行了远程的线上调解。在疫情期间，"远程调解"发挥了重要作用，缩短了时间、地域对调解的限制，不间断地发挥着其在市域社会治理中的重要作用。

三、"远程调解"的优势

借助人民法院的网上平台，当事人申请网上立案时，平台系统会自动出现提示框，询问当事人是否同意调解。如果当事人选择同意调解，网上平台会自动将该纠纷案件转至调解组织网上受案系统。这样既尊重了当事人的意愿和选择权，又可以降低人民法院的压力，使纠纷当事人在平等友好的氛围中交换相互意见，进行沟通。对司法上出现和遇到的跨区域纠纷案件进行"远程调解"，对重大疑难纠纷案件进行"远程调解"指导，在全市范围内实现互联互通，打破了传统办公的距离限制，提升了调解工作效率和质量，便利了人们的生活。远程视频调解系统的开通，进一步扩大了调解的覆盖面，推进了基层公共法律服务体系建设，便于在第一时间将矛盾纠纷快速化解在基层，节约了群众的时间和诉讼成本，为群众提供了便捷、高效的法律服务，收到了"调解一起、普及一法、教育一片"的良好效果。完善"智慧民调"建设，打造纵向贯通、横向集成、共享共用、安全可靠的在线矛盾纠纷化解信息系统，对矛盾纠纷受理、统计、督办、反馈等环节进行一体化管理，可以提升调解工作的质量和水平，服务乡村振兴。远程视频调解既是深化司法为民理念的一次生动实践，也是创新审判模式的又一次大胆尝试，极大地减轻了当事人的诉累，提升了办案质效，提高了为人民服务的效率，推动了市域社会治理的现代化，凸显了其化解社会矛盾纠纷的巨大优势。

第一，缩短调解的事前准备时长。在现阶段的调解制度下，人民调解员首先要进行材料收集工作。在"远程调解"之前，人民调解员需要根据调解案件的具体情况，到各地调取材料、了解情况。这就导致了每次调解在准备阶段都要耗费大量的人力、物力。当遇到复杂情况时，这个问题会更加突出。在运用"远程调解"后，有关材料可以通过网络渠道实现线上对接，避免人民调解员东奔西跑。在遇到缺少材料的情况下也可以及时解决，缩短调解前的准备时间。

第二，突破时空限制，提高调解开展的便利性。不同于传统的调解方式，"远程调解"可以将调解场所搬到线上，可以忽视空间限制。即便各方当事人身处异地，也可以接受调解，体现了为人民服务的精神。此外，在疫情期间，"远程调解"相比于线下的面对面调解，能减轻病毒传播风险。其安全性更高，更容易被人民群众接受。

第三，"远程调解"更有利于证据的保存。目前，"远程调解"大多以远程视频会议平台作为载体，如钉钉和腾讯会议等。这些平台大多带有实时录像和录像回放等功能。一方面，可以作为调解材料，完善调解档案。另一方面，实时的录像便于调解委员会上级主管部门对人民调解员的工作进行监督，促进人民调解员提高工作水平，更好发挥其作用，促进人民调解制度向前发展。

第四，在调解过程中如果遇到复杂的法律问题，人民调解员可能无法准确地解答。相应地，调解成功率就会受到影响。使用"远程调解"系统进行调解，就可以在调解的时候实时与法律专业人士连线，解答法律问题，提高调解的专业化程度，增强调解的社会公信力，并弥补部分兼职人民调解员法律知识水平不高的不足之处，以适应日渐复杂的调解案件。

第五，"远程调解"的广泛使用可以把调解室转移到线上。以微信群的形式在每个小区、社区和街道建立线上调解群，实现人民调解室网格化、密集化分布。一旦需要调解，人民调解员就能迅速反应，及早介入调解流程，防止部分矛盾纠纷扩大化。

第六，提高调解的信息化水平。"远程调解"将调解的大部分流程转移到线上平台。相应地，大部分调解产生的材料就不必以纸质的形式保存。调解材料的数字化不仅不需要大面积的办公场地存放资料，而且存放时间更长，节省了办公成本，通过与区块链等技术的结合运用更能保障文件安全。同时，当需要调取调解材料时，不用东奔西走，更加便利，有助于提高信息化水平。

四、"远程调解"的特点

"远程调解"作为一种新型调解形式，不仅是对传统调解模式的一种补充和拓展，更是一种创新。在产生民事纠纷之后，双方当事人申请调解，调解员再利用某个网络平台或者 APP，通过现代网络技术手段对接司法调解，经双方当事人同意后，通过网上工作平台，采用视频、电话、微信等多种手段协调调解时间，最后实时开展调解工作。在进行调解后，如果矛盾依然不可调和，则可以继续申请线下调解，为双方当事人保留进一步沟通的机会。由此可以看出，"远程调解"从本质上来看依然与司法调解相一致，即其实质目的仍然是缓和人民矛盾、调解纠纷。

第一，便利化。没有"远程调解"之前，要解决双方矛盾就必须要面对面地在法院进行调解，随着社会的变化与发展，这种调解方式已然不能适应社会的需求，而"远程调解"则填补了这一空缺。"远程调解"使得法院及相关单位在处理问题时更加方便，通过视频等方式就可以将远在千里之外的双方当事人联系起来，共同商讨解决问题，寻求最佳方案。同时，"远程调解"也方便书记员记录，实现了办理案件的便利化。在开展人民调解相关工作的过程中，专业调解律师可以通过"远程调解"，远程实时参与，为矛盾双方提供更专业的法律参考意见，进一步提高矛盾纠纷化解成功率和人民群众对人民调解相关工作的满意度。

第二，跨区域。原来的法院调解由于地理因素的限制，大部分只能受理本地区的案件，即使能够受理外地的案件，也十分麻烦。而"远程调解"则完美地避开了这个问题。"远程调解"最大的特点之一就是其不受地域限制，跨区域的案件也能受理，利用互联网技术，即使相隔很远，也可以像正常见面那样，在一定程度上保证了办理案件的公平性。

第三，效率高。"远程调解"中人工智能的广泛应用较大程度地提升了在线调解的工作效率，促进了我国在线纠纷解决机制的标准化、规范化发展，增强了当事人纠纷解决的高效、便捷性。"远程调解"打破了常规调解方式，节省了调解时间与成本，提高了办事效率与相关部门的服务水平。尤其是在疫情时期，"远程调解"的高效率解决了很多难题，以"互联网+"的方式为打赢新型冠状病毒疫情防控战役提供了有力的司法保障，充分彰显了司法为民的宗旨。

五、"远程调解"的意义

作为对传统司法调解的创新，"远程调解"不仅具备传统司法调解的特点，同样也拥有其独一无二的优势。

第一，有益于更好地体现调解为民。我国作为社会主义国家，司法调解始终是为了人民百姓，缓和其在生产生活过程中的矛盾与冲突。在过去传统的调解制度无法满足人民调解需要的情况下，"远程调解"可以充分响应人民的需要，应对双方当事人在需要民事调解时的各种情况，让人民在接受司法调解时感到实在的便利和贴心的温暖。

第二，有利于提高调解效率。传统司法调解在调解前，往往需要调解员多方沟通，协调见面调解时间和地点，同时还要采取必要手段保证调解过程的秩序，防止双方当事人的二次冲突，而冗长的程序和准备工作，客观上会拖慢调解进度，民事调解效率也就很难有所提升。尤其是在面对电商与消费者之间的纠纷时，民事调解更是力不从心，因为我国各地的调解制度和调解模式存在着不小的差异，跨地域的民事纠纷很难迎合双方的需求，调解难度也较大。"让数据多跑路，让当事人少跑腿"是对"远程调解"的生动描写。其与传统调解的最大区别就是拥有信息技术的支持，能够很有效地规避传统调解的问题，实现异地调解。同时，"远程调解"还能减少调解过程中不必要的阶段，推广运用调解申请在线受理、调解委托在线转办、调解方案在线提交、调解协议在线达成，可以随时随地对接双方当事人，使得民事调解不再受时间和空间的限制。从民事主体的角度看，当与他人发生纠纷时，当事人可以通过视频或者APP连线调解人员，足不出户就可以享受到贴心的民事调解服务，省去了旅途的过程，减去了旅途的辛劳，节省了调解成本。

第三，有利于革新司法调解人员的观念，提高其电子设备的使用能力。"远程调解"不仅突破了传统司法调解模式，同时也冲击了司法调解人员的传统思维。与传统调解模式相比，"远程调解"需要司法调解人员学习和使用信息技术和适应线上调解的形式，并且还考验着调解人员对调解场面的把控，要预防某一方当事人因情绪过激而强行中断调解。作为法律基层工作者，不能保有守旧思想。"远程调解"的出现，可以为司法调解人员提供学习的机会，提高工作能力，更好地解决纠纷，化解矛盾，体现我国司法工作人员优秀的学习能力和工作能力，强化调解人员对设备的使用技能，同时也有利于调解人员和司法部门的协调合作，由此看来，"远程调解"不但有利于破除司法调解人员的惯性思维，也能提高其工作能力。

第四，有利于深化调解制度的改革，促进调解公平。"远程调解"需要整合公共法律服务网和实体的法律服务机构、人员等资源，将线上线下相连接，实现网上沟通咨询，方便当事人自由选择线上或者线下调解。在调查取证上，"远程调解"也具备无可比拟的优势传统，调解过程通常以调解笔录的方式保存，保存手段较为单一。与之相比，"远程调解"则不仅是文字笔录，调解过程还会全程录下音频和视频进行存档，以便查备。

六、"远程调解"的实际应用场景实例

（一）应用于社会

2020年9月5日，四川省眉山市东坡区市域社会治理现代化教学试点工作现场检验推进会成功召开。东坡区委常委、政法委副书记、区委平安东坡建设工作领导协调小组常务委员副组长杜光俊率全区各镇、街道的政法委员参观了尚义镇铁炉村、苏祠街道金龙社区、崇礼镇大定桥村等市域社会治理现代化工作的推进情况，并且对各点位矛盾纠纷调解室中设置的远程法律服务给出了一致好评。东坡区司法局以公共法律服务站建设为依托，积极推进远程法律服务，目前已覆盖了全区16个镇、街道，并逐步向各个村镇、各个社区推广。东坡区远程法律服务是在东坡区司法局指挥及视讯综合平台开发建设的基础上，由区公共法律服务中心的值班律师远程参与各司法所、村（社区）的人民调解、法律咨询等公共法律服务工作。

东坡区远程法律服务的推进，尤其是"远程调解"的开展，切实提高了当地公共法律服务的覆盖面和灵活性，为公共法律

服务直达基层提供了有效保障。在人民调解工作中，专业律师通过远程设备的实时参与，为矛盾双方当事人提供了更专业的法律参考意见，进一步提高了矛盾纠纷化解成功率和群众对人民调解工作的满意度。

（二）应用于民事

从湖北省荆门市开车到广东省深圳市，全程1800多公里，不停歇地连续开车至少需要13个小时。按照以往的经验，调解这类当事人在外地的纠纷十分费时费事，当事人往往需要额外付出很多时间、人力成本。而如今，利用远程手段，调解工作在一个小时内就可以完成。2021年1月27日，荆门市建筑装饰人民调解委员会利用"远程调解"，成功化解了一起当事人在异地的纠纷。市民刘先生在深圳工作，其曾经委托荆门市某装修公司为其房屋进行室内装修。在施工过程中出现了一些问题，刘先生与装修公司沟通时，认为工期有延误、质量有问题、产品有误差等，应扣除相应工程款。而装修公司认为，工程是因刘先生未按合同约定时间节点交进度款而停工。因意见不统一，导致双方在电话中发生争吵，语言冲突比较激烈。在接到当事人递交的申请书后，调解委员会工作人员迅速与双方当事人取得联系。由于申请人在深圳，故约定于1月27日在荆门市矛盾纠纷多元化解中心开展远程视频调解。在调解过程中，调解员引导双方当事人充分表达自己的意愿，希望双方站在对方的立场上换位思考，并结合纠纷实际为双方提供了可行性方案。通过调解员的不懈努力和双方当事人的互谅互让，这起房屋装修纠纷最终得到妥善化解。

荆门市各行业的专业调委会都在广泛运用远程司法调解，这不仅大大提升了矛盾调解、司法化解的工作效率，也为纠纷当事人节约了大量的时间和人力成本，对畅通人民群众利益集合诉求表达渠道、及时有效依法化解矛盾纠纷、维护各界群众广大合法权益等都具有十分重大的意义。

（三）其他案例

中央政法委推选浙江省宁安市公安局鄞州分局的"老潘工作室"为"枫桥经验"的创新发展典型，构建了以"老潘警调中心"为龙头的"互联网+警调衔接"工作新模式。[1]"老潘"名为潘明杰，是鄞州分局的一位老民警，具有丰富的调解经验，针对110报警中心积累了大量化解不了的社会矛盾纠纷案件，成立了"老潘警调中心"，运用其高超的调解艺术化解了众多争议纠纷，在浙江省内首创了"警调衔接"机制。

随着国家对市域社会治理的高度重视，为深化调解工作机

---

〔1〕 陆朝晖、李春华："构建'互联网+警调衔接'新模式　打造新时代'枫桥经验'创新发展的警调样板"，载《公安教育》2021年第4期，第12~16页。

制，鄞州分局制定了《新时代创新发展"警调衔接"机制实施意见》等一系列文件，整合调解资源，加强了与司法调解、行业调解等其他调解类型的有效衔接，创设了"三调联动"创新工作机制，将社会影响较大的群体性事件、城市重大项目纠纷案件，以及多年的疑难信访积案均纳入调解的范围。对矛盾纠纷进行调解前的预先评估，根据矛盾的性质、事件的复杂程度、社会的影响度、涉及利益群体的人数等，划分调解的矛盾风险等级。经当事人申请可以选择"调解专家智库"中的专家进行"问诊"，涉及重大纠纷案件时，也可以由政法委牵头组织多个行政职能部门的专业人员进行集体"会诊"。在"老潘工作室"的"实体店"基础上，除了线上线下相结合的方式，鄞州分局还研发了"警调一网通"系统，按照"互联网+政务"的执政理念，实现了网上预约、在线咨询等功能，链接公安的门户网站和城市智能警务亭自助服务区等网上办公平台。群众通过线上预约申请，可选择警调中心的工作人员安排具体的调解时间、调解地点、调解方式，也可以直接申请预约"专家智库"成员进行专业调解。在涉及群众隐私事件或有特殊困难的情况时，还可以通过"警调一网通"系统预约申请上门调解。这种"滴滴式"的便捷服务，使群众真正感受到了细致入微的人文感怀。纠纷当事人在调解后可以在系统上进行打分评价，以作为调解员工作考核的依据。这种"远程调解"工作模式方便、快捷地解决了群众生活中的纠纷难题，化解了社会矛盾，人们生活得更加幸福和谐，有效地防范和化解了各种社会风险，更好地实现了全民"共建、共治、共享"的社会治理现代化的丰硕成果。

第二节 "远程调解"在我国调解制度中的优势

在互联网时代和信息普及、大数据分析之前，一个普通的民事调解至少需要 40 个工作日，不仅费时费力，还存在着许多问题。双方当事人在面对面交谈的情况下，容易情绪激动，产生争论和负面的抵触情绪，从而导致调解失败或进展不顺利耗费更多的时间，给双方当事人和调解处理机构都制造了不小的压力和麻烦。但自从进入互联网时代之后，信息互通更加便捷，这也给民事调解制度带来了便利和信息互通。在传统的通过诉讼解决纠纷途径中，按照民事诉讼的相关法律法规，争议双方在人民法院庭审中陈述诉请和答辩，以及双方的事实理由，主审法官在双方陈述的基础上总结争议焦点和法庭调查重点，双方围绕法庭总结的争议焦点和调查重点进行举证和质证。在法庭调查和法庭辩论之后，正是争议双方矛盾激化阶段，此时询问双方是否同意调解，双方当事人往往在情绪激动的状态下当庭表示拒绝司法调解。在重新审视传统司法调解现有弊端的情况下，如何改革司法调解的运行程序，制定适合中国国情、更具有可操作性和可行性的司法调解制度已经成为民事诉讼改革的一个重点研究课题。此时，"远程调解"就成了一个重点改革方向。

一、传统司法调解制度的局限性

自 2019 年冬季开始，全国都受到了新冠疫情的影响，国家更是对人口流动加强了管理。疫情同样会影响法院开庭。疫情防控期间，根据各地的新冠疫情状况，外地当事人如果无法按传票通知的开庭时间及时到庭参加庭审，可以选择申请人民法院延期开庭审理，人民法院也可以根据本地疫情状况解决依法延期开庭，提前通知双方当事人后，主审法官可以视情况对受疫情影响的案件进行诉讼中止或依法延长审限。在这种特殊情况下，"远程调解"的应用显得格外突出和重要。近日，厦门市中级人民法院积极发挥金融司法协同中心的审判职能，通过"远程调解"快速化解了2起涉及"新冠病毒"定点医疗机构的融资租赁纠纷。此案一经解决便得到了各方好评，不仅肯定了"远程调解"的重要性，更是增加了群众对"远程调解"的信心，铺实了"远程调解"之路。

（一）调解程序设置较为单一

目前，人们对民事调解的认识主要集中在司法调解领域，根据现行的民事相关法律法规规定，审判程序进行改革以后，调解过程将被局限在庭审过程中。由于庭审过程中双方当事人情绪都比较激动，且庭审有时间限制，在法庭调查和法庭辩论结束后，主审法院会依法当庭询问当事人是否同意调解。许多案件当事人没有聘请律师，不清楚调解的法律效力；有的当事人认为自己已经缴纳了诉讼费用，更希望通过取得一纸判决来确保自己合法权益的法律强制执行效力。而主审法官受庭审时限和庭审视频全程录像的限制，在一方当事人陈述"不同意调解"时，无法过多地进行劝导，只能依法以一方当事人拒绝调解结束调解程序，择日宣判，从而限制了司法调解应有的化解社会矛盾纠纷的作用，导致通过司法调解解决民事诉讼纠纷案件的效率下降。

（二）调解前提的条件要求过严

调解是双方当事人行使自身权利、以保护自身利益为前提在协商下达成的一种民事契约，通过民事诉讼形成了《民事调解书》，具有法律强制执行效力。调解本身的优势是可以快速化解矛盾纠纷。经过民事调解达成的调解协议，只要不违反法律法规的强制性规定，不损害国家、集体和他人的合法权益便有效。但现行民事法律法规规定，主审法官必须在查清纠纷案件事实的基础上依法进行司法调解。这些规定加大了司法调解的难度。有一些案件因为纠纷当事人的各种原因，导致时间过长而超过了诉讼时效；有的案件因为当事人缺乏法律意识，能够证明案件事实的相关证据没有保留，或者保留的方式不符合法律规定，不能被作为庭审证据使用。在现实情况下，基于社会和人文的复杂性，有些案件当事人只是想要个公平的"说法"。当事人有时候根本不在意是否查清楚了事实，只是想争口气，没有明确的是非与对错。有些案件双方当事人均认可事实，均同意由法院出具《民事调解书》，但由于双方认可的事实缺乏符合法律规定的证据，无法确定法律规定的法定事实，对于此类案件，法官会对是否应该调解以及如何进行调解产生疑虑。因为经过民事诉讼立案的纠纷，即使当事人双方均同意调解并认可调解协议，但按照法律规定，主审法官仍然必须查明案件的法律事实，对双方达成的协议依法予以审查，确认符合法律规定后才能出具《民事调解书》。如果为快速达成调解协议化解纠纷，主审法官在《民事调解书》的认定事实部分进行模糊性处理，又会导致社会公众对司法公信力产生不信任的负面情绪，从而使民众抗拒司法调解。

（三）民事争议调审的主体合一

人民法院附设多元化纠纷解决机制（ADR）是一项带有准司法性质的制度，当事人可以自主协商，直接参与整个诉讼活动。[1]调解的意义是发挥当事人的主观能动性，在互谅互让、友好协商的基础上相互退让，在调解程序上更为灵活。基于司法程序规定的严谨性与可同时适用多部法律的流动性，司法调解受到了一定的限制，主审法官的言行均受到法律规定的审理时限和法官行为规定的严格制约。加之近年来法院系统对调解

---

〔1〕 史长青："裁判、和解与法律文化传统——ADR对司法职能的冲击"，载《法律科学（西北政法大学学报）》2014年第2期，第11~15页。

结案率的要求增高，在当事人拒绝调解或者调解不成的情况下，法官在处理案件时容易带入个人情绪，从而作出不公平的裁决和判断。当前，在强化管理制度改革的情况下，法官们更愿意用简单的判决来代替复杂的民事调解。总的来说，用传统方式调解一个民事案件需要耗费的人力和时间是判决的好几倍，在庞大的案件数量和改革后需要面对的庭审限制面前，法官更愿意选择快捷、省事的判决方式，而不愿花费时间去进行详细的讲解和漫长的调解。这样并不利于纠纷的最终解决，无法做到真正的案结事了，会促使民众对判决调解方式及调解达成的协议产生不信任和抵触的负面情绪，从而不愿自动履行，甚至在达成调解协议后继而提出再审申请。

二、改革远程民事调解制度的思路

"远程调解"并不是单一"行动"。各地根据自身情况，可以适时地调整政策。四川省乐山市沙湾区人民法院将特邀调解与"远程调解"相结合，二者相辅相成，收获了较大成效。2020 年 5 月 19 日，沙湾区人民法院举行了特邀调解员聘任仪式。聘任仪式后，法院充分发挥专职调解员和特邀调解员二者不同的优势与作用，积极推动一站式多元解纷工作。2020 年 8 月 10 日，沙湾区人民法院受理一起离婚纠纷案，依法适用简易程序，借助人民法院调解平台，法院、特邀调解员、当事人三方进行远程视频调解。在调解正式开始前，立案庭工作人员为特邀调解员讲解调解平台的使用方法及相关流程。这是沙湾区人民法院首次通过"远程调解"促使双方达成调解协议，并出具调解书。这不仅是解决了一个案件，更是实现了"远程调解"与地方实情的结合。远程视频调解使当事人化解纠纷更加便捷，尤其是身处不同地区的当事人可以免于路途奔波劳累之苦，案件调撤率有所提升，各类矛盾纠纷止于诉前，"远程调解"初显成效。

（一）确立远程民事调解的法定地位

远程民事调解是远程民事审判活动中不可或缺的重要组成部分，有的法院将远程审理定义为通过计算机和网络终端，在法官和诉讼参与人的参加下，通过网络视频和声音传播技术，同步完成法庭审理活动。[1]"远程调解"是远程审理案件庭审模式的补充和延伸：一方面，是经济发展社会转型期矛盾高发的客观需求；另一方面，是建设智慧法院发展的必然要求。设置"远程调解"可以突破传统的法庭调解的时间和空间限制，减少当事人多次往返法院调解的交通费用和时间成本，便捷当事人参与调解，降低人力、物力和精力消耗，提高案件调解效率。

（二）设置简便化的调解程序

为适应调解的灵活性与便捷性，可设置多元化的调解方式和调解程序。改良现行的庭审调解方式，在"远程调解"模式下，可以视频和音频的形式记录和保存调解过程资料。这种无纸化办公方式大大减少了人民法院纸质文书的保存成本，也为书记员减少了大量文字录入的工作任务量。民事远程审判可以利用当下发达的信息技术，对传统的庭审审判模式进行改革和创新。[2]可在人民法院诉讼案件立案前、诉讼中的各环节，尊重当事人的意见，多次组织"远程调解"，避免当事人面对面时因表情、声音、语气、肢体等原因而激化矛盾，可以最大限度地降低当事人的对立情绪和争议焦点的对抗性。"远程调解"方式的多样性和多次性可以有效地缓解当事人的矛盾纠纷，最大

---

〔1〕《最高人民法院关于互联网法院审理案件若干问题的规定》2018年9月3日最高人民法院审判委员会第1747次会议通过，自2018年9月7日施行。

〔2〕《最高人民法院关于互联网法院审理案件若干问题的规定》2018年9月3日最高人民法院审判委员会第1747次会议通过，自2018年9月7日施行。

限度地发挥调解程序的灵活性和便捷性，提升调解成功的概率。

（三）采取激励调解机制

在现在社会情况复杂、民事纠纷发生比较频繁的现实情况下，可以通过鼓励"远程调解"、减免调解结案收费的激励方式，加速推进"远程调解"介入民事案件诉讼活动，减少人民法院和争议双方当事人的诉累。在人民法院正式受案立案之前，先通过远程通信询问双方当事人是否同意调解，如果双方当事人均同意通过网络远程视频调解，可自主选择调解组织。如果当事人选择人民调解委员会调解，调解系统平台自动转至人民调解委员会，由其调解达成一致协议，免收任何费用。如果当事人选择由人民法院调解，系统平台将自动转至人民法院的速裁庭调解，调解不成的可在系统平台立案后转至业务庭室，由业务庭室的主审法官在审理案件过程中进行调解，经调解达成一致协议的，诉讼费用可以减半收取。激励民众通过和平友好的方式解决纠纷，有利于创造良好的社会环境。

"远程调解"就是根据这一思路和方法，在传统调解的基础上发展了线上的民事调解制度，如今已经被广泛运用在民事、司法、行政这三大板块的案件上。其优势在于申请方式均可为线上操作，不用排队浪费时间，10分钟就能完成案件的调解申请，全程不需要当事人去指定场所排队，只需要动动手指就能完成之前好几天才能完成的事。在调解过程中，可进行线上和线下会议。线上会议全程都有音频和视频进行存档，在案件调解完成后自动归档。在后期需要查阅的时候，也不需要去翻档案，只需要在系统内输入案件关键字或时间编码，就能调出全部的档案和音视频详细记录。还能使用互联网对案件进行数据分析，对相似案件进行自动整理，从而促进法治化社会的数字进程，跟上时代的发展和进步。"远程调解"在疫情防控期间也起到了至关重要的作用，不用见面就可以对民事纠纷进行调解处理和作出判决，在疫情隔离情况下也没有使大量的案件堆积，给民众和法官及法院工作人员带来了技术支持和便利。

近日，江西某法院立案庭通过多元化解 e 平台，首次运用线上"远程调解"解决了一起买卖合同纠纷，为相隔千里的当事人成功化解了矛盾。原告江西萍乡某压缩机有限公司与被告广西某科技公司签订了供货协议购买设备。协议签订后，原告依约履行了交货义务，但被告认为货物存在质量瑕疵，一些配件需要更换和维修，遂要求在货款中扣除上述费用。原告未予同意，被告便拒付货款。由于双方当事人相隔两省，江西某法院在收到立案材料后征得了双方的同意，积极引导双方进行诉前调解，并采用远程在线的调解方式来协商解决。调解现场双方当事人通过视频隔空对话，针对部分产品存在质量和售后维修费用的问题，双方存在较大分歧导，致调解现场双方争执不休。调解法官分别询问了双方的交易过程和当事人基本意见，而后发现双方的矛盾来源主要是沟通不畅，导致当事人之间产生了误会。随后，调解法官运用"远程调解"软件的"限制发言"功能与当事人逐个交流，明确了双方的需求和立场。调解员通过"远程调解"平台减少了当事人因冲动语言导致的矛盾，运用丰富的调解经验，在多次说服和劝导之后，促使双方达成了一致协议。被告同意在 7 天内交付货款，原告则在收到货款后按被告清单提供价值 2000 元的易损配件作为对产品质量问题的补偿，本案最终得以圆满调解。此次"云调解"是江西某法院第一次使用远程在线调解的方式化解矛盾纠纷，中间虽小有波折，但是最终取得圆满成功。这种在线调解的方式，既突破了空间地理位置的限制，又满足了双方当事人的诉讼需求，简化了庭审程序，减轻了当事人的经济负担，使其感受到了公正、高效、便捷的司法服务。这就是民事调解运用"远程调解"之后在效率上得到极大提升的证明，证明了"远程调解"在我国司法制度上的优势。现在全国许多高级及中级人民法院都已经普及了"云调解"这个利器，为中国法治的建设添上了浓墨重彩的一笔，为法治社会的建设加了一把火。

三、"远程调解"在我国人民调解制度中运用的优势

"远程调解"作为我国人民调解制度的组成部分，不仅给我国人民调解制度注入了新鲜血液，使我国人民调解制度在新时代迸发出了新的色彩，扩充了人民调解制度的实施手段方式，而且其作为一种极具包容性和灵活性的新型调解方式，可以适用于各个方面，其适用范围也随着科技的进一步发展和基层设施的普及不停扩充。"远程调解"方法的运用，不仅仅局限于中期调解，还在原有的人民调解制度调解的各个程序之中都发挥了积极作用，解决了许多原有制度一直无法克服的弊端。

第一，原有的人民调解制度中的第一个，也是较为重要的一个基础环节是受理纠纷登记环节。这在互联网技术在司法行政工作之中尚未得到广泛运用时是十分复杂的，需要调解申请人去调解部门提交申请调解的资料，其中包含各种证明，往往需要申请人多次前往才能满足申请条件，交足申请资料，很容易因为调解部门工作人员解释得不充分、申请人准备的资料不足导致申请无法进行。在"远程调解"方式出现后，线上登记也随之出现。线上登记大大减轻了调解工作人员和调解申请人的负担，调解申请人得以在家中实现调解申请，减少了许多麻烦。填报之后就可以进入固定的程序，实现资料登记并通过大数据快速完成登记资料的核对，真正实现了一步到位、足不出户实现申请与调查。

第二，原有调解的各项准备阶段。原来在人民调解的准备阶段，收集调解准备人信息和核实所需调解的事件信息需要各地合作和实地调查，其中各地协调花费时间长、步骤繁杂，直接导致了调解所需的时间人力、物力的增加，提高了人民调解所需的成本。杭州互联网法院建立了全国首个电子证据平台，[1]利用网络传输证据材料在线同步显示。在"远程调解"形成后，也得益于"远程调解"大数据的支持，许多资料可以直接搜索，即使是涉及多地的纠纷调解，需要数据库中尚未录入的信息或是其他当地没有的详细信息，也都可以通过线上由所属地方直接调配或就近分配调查后传输过来，减少了繁杂的纸质资料保存和传输的时间和成本，大大促进了调解的进一步进行。

第三，人民调解制度的中心阶段调解阶段。调解在许多国家已经不再是供当事人选择的备选纠纷解决途径，而是日益成为一种解决社会矛盾纠纷的主流渠道。[2]调解作为人民调解的中心环节，在人民调解制度中有着不可或缺的重要地位。在调解方面，原有的人民调解制度已经较为完善，但在调解过程中如果遇到纠纷发生地、调解双方或多方不属于一地，几方时间、地点很难统一的特殊情况，原有的人民调解制度将较难解决或解决起来十分麻烦，需要协调各方同时调解。"远程调解"很好地解决了这一难题，无论各个调解参与人身处何地，都可以直接通过网络实现线上"远程调解"，不需要汇集到一地。由于视频通话大多具有实时录像功能，因此可以将调解过程全程记录下来，将调解信息和调解过程录像直接上存到数据库，占用空间小、储存方便，且不需要耗费人力经常整理保护，可直接设

---

[1]《杭州互联网法院电子证据平台规范（试行）》（杭网法〔2018〕10号）。
[2]［澳］娜嘉·亚历山大主编：《全球调解趋势》（第2版），王福华等译，中国法制出版社2011年版，第158~198页。

定程序进行自动整理、自动分类，按照日期等自动分类，在查看时可以直接线上搜索，不需要人工寻找，且保存时间长，经过较长时间之后也能找到记录，方便后续管理。

第四，调解的后续工作。在全球经济一体化、人类命题共同体和科技进步下，重新定位人民调解制度，应从国家社会向市民社会转变。[1]调解申请人通过线上完成调解后，可直接线上签订协议，既方便了调解方和受调解方快速解决纠纷，又省去了双方签订协议或是运输协议书、保证协议书所需要的人力、物力成本，在一定程度上加快了协调速度，提高了协调效率，避免了协调案件堆积却得不到妥善处理，维护了调解制度的威严与公信力，减轻了司法诉讼机关不必要的负担，也方便了调解机构部门对于调解成效的后续跟进。

"远程调解"在人民调解制度之中具有重要地位，体现在调解过程的方方面面，极大地促进了调解制度的大范围运用与活力迸发，是现代科技快速发展背景下调解制度的一大创新，为人民调解制度添砖加瓦。随着""远程调解""融入市域社会治理现代化，"远程调解"系统逐步发展和完善，不仅能够实现流程现代化、"远程调解"规范化、提高管理规范化、调解档案管理、增强系统操作性、增强系统安全性，也缓解了司法资源紧张、判案结案效率低等问题，在一定程度上促进了社会治理现代化。此外，根据不同使用场景可接入不同应用。根据使用场地的不同，"远程调解"系统同样支持远程视频会议系统的接入并支持多方远程会议，解决了许多因两地相隔太远而不便于沟通交流导致审理时间难以协调的问题，加快了矛盾的解决。同时，灵活的调解时间等优势还促进了社会治理现代化。

---

〔1〕 李昌道："司法调解与和谐社会"，载《复旦学报（社会科学版）》2007年第2期，第70页。

第三节 "远程调解"在市域社会治理现代化中的成效与问题

调解的发展与其他法律制度一样，必然受制于环境要素的影响。[1]"远程调解"的出现大大节约了审判工作的资源，为当事人提供了便利。特别是在疫情期间，异地调解是方便民众的好办法。在疫情期间，以青岛市为例，从青岛线上调解开始之时至当年 9 月 30 日，青岛法院已通过"人民法院调解平台"在线调解案件 994 件，占全省的 26%。此外，2020 年 4 月 12 日至 13 日，长汀县人民法院诉非联动发展中心的异地调解室正在如火如荼地开展社会调解管理工作。4 月 12 日，利用中国人民调解服务平台在互联网上进行了 7 次"远程调解"，其中 2 次是跨省"远程调解"，有效减轻了异地当事人的诉讼经济负担，为调解管理的发展带来了极大的便利。利用"云上法庭"终端开展调解工作，为群众提供"云"服务，既节约了实验资源，又扩大了为人民服务的范围。提升了我国司法经济社会主义服务企业管理技术水平，提高了工作推进"两个一站式"建设，夯实了多元解纷与诉讼服务根基，为群众学习生活方式提供了更加高效、优质的诉讼服务。

一、法院+"远程调解"

民事诉讼与民事司法调解在理想的状态下，就是通过诉讼支持调解、通过调解分流诉讼的案件压力。[2]最近，福建省长

---

〔1〕 周大鸣："西藏传统社会整合与和谐社会构建"，载《青海民族研究》2016 年第 2 期，第 148 页。

〔2〕 ［日］田中成明：《现代社会与审判：民事诉讼的地位和作用》，郝振江译，北京大学出版社 2016 年版，第 281 页。

汀县人民法院非诉联动中心在线调解室正在开展调解工作。"各位参与"远程调解"的当事人,这里是福建省长汀县人民法院在线调解室,我是承办法官,能听清楚吗?""法官好,能听清楚。""好的,经各方出示身份证件核对过身份,下面由双方进行还款方案协商,原告方,请你先发表意见。"4月12日上午11时,法官正通过在线开展调解工作。该案依托人民调解平台及音视频设备,在法官的引导下,经过短暂而有序的远程交流,原被告双方达成一致调解协议。当天下午,涉及6名异地当事人的2个案件,从身份认证到调解协议签字确认,整个调解过程前后只花了40分钟,得到了当事人的一致好评。经过前期测试等准备工作,3月下旬,长汀县人民法院引入设备正式启动在线调解室,利用"云上法庭"终端开展调解工作,为群众提供"云"服务。目前,通过在线调解,成功调解案件26件,其中跨省"远程调解"7件。法院+"远程调解"满足了群众的多元化司法需求、全面推进了一站式多元解纷建设工作,真正做到了为当事人减负,让诉讼服务更有速度、更有温度。

二、律师+"远程调解"

2021年2月,江苏省司法行政在线平台报道,律师调解员徐秀霞通过微解纷视频调解平台成功调解了一起建设工程施工合同案件。原告是一家上海的建筑公司,被告是一家北京的公司,原告承包了被告一项位于宿迁的工程。2019年4月,工程竣工验收后,竣工结算书确定工程金额为60余万,被告支付部分款项后仍余下3万多元未支付,原告多次索要未果。徐秀霞领到案件的卷宗材料后,认真研究案件、梳理案情,总结双方当事人的分歧点和争议点,积极与双方进行沟通,经过确认双方签订合同的具体约定内容、工程竣工结算审批表、双方账目往来，被告最终认可尾款未付事实，也同意支付尾款。但因原告在上海，被告在北京，考虑到疫情防控形势严峻，本着有利于疫情防控及便利双方当事人的原则，徐秀霞决定采取"微解纷"方式解决双方的纠纷。徐秀霞随即告知双方如何通过"微解纷"注册登记，并耐心教会双方如何使用，确定调解时间。最终，双方达成调解协议，省时省力地解决了该起纠纷。原被告双方均称因为公司是做工程的，平时纠纷比较多，大多数建设工程的案子都要几个月甚至一两年，庭审几个回合很常见，没想到这次足不出户，几次电话沟通，一次视频调解就轻松解决了纠纷。当事人真切感受到了人民法院提供的视频调解平台和律师调解员的高效调解。律师做调解工作有着天然的优势，因为自己也代理案子，平时接触当事人比较多，对当事人的心理诉求了解得更透彻，沟通起来比较方便。同时，在担任调解员期间，律师可以深深感受到法官的工作压力，可以提高律师参与诉前调解工作的积极性，缓解法院审判工作的压力，促进社会和谐稳定发展。

三、疫情+"远程调解"

2019年9月，居住在广东省鹤山市的许某一纸诉状将开平市某卫浴店起诉至广州知识产权法院。双方就一款涉及"水龙头"的外观设计专利发生侵权纠纷。原告许某要求该卫浴店立刻停止侵权行为并赔偿经济损失。由于原被告双方居住地都不在广州，各自距离法院超过100公里，当事双方在起诉前多次发生争执，积怨已深，协商多次均没有获得理想结果。在庭前调解无果的背景下，该案的开庭时间被安排在2020年的2月上旬。春节前后，随着全国疫情防控形势不断严峻，身处外地的双方当事人都表达了到庭参与诉讼的困难。为了消除双方当事人到庭参与诉讼的担忧，韦晓云法官团队第一时间推迟了原定的开庭安排，同时以疫情防控的大背景为契机，开展了一系列"远程调解"工作。韦晓云法官以自身审理的同类案件为切入点，通过电话沟通，耐心地向双方当事人解释了该类案件审理的法律依据和裁判思路。被告方态度缓和后，韦晓云法官团队迅速开展了对原告的调解工作。在得知原告因被告辱骂而抱有心结后，建议被告诚恳向原告道歉。随着双方对抗态度的缓和，调解金额上的差距也得以不断缩小。最终，通过办案团队的反复沟通，双方当事人就调解金额达成一致，原告同意在签署调解协议后撤回起诉。本案中，韦晓云法官团队以网上开庭、智慧法院远程办案、"远程调解"等方式开展审判工作，有效服务各地当事人，达到了案结事了的目的，抓住了契机，认真做好了疫情防控背景下的纠纷化解，同时也维护了抗击疫情的秩序。

四、互联网+调解的凸显优势

（一）减少双方当事人调解时间、财力成本支出

第一，有效规避诉前调解空间限制。2018 年，在一起跨国"远程调解"的案件（即浙江舟山普陀法院实例 ADR 平台调解商品房预售合同纠纷案）中，孙女士向某房地产公司预付了"酒店式套房"的款项，总计 30 余万元。但付后很长一段时间，该房地产公司一直未向孙女士交付房屋以及发放相关的权属文书。孙女士多次与该公司协商，但还是没有结果。于是，孙女士迫不得已向法院提起诉讼。孙女士考虑到房地产公司在宁波，如果打官司的话，往返两地实在是不方便，更何况，孙女士在向法院提交诉状书后就去新加坡旅游了，无法做到出庭起诉。法院要求双方都必须到法庭去参与调解或者开庭属实不易，基于此，主审法官根据双方当事人的实际情况，快速联系沟通，

在征得双方同意的前提下，采用网络调解平台的"远程调解"方式，指导当事人在各自手机上下载"远程调解"平台软件，登录手机"远程调解"客户端，同时进入人民法院的在线调解业务，组建在线调解室。人民调解员在线上调解室中组织双方当事人陈述各自的主张及事实理由，询问当事人诉请支持的理由与证据，交换双方对争议事实的意见，根据争议焦点进行说服疏导。通过网上"远程调解"，搭建了当事人沟通和交流的平台，在友好互谅的基础上，仅用半个小时就达成了一致意见。被告房地产公司愿意支付违约金，并协助原告办理房屋交付及相关凭证。原告同意在回国后立即付清购房费用的剩余款项，并签订了调解协议，该纠纷最终得到了顺利化解。如果放在以前，该纠纷在双方当事人不能同时出庭的情况下，不可能得到及时沟通和有效解决。正是有了"远程调解"，才使跨空间调解成了一种现实。

第二，有效提高当事人对人民法院诉前调解的获得感和满意度。黑龙江省某法庭收到案件后了解到，被告人高某远在异地上班，况且近段时间有家中老人去世的特殊情况，法院随即决定积极引导双方进行"远程调解"，解决问题纠纷。与双方联系商量后，两位当事人都同意采取"远程调解"的方式进行纠纷解决。在线上调解现场，双方当事人通过视频隔空对话，因部分意见协商不一致，双方在很长一段时间内一直难以达成共识，负责调解的法官虽然不在双方面前，但还是各司其职，依旧不厌其烦地对双方进行思想引导。经过不懈努力，双方当事人达成共识。双方当事人对此次法院领导的"特殊"化解纠纷的方法一致表示支持赞同。高某事后说："在线调解免去了我奔波的辛苦，使我们更加愿意去接受、去包容对方的协商意见。"此次调解形式有效地处理了矛盾纠纷，显示出了"远程调解"的独特优势，不仅突破了地域空间的限制，还达成了双方渴望解决纠纷的期待。这是法院对人民群众实实在在的服务，使广大人民群众真正体验到了高质量、高人性化的互联网+司法服务。

（二）"远程调解"节省法院公共资源

对于时常发生的离婚纠纷、车祸责任纠纷、劳动合同纠纷等这些普遍存在的矛盾，有些法院已经开始打造多元化调解中心了。这个调解中心设立了在线的调解平台，遇到此类纠纷，双方当事人不用出庭，只需在手机上搜索或者下载安装软件，就可以进行与现实效果相类似的"远程调解"。与传统类型的人民调解相比，利用"远程调解"程序进行调解，前期会有法官助理介入，双方当事人、调解员、法官助理、法官可同时进入在线调解，在整个过程中只要是当事人线上说话，就可以自动进行调解笔录，也不需要现实中书记员的介入。如果有必要，机器人法官还会进行线上答疑。互联网+调解把矛盾化解在了诉前的"远程调解"，大大节省了司法资源，让人叹为观止。同时，设立多元化调解中心值得更多的人民法院借鉴和尝试。

（三）让当事人在疫情防控背景下感受公正和效率

在疫情蔓延的紧急情况下，传统调解模式难以正常运作，但对纠纷案件的调解却不容刻缓。为了完美配合国家的防疫方针和抗疫战略部署，全国各地法院纷纷采取线上"远程调解"的措施。对于疫情期间涉及多名当事人的纠纷调解案件，线上调解通过使人足不出户的方式，缓解了可能由人员流动引发的问题。通过视频的形式进行调解，整个过程最大限度地减少人员接触。这样的处理方法，不但保护了需要调解纠纷群众的生命安全和身体健康，规避和消除了疫情可能会发生扩散的风险，而且保障了当事人彼此应该拥有的合法权利，完成了新型冠状病毒疫情防控期间的纠纷调解处理任务。防控疫情的同时，也尽可能地保障了司法职能的正常运作，人们也就会对司法有信任感，无形之中也就自然提高了调解纠纷的效果，为坚决打赢疫情防控攻坚战提供了基础厚实的司法服务和保障。

（四）避免调解中社会矛盾冲突升级

2019 年 11 月，村民杨某携邻居杨某某到村附近国有林区水源点取用人畜饮用水。取水过程中，被 9 个村民小组的村民看到，他们一致认为，杨某和邻居两家埋水管的行为会影响本村的水源水质，并将杨某和邻居私自埋下的水管拆除。2020 年 6 月，杨某拨打州长热线，反映此问题，请求尽快提供帮助并给出解决方案。经县司法局调查核实，杨某和邻居先前的取水行为并没有对其他 9 个村民小组的人畜饮水造成直接影响。结果已经给出，但是双方仍然各持己见，无法达成一个良好的调解协议。7 月，县司法局运用"远程调解"系统解决杨某及邻居和其他村民小组的纠纷，并向省司法厅进行演示和报告。最终，双方当事人一致赞同"远程调解"所给出的纠纷调解协议，有效规范了当地的用水行为，共同保护、合理利用水源。调解工作以本村互联网服务平台终端为载体，使情绪不稳定的当事人参与"隔离形式的调解"，避免了在调解过程中可能出现的冲突升级。一般来说，在群众规模性调解过程中，当事人在陈述事件时往往会说粗话、气话、硬话，将不可避免地导致现场调解气氛变得紧张，无法达到调解预期的效果。运用远程服务平台调解模式，通过网络平台把当事人双方隔离开来，有效地减少了双方现场调解时针锋相对的情况，超出预期地完成了调解并避免了正面冲突的发生。

第四节　"远程调解"面临的挑战和对策

充分利用现有资源，创新民事审判理念，调动法律工作者的积极性，实施和发展中国的法治和智慧，在法律允许的范围内最大限度地方便案件当事人，不仅可以减轻当事人的诉讼负担，而且可以有效节约审判成本，一举两得，并加快社会主义现代化城市的进程。

一、"远程调解"面临的挑战

（一）法律规定方面存在问题

"远程调解"发展的时间短、专业人才缺乏。与此同时，随着经济发展，新问题、新情况、新阶层的出现，针对"远程调解"的法律法规显得愈发捉襟见肘，法律的出台相对滞后，法律规定存在诸多空白点，"远程调解"系统的发展缺乏保障。而"远程调解"系统的发展主要体现在"互联网+"服务上。互联网行业的快速发展给"远程调解"系统的发展带来了许多潜在的危险。各种互联网病毒以及电脑黑客等因素都有可能造成原告与被告人信息被泄露以及关键调解内容被泄露。而且"互联网+"服务的不断增多，导致法律不能完全适应互联网新的变化发展，提升了"远程调解"系统发展的困难。目前在探索阶段的远程民事审判制度为"远程调解"提供了一些可供参考的思路，2018年9月7日施行的《最高人民法院关于互联网法院审理案件若干问题的规定》明确了互联网法院的管辖范围，除杭州、北京、广州三家互联网法院以外，其他各地法院仅能处理事实清楚、证据充分、程序简单的案件。[1]相比较于民事诉讼

---

[1]《最高人民法院关于互联网法院审理案件若干问题的规定》第2条规定："北京、广州、杭州互联网法院集中管辖所在市的辖区内应当由基层人民法院受理的下列案件（一）通过电子商务平台签订或者履行网络购物合同而产生的纠纷；（二）签订、履行行为均在互联网上完成的网络服务合同纠纷；（三）签订、履行行为均在互联网上完成的金融借款合同纠纷、小额借款合同纠纷；（四）在互联网上首次发表作品的著作权或者邻接权权属纠纷；（五）在互联网上侵害在线发表或者传播作品的著作权或者邻接权而产生的纠纷；（六）互联网域名权属、侵权及合同纠纷；（七）在

远程审理的受理案件的局限性而言，"远程调解"的需求量较大，受案约束较小，对"远程调解"进行相应的法律规范具有迫切性，但一部法案的起草、制定和通过往往需要经历立法规划、相关部门调研形成草案、面向社会征求意见、人大审议通过等立法工作程序。没有尽快针对"远程调解"进行统一立法规范，不利于"远程调解"的完善和发展。

（二）"远程调解"协议执行面临诸多挑战

"远程调解"纠纷中的当事人往往处于不同地域。当调解协议达成之后，如果一方当事人没有按时履行，"远程调解"协议如何确认其法律效力和强制执行力？一是"远程调解"较之于传统诉讼的认可度不足。我国传统的司法审判模式起源于西周时期，[1]法官亲历和当事人当庭质证，已经成为人们的共识。在"远程调解"中，法官不是当面听取争议双方陈述和论辩，而且在除司法调解以外的行政调解、人民调解、行业调解、商事调解中，主持的调解人员均不是法官，当事人容易对调解的公正性和专业性抱有疑问。二是当事人在"远程调解"中因通过网络上传书证和物证图片、视频资料和音频等证据，不能当庭面对面查看和查验，不能当面沟通交流对证据的意见，无法做到全面核验并当场确认。三是如何赋予"远程调解"协议法律效力的问题。目前，没有法律法规规定异地当事人经过"远程调解"达成协议之后，由哪一方当事人所在地法院受理确认其

（接上页）互联网上侵害他人人身权、财产权等民事权益而产生的纠纷；（八）通过电子商务平台购买的产品，因存在产品缺陷，侵害他人人身、财产权益而产生的产品责任纠纷；（九）检察机关提起的互联网公益诉讼案件；（十）因行政机关作出处互联网信息服务管理、互联网商品交易及有关服务管理等行政行为而产生的行政纠纷；（十一）上级人民法院指定管辖的其他互联网民事、行政案件。"

〔1〕《周礼·秋官司寇·大司寇》记载"对席审判，坐地对质"，我国传统司法审判模式在西周时期确立。

法律效力。各地法院的案件量较大，对于管辖权审理较为严格，不愿增加受案数量。这不仅给普通调解带来了一定的困难，更是刚刚起步的"远程调解"发展路上的"绊脚石"。

（三）地区经济发展不同

在北京、上海、广州等经济发展迅速的城市，专业人才充足，地区官员科学文化素质普遍较高，"远程调解"系统发展快、基础较好。经济发展带动"远程调解"案件的增加，地区经验丰富，"远程调解"系统逐渐系统化、规模化、程序化。而地处中部、西部的部分城市，尤其是西部地区，网络基础薄弱，"远程调解"系统的发展更是难上加难。二者的巨大差异导致了地区"远程调解"系统的差异化发展，不仅不利于两地间案件的解决，更是加大了统一"远程调解"系统的困难性。

（四）当事人诚信度带来一定的治理难题

微观法社会学认为，人们在特定情境中做出的任何举动，往往会通过互动举动表达相应含义。[1]在"远程调解"中，各方无法清晰地看到对方的表情，仅能通过现代信息技术转化为虚拟空间进行交流，无法做出正确判断。由此，法官或者调解员可能为当事人或其他人所欺骗、当事人可能随意反悔或者事后对相关调解行为拒不认账。"远程调解"缺乏由法院营造的肃立感、紧张感，使得一些缺乏道德的当事人对"远程调解"的结果存在轻视行为。

二、"远程调解"在社会治理中存在的问题

虽然"远程调解"在市域社会治理中有了较为广泛的应用，但其仍处于发展阶段，还存在许多问题。

---

[1] 何珊君：《法社会学》，北京大学出版社 2013 年版，第 259 页。

第一，管理上的挑战。要想提升"远程调解"的能力，必须依靠科学化的管理水平，这就要求法院要加大信息化管理的力度，提高科技含量。但由于长时间以来，人民法院对法院管理的研究和投入较少，使得法院管理不是很理想，加上信息化工作的开展，使得这种不足体现在了法院现代化的建设上，导致信息化的建设零零散散、各忙各的。这就需要法院提升自身管理能力，建设智慧法院。

第二，经费上的挑战。虽说"远程调解"可以使调解带来的大部分费用得到减免，但"远程调解"的应用必然离不开信息化的建设，这部分技术的支持带来了一笔不少的费用，经费困难制约了它的发展。除了在建设初期要投入资金购买扫描仪、微机、软件外，在"远程调解"系统建立后，网络的维护及易耗品的开支也是一笔不少的费用，这些都需要强大的资金作为保障。然而，一些基层的政府显然是没有条件完成这些的，这就造成部分已经建立好调解系统的法院网络的使用和运行远远没有达到应有的要求和效果，使其对于"远程调解"的应用前途丧失信心，导致"远程调解"不能够完全发挥出优势，使其建设处于停滞阶段，不能够得到很好的普及和应用。

第三，缺乏全能人才上的挑战。"远程调解"的建设和管理缺少懂管理、知网络、懂开发的复合型人才。"远程调解"系统的建立是一个很大的难题，它的构建必须具备多种复合型的知识，必须能够符合科学技术发展的规律。良好地实现信息化"远程调解"的建设与法院管理的高度对接，需要软件开发商具备熟悉法律知识，需要法院有计算机管理的人才，这个工作人员必须熟知电脑和法律知识，同时还要懂得法院管理，比如法院调解的程序等。但是，随着我国法官职业化、专业化进程的推进和加快，对于法官的培训投入了许多，却忽略了对网络管理人员的培训，使得他们缺乏法律方面的相关知识，只能起到对网络进行简单维修、排除网络故障的作用。因此，在确保"远程调解"发挥作用的同时，"远程调解"还面临着缺乏能将网络技术、管理、法律知识三者有机结合的技术人才的问题。

第四，调解设备运用上的挑战。由于"远程调解"是一种新型的调解方式，虽说解决了一部分的问题，但它并非十全十美。首先，它需要当事人各方都了解调解的相关程序和相关设备的使用，这需要当事人至少具备一定的知识水平。其次，它需要当事人具备良好的线上调解环境，需有良好的网络速度，防止因网络卡顿造成无法上传证据；需有良好的调解环境，防止周围环境杂乱导致无法听清的当事人陈述和质证。最后，由于调解人员不在当事人身边，导致一些突发状况无法得到及时的处理和帮助，从而影响调解的进程和效果。种种因素都对"远程调解"的开展产生了不利的影响，限制了它的发展。

第五，"远程调解"各种各样的创新方式层出不穷，在不断的发展过程中，以电话调解为典型的"远程调解"方式逐渐盛行，远程线上调解会与传统的直接言辞原则产生冲突。因此，参与调解的人员会缺少一种现实的亲历性，这是"远程调解"存在的距离性必然会导致的问题。其会诱使当事人欺骗调解人员，致使调解人员无法确定证据的真实性，从而影响调解结果和效果，损害当事人的利益。这样将使"远程调解"的积极作用无法发挥，反而会使其成为便利不公平因素的工具。

第六，由于缺乏必要的公正性和监督性，可能会出现当事人随时反悔或者对调解结果不满意拒不认账等情况，这会极大地打击"远程调解"的公正性，增加调解的随意性和不确定性，甚至增加调解次数，反而会加重当事人及调解人员的负担。非但无法解决纠纷问题，反而会导致利益格局的混乱，影响社会治理的秩序。

第七，"远程调解"需要借助手机或者电脑等电子设备，而这些工具是信息技术发展的产物，因此其技术上的欠缺可能会影响远程在线调解的连续性。在远程线上调解过程中往往会出现网络掉线的问题，此时就需要调解人员与当事人再次通过其他方式进行联系。部分当事人在进行调整过程中会有其他电话打进来，导致远程线上调解的中断，这些情况都大大地影响了调解的连续性和严肃性。

第八，信息技术应用的普及程度也会为"远程调解"带来挑战。虽然在很多地区已经实现了信息信号的覆盖，但仍然存在盲区，并且对于一些年龄较大的当事人来说，电子设备的使用和操作可能会存在问题，需要有人员从旁协助。

总之，"远程调解"的发展路上难免存在问题，但其在社会治理中的运用仍会愈加广泛，因此我们要做的应该是扬长避短，改进其不足，发挥其对市域社会治理的积极作用。

三、解决方法与发展前景

第一，建立统一的"远程调解"程序规定。以人民法院的民事远程审判为参考，吸收和借鉴其成功经验。建立多元化纠纷解决机制，充分利用"远程调解"方式，社会公众参与和多元化的建设格局。同时，调动社会各阶层力量积极参与各种纠纷解决、多元化的工作。作为多元和解机制的重要组成部分，法院的"远程调解"要求法院协调各方的努力。一是统一法院内部管理思想，针对上述分析问题，"一些法院领导对改革开放政策精神认识不深，重视程度不够"和"在一些其他地方还存在被动等待、不与改革发展措施同步"等问题。法院内部要与国家的党政方针政策保持高度一致，鼓励积极探索使用"远程调解"。做好"远程调解"的网络硬件和计算机设备准备以及软件平台的技术支持，明确"远程调解"的责任分工，建立调解协议司法确认法律效力的配套制度。二是争取当地党委和政府的高度重视，积极吸纳社会各界人士，获取社会各界力量参与共建。地方党委政府对"远程调解"支持不够，将直接导致我国法院异地调解发展的动力源不足。因此，地方法院应当重视"远程调解"方式，将多元化解决机制与地方政府的社会综合治理结合起来，使用高科技的信息技术平台，促进社会治理方式和治理能力的现代化。在政策和经费方面争取地方党委和政府的支持，在地方立法方面争取人大的重视，对"远程调解"进行立法规范。在法律效力方面，争取地方法院的配合，建立对"远程调解"协议的司法确认和强制执行力的配套制度。

第二，加强"远程调解"平台建设。在现有人民调解和司法调解的基础上，利用现有智慧法院平台，充分发挥高科技的技术信息功能，强化与其他平台的系统衔接，将"远程调解"与其他平台有效连接，发挥网络平台的高效性和智能性。一是系统、高效地整合其他解纷平台。在法院可以进行深度合作，实现企业内部风险控制"远程调解"平台、法院诉讼服务网、案件相关数据信息资源成本管理系统的融合，形成集群化效应。可在法院诉讼案件审理系统之外，建立一个与淘宝、京东等电子商务纠纷解决平台的专门数据链接端口，实现数据和信息的共享、案件和转移。二是学习和应用相关电子商务平台的信息数据。通过对"远程调解"平台的解决纠纷软件进行调解全过程留痕，共享其他金融、行政部门服务平台信息资源，对矛盾纠纷的当事人诉求进行科学分析和研判，为当事人提供合理的解决方案，为化解社会矛盾纠纷提供基础理论和数据参考。

第三，建立健全"远程调解"所需法律规则。根据各地的经济发展状况与社会矛盾纠纷特点，鼓励地方立法规范"远程调解"。借鉴发达地区的成功经验，提高技术信息科技水平，针对"远程调解"的弊端问题制定规则，构建调解参与人员身份识别、统一调解程序、规范证据形式和认定标准、强化调解人员专业知识与业务素质、建立对"远程调解"协议法律效力和司法确认的配套制度。兼顾国家法治和地方特色，大胆实践，推广全国已经形成的成果和经验，在条件成熟时在全国范围内制定政策法规。

第四，完善"远程调解"的使用规则体系。完善对"远程调解"过程的监督，完善过程录像或录音的保存体系，提高其精确度和真实程度，做到真正的"面对面"调解，确保远程线上调解的真实性，确保电子证据采集的公正性和真实性。由于"远程调解"突破和冲击了传统调节方式的一些局限和规则，因此也同样需要通过新的规则来对"远程调解"的规范性和公正性进行保证。完善和发展传统证据规则，统一在线诉讼中电子证据的拍摄和采集的标准，完善和发展现行的电子证据送达规则，统一电子证据送达的认定标准和送达时间等。

第五，提高传播媒介的技术水平。提高信息技术水平，提高网络信号的覆盖率，使得全国各个角落都能顺利、通畅地进行"远程调解"。提高现代通信工具和互联网的普及程度，使得老少皆能参与"远程调解"，并且当遇到突发状况时能够积极寻求帮助并顺利解决。

"远程调解"是社会发展的产物，是新信息时代的产物，是适应社会发展趋势的新事物，在市域社会治理层面具有远大的发展前景。因此，我们应克服其在发展过程中面临的问题，勇敢迎接挑战，推动"远程调解"在社会治理层面的广泛应用，不断形成完整的应用体系，推动市域社会治理的现代化发展。

我国虽然已经将司法信息法治建设作为我国的一项重要战略，但是仍没有实现较大程度的司法覆盖。所以，应当借鉴外国发展经验，建设一个全方位覆盖我国司法领域的大型网络，将信息建设贯彻至方方面面，将科技这颗宝石"镶嵌"于我国的司法建设中，从而更大程度地进行司法建设。总而言之，包括"远程调解"在内的司法信息建设任重而道远，它既是时代发展的"水到渠成"，又是人们寻求司法建设发展的一条正确道路。我们应当积极接受并发展它，使其与传统调解等方式做好衔接，认可其优势、正视其不足，使其发挥所长、避其所短。通过经验的一步步积累进行完善，让"远程调解"等远程司法信息建设为我国司法发展、保护人民权益做出更大的贡献！

第八章

人民调解协议司法确认保障强制执行力

法律制度是国家治国重器，法治法律是构成国家经济治理法律体系和国家治理执行能力的重要组成依托。需要依法依规大力推动执法工作，狠抓落实、规范处理社会违法行为，引导人民群众在依法治理社会实践中尊重宪法，学法、守法、用法。随着法治中国建设的不断深入，我国综合法律能力体系日臻完善，为国家依法治理社会提供了重要的法律保障。

第一节　人民调解协议司法确认制度的概述

人民调解协议泛指民事争议各方通过人民调解委员会调解或者自愿平等友好协商，就争议的民事纠纷达成一致的协议。根据《中华人民共和国人民调解法》第31条的规定，经过人民调解委员会调解，双方达成的一致调解协议，应当具有一定法律效力和对协议双方的约束力，各方根据协议履行各自义务。经过人民调解委员会调解员主持，双方当事人就人民调解协议申请司法鉴定确认，针对矛盾问题达成一次重组调解协议，并在此协议基础上，对其协议的有效性进行一次司法鉴定确认，经人民法院审查核实，以相关法律文书的具体形式明确声明其法律有效性，以确保其有效性。

一、人民调解协议司法确认制度的法律基础和依据

1978 年改革开放以来，伴随着我国社会主义市场经济的确立和实施，社会经济迅速发展，人民的物质生活水平逐步提高，人们在日常生活中不断产生各种纠纷，大到量刑入狱、小到赔礼道歉，各社会阶层利益主体产生了各种类型的矛盾纠纷。人民内部的矛盾纠纷由人民内部化解，人民调解委员会应运而生。人民调解协议，即由人民调解委员会作为第三方居中调解，保持平等、自愿的观念，介入民事纠纷，以解决双方矛盾为目的由当事人协商一致签字或者盖章的协议。人民调解协议之所以产生，是因为它可以更好地使诉讼调解与非诉讼调解相联结，方便双方及时达成和解，减少当事人的诉累，减轻人民法院诉讼案件激增的工作压力。人民调解协议司法确认制度，是指在人民调解委员会或其他调解组织的调解下，当事人平等自愿、友好协商达成的和解协议，双方共同向有管辖权的人民法院提出确认协议合法性请求，由人民法院快速启动司法审查程序，对调解协议的内容进行合法性审查，经过审查后确认符合条件的调解协议，以《民事调解书》的形式确认其调解结果，并赋予其法律强制力的制度。经过司法确认的调解协议书，若当事人中的任何一方不履行调解协议约定的义务，另一方当事人均可以向有管辖权的人民法院申请强制执行。适用人民调解协议司法确认制度的主要法律依据：其一，在调解阶段，主要适用《中华人民共和国人民调解法》《人民调解委员会组织条例》、司法部于 2000 年发布的《人民调解工作若干规定》、2000 年最高人民法院发布的《最高人民法院关于审理涉及人民调解协议的民事案件的若干规定》，以及当事人纠纷案件涉及的相关民事法律法规等。其二，在达成调解协议后的阶段，根据《中华人

民共和国人民调解法》第 33 条的规定，人民调解委员会或其他调解组织告知当事人可以在调解协议生效之后的 30 天内共同向有管辖权的人民法院申请司法确认。经人民法院合法性审查之后，如果确认调解协议合法有效，由人民法院作出《民事调解书》，一方拒绝或不履行，另一方可以向人民法院申请强制执行。如果人民法院审查后没有确认调解协议的合法性，当事人可以申请变更、撤销或者重新达成新的调解协议。如果当事人双方无法达成新的一致意见，也可以直接向人民法院提起民事诉讼。

二、人民调解协议司法确认制度的特点

第一，快捷性。调解协议签订后，当事人双方申请确认调解协议，应当向人民法院提交司法确认申请书、调解协议以及当事人身份证明和资格证明，如果调解协议涉及财产处分，需提供与调解协议相关的财产权利证明等证明材料。委托他人代为申请的，必须向人民法院提交由委托人签名或者盖章的授权委托书，并提供双方当事人的送达地址、电话号码等联系方式。人民法院将在 3 日内作出是否合法的审查意见，简化了诉讼中的法定举证期限和开庭审理程序。

第二，经济性。在人民调解委员会或其他调解组织主持下达成的调解协议，当事人申请人民法院司法确认，无论是在调解阶段，还是在人民法院司法确认阶段，均不收取当事人任何费用，极大地减轻了当事人的经济负担。在互谅互让的前提下，减少了委托代理律师出庭的对抗性，当事人无需支付聘请律师的代理费和人民法院收取的诉讼费，减少了经济支出，更有利于当事人达成一致的调解协议。

第三，和谐性。在调解组织的居中劝解和疏导过程中，避

免了严格的庭审氛围和诉讼程序，可以减少各方之间的敌对情绪，并有助于从根本上解决争端和化解矛盾。

第四，效力性。经过人民法院的专业司法审查，一旦通过《民事调解书》确认了调解协议的合法性，便赋予了调解协议内容以强制执行力，当事人双方必须共同遵守。如果一方当事人拒不履行，另一方当事人可以向有管辖权的人民法院申请强制执行；如果一方当事人在达成调解协议之后反悔，也可以向人民法院申请再审。

三、调解协议司法确认制度的重要意义

首先，人民法院具有参与社会管理和解决矛盾的社会责任。面对社会转型时期的矛盾局面，人民法院迫切需要在更广泛的领域充分运作、参与和促进社会管理的创新。其次，为多元化纠纷解决机制提供了法律保障。司法确认制度为调解协议提供可靠的司法保护，促进建立多元化纠纷解决机制。人民法院通过对调解协议发起审查并确认其法律效力，可以合理化地分配人民争议纠纷解决处理的司法资源，建立一个科学、系统、健全的人民争议纠纷解决处理体系，有效地保护争议当事人的集体合法权益，为解决社会矛盾做出贡献。再次，这表明了人民法院对社会变革和人民需求的积极反映。司法确认制度为人们提供了更多争端解决替代渠道，这将减轻矛盾纠纷各方的法律成本，从而最大限度地降低争端解决的社会成本。最后，这是吸收和巩固争端解决改革的结果。根据党中央的要求和部署，最高人民法院在调解协议框架内充分总结了我国推行争端解决机制改革的实践和经验，已经建立起了司法上的确认体系。这也意味着与公正审判相关的冲突和解决机制的改革已经开始进入创新发展的新阶段。

第二节　人民调解协议司法确认的效力构造及程序

人民调解协议司法确认，实质上是人民法院将司法权赋予人民调解协议，即该协议具有法律效力、法律的强制性。这种做法为人民调解协议施加了法律保障，这给人民调解委员会成员的工作带来了法律上的保障和支持，也为当事人双方提供了法律保障和救济渠道。人民调解协议的司法确认制度，可以更好地保护纠纷双方的合法利益。人民调解委员会主动引导和告知当事人就调解协议申请司法确认，是人民法院针对该委员会调解工作作出的司法认定，体现了我国社会主义制度的先进性和优越性。但是，目前的人民调解协议司法确认制度在实施过程中仍然有不足，存在需要补充之处。

一、人民调解协议司法确认的局限性

第一，现如今的人民调解协议司法确认制度在人民群众中的推广度较低，大部分的群众仍然不了解该制度，少部分的群众对人民调解制度的了解也不够深入，只停留在比较浅的层面。很多地方的基层政府并未予以重视，未曾大力宣传这项制度，甚至连法律方面的专业人士对这项制度的了解也不是很全面。

第二，人民调解协议司法确认的配套法律法规不够完善，法律的实行程序也存在不足。虽然在规定中确定了此制度的适用范围、使用条件，但是对于当事人双方在何种条件下可以采取上诉、再次上诉等相关规定，并没有明确表示。事实表明，我国的人民调解协议制度仍是处在起步阶段，需要在人民调解、司法调解、行政调解、行业调解、商事调解中不断完善，需要通过社会实践逐步完善相关的法律规定和运转程序。只有程序逐步完善，这一制度才能更加正常地运行，才能更好地解决实际问题。

第三，对于这项制度，有关的司法部门的相关指导仍然不够深入、不够明确。人民调解委员会在日常并未受到足够的人民法院的指引，人民法院在日常工作中的工作任务较为繁重，而且基层领导对此制度的重视程度不足，导致人民法院不能对该制度的运行作出相应指导。大多数的人民调解员对于调解事件的专业能力不足，且大多数的人民调解员年龄较大、专业文化知识匮乏，不符合当今调解制度的社会发展客观需求。人民调解员的专业素养参差不齐，导致许多人民调解的案例出现不合理的判定，双方当事人可能再次向人民法院提起诉讼导致人民法院工作量增加。一方面，人民调解时消耗资源；另一方面，法院再次对案件审查还需耗费人力资源和时间精力，这些都是不必要的消耗。

调解员的专业素养不足会引起调解的不公，也可能会造成调解协议书出现意思表示错误。人民调解协议书本质上是一种根据当事人双方意思表示所签订的协议合同，因为有关的规定并未明确表明调解协议书的格式要求，这就导致了众多人民调解协议所调解的民事纠纷的调解书没有统一的形式。当下我国的人民调解协议书存在以下主要问题：一是调解协议中双方当事人主体不明确；二是部分人民调解协议书的内容违反了与其有关的法律法规，部分内容存在破坏社会公益、危害社会的隐患；三是部分内容违反了社会公序良俗的原则；四是不能明确表达双方当事人的真实意思。

综上可知，我国的人民调解协议制度仍然需要长时间的发展完善与创新，尽管我国的人民调解协议司法确认制度仍需进一步完善，但是仍然可以处理部分社会生活中的纠纷。

二、司法确认制度的法律依据及其价值

(一) 司法确认制度的法律依据

人民调解作为我国优化民事纠纷多元化纠纷解决机制的一项重大创新,在化解社会基层矛盾纠纷中发挥了巨大作用。为增强人民调解协议的公信力,自 2011 年开始正式成立了调解协议司法确认制度。其主要的法律依据有:2011 年《最高人民法院关于人民调解协议司法确认程序的若干规定》;2022 年《最高人民法院关于适用〈中华人民共和国民事诉讼法〉的解释》;2016 年《最高人民法院关于人民法院特邀调解的规定》;2016 年《司法部、中央综治办、最高人民法院等关于推进行业性专业性人民调解工作的指导意见》;2016 年《最高人民法院关于人民法院进一步深化多元化纠纷解决机制改革的意见》;2017 年《最高人民法院、司法部关于开展律师调解试点工作的意见》;2018 年《中央政法委、最高人民法院、司法部等关于加强人民调解员队伍建设的意见》;2020 年《最高人民法院民事诉讼法程序繁简分流改革试点实施办法》。上述司法解释和法律文件,为人民调解协议的司法确认制度的实践操作提供了相关的法律依据。

(二) 调解协议司法确认的必要性

人民调解是多元化纠纷解决机制中的一种重要方式,可以有效地缓解人民法院的诉讼压力,提高矛盾纠纷解决的效能性。为保障调解协议的法律效力和强制执行力,现代各国均作出了司法确认的类似制度规定。当事人的最终和解是一切非诉讼程序的目标,而协商和调解是促成和解的手段。[1]例如,法国法

---

[1] 范愉:《非诉讼程序 (ADR) 教程》(第 3 版),中国人民大学出版社 2016 年版,第 156~176 页。

律规定发生纠纷的当事人向初审法院提起诉讼，可以先行尝试和解，一经达成和解协议，当事人向法院申请对和解协议进行司法确认，即可获得与诉讼上法律文书的同等效力；[1]美国的法律规定发生争议的当事人可以在自行和解基础上，向法院申请对和解协议进行判决，虽然没有经过法官审理，也可以具有同样的既判力。[2]以上国家的相关法律均对调解协议的司法确认作出了类似规定，从中可以看出调解协议本身不具有法律强制执行力，如果当事人一方反悔或拒不履行协议约定的义务，将会导致调解这一非诉讼纠纷解决方式的公信力下降。人民调解协议司法确认制度的创立是完善与创新社会管理手段和提高我国法治治理能力的需要，在经济发展过程中，单纯依靠诉讼手段解决纠纷明显压力较大，而非诉手段则因为制度不完善导致民众大多不愿通过非诉手段解决问题。所以，人民调解协议司法确认制度的出台可以使得非诉手段在解决纷争方面得到较大影响力，成为我国创新社会管理、全面推进法治建设的利器。

（三）司法确认制度的现实价值

在我国社会转型期发生的民事纠纷均为人民内部矛盾，尽可能地通过人民调解的"柔性"方式和解或化解。人民调解是在诉讼外的当事人同意基础上达成的协议，如果没有强制执行效力保障协议内容的履行，将会明显损害协议本身的实效性。[3]调解独立于法院诉讼，可以充分发挥作为调解组织的说服和劝导作用，避免了诉讼中的双方对抗性。对当事人自愿达成的调

---

〔1〕《法国新民事诉讼法典》，罗结珍译，法律出版社2008年版，第76~86页。

〔2〕徐昕主编：《调解：中国与世界》，中国政法大学出版社2013年版，第176~198页。

〔3〕［日］小岛武司、伊藤真编：《诉讼外纠纷解决法》，丁婕译，向宇校，中国政法大学出版社2005年版，第256~287页。

解协议进行司法确认，有利于调解机制社会价值的实现，也有利于避免司法干预的越界，更有利于调解成果的合法性和执行力的保障。首先，调解协议司法确认可以充分实现当事人意识自治。在调解过程中，当事人有权选择共同信任的调解机构、调解人员、调解地点、调解时间、调解程序，甚至调解适用的规则，在纠纷的评价标准达成共识的基础上，可以快速找到双方的利益平衡点，便于和解协议的达成。其次，调解协议司法确认可以分流案件、减轻诉讼压力。在 20 世纪末，世界各国的ADR 多元化纠纷解决机制之所以快速兴起，就是源于"诉讼洪水"带来了巨大压力，促成诉讼外纠纷解决，减少法院工作压力。[1]从司法效率角度看，将司法确认结合调解达成调解，可以快速分流法院诉讼案件压力。最后，调解协议司法确认可以提高纠纷解决的效率。近年来，我国法院案多人少的情况加剧，特别是随着立案登记制和法官员额制的司法体制改革，诉讼案件剧增对法院的办案质量和办案效率都是一个巨大考验。正如著名的法律谚语所言"迟来的正义即非正义"，如何保障社会正义与司法效率成为新的法律课题。调解协议的司法确认可以有效地平衡和缓解这一现实问题。

三、人民调解协议确认程序的制度构造

从司法确认申请的提出、司法确认审查程序、司法确认的结果三方面分析该制度。首先，司法确认必须由双方当事人共同申请。这一点在法律和司法解释中从来没有变更过。为了保证人民调解协议是双方当事人真实意思表示，由于司法确认程序可以赋予人民调解协议强制执行力，因此必须提高司法确认

---

〔1〕 沈冠伶：《诉讼权保障与裁判外纷争处理》，北京大学出版社 2008 年版，第 256~287 页。

程序的收案门槛，要求双方当事人一并提出申请。其次，人民调解协议司法确认的主体资格。现行的人民调解法对于人民调解过程中是否可以委托代理人，还是必须本人参与未作出明确规定。因为人民调解协议具有民事合同性质，所以委托代理人进行调解在法律上并不存在问题。最后，司法确认申请提出时间和受理法院。根据《中华人民共和国人民调解法》第33条的规定，司法确认申请的时间为调解协议生效后的30日内，由当事人双方共同向调解组织所在地基层人民法院或者它派出的法庭提出。[1]修改后的民事诉讼法合并了上述两点内容，使得申请规则得以完备。

四、人民调解协议司法确认程序

《最高人民法院关于人民调解协议司法确认程序的若干规定》对经调解组织调解达成的协议进行司法确认的细节操作程序作出了明确规定，要求当事人在向法院提出申请时提交书面的司法确认申请书、已经达成的调解协议、证明当事人身份的相关证据、与调解协议有关的财产证明材料、当事人的联系方式和送达地址。人民法院在收到申请后的3日内审查是否受理。如果法院受理，应当为调解协议司法确认案件确立"调确字"的案件号。同时规定了4类人民法院不予受理的案件：涉及不属于人民法院受理的民事案件或者不属于受理人民法院管辖的案件；涉及确认身份关系的案件；涉及确认收养关系的案件；涉及确认婚姻关系的案件。在人民法院受理之后15日内作出是否予以确认的决定，遇到特殊情况的经过本院院长批准，可以

---

[1]　2011年3月30日正式实施的《最高人民法院关于人民调解协议司法确认程序的若干规定》第2条第1款规定："当事人申请确认调解协议的，由主持调解的人民调解委员会所在地基层人民法院或者它派出的法庭管辖。"

延长 10 日。在人民法院受理审查的过程中，如果发现调解协议有违反国家法律法规规定的强制性规定的、侵害国家和社会公共利益的、侵害他人合法权益的、损害社会公序良俗的、调解协议约定内容不明确的，以及其他不能确认的情形，人民法院将不予司法确认。

人民调解协议司法确认的程序，更有利于促进人民法院提升社会管理能力，为化解纠纷提供了更方便、更有效的方式，促进了社会管理的创新，为建立纠纷机制提供了司法保障，使司法资源得到了合理化配置，充分发挥了人民法院的职能，有效维护了当事人的合法权益，促进了社会矛盾的化解，更有利于减轻当事人的诉讼成本。民事诉讼法的修改与调整标志着我国的人民调解协议司法确认进入了一个新的发展阶段。新时代人民调解协议司法确认程序在当今社会生活中存在着很大的优势、贴合实际、符合国情。在未来的司法程序发展过程中，更要注重对问题解决方案的规划进行简要汇总，注重自由与秩序相结合。当然，人民调解协议的司法确认程序在制度设计上和理念定位上还存在不足，有待司法实践的不断摸索和完善。要根据社会的不断变化发展，及时、有效地制定出符合实际、作用明显的施行办法，让我们的社会更加和谐安定。

五、人民调解的效力及司法确认

《中华人民共和国人民调解法》归纳了最近几年来我国司法机关实施文件管理的工作经验，建立了关于司法纠纷调解书和劳动关系协议司法有效文件确认书的管理制度。经调解组织多次磋商调解，达成调解协议之后，当事人一致认为双方之间还有其他需要调解磋商的内容，可以一同向人民法院提出对已经达成的调解内容和其他需要磋商的内容一并进行司法确认。人民法院应当依法、及时调查通过司法调解程序形成的调解协议，并通过法律文书确认其合法性。

这里应该特别留意三点：一是严格审查提出司法确认的当事人身份的合法性与自愿性。《中华人民共和国人民调解法》第33条第1款规定，如果调解双方协议当事人共同同意认为调解协议有正当法律效力的需求，可以通过人民法院提出申请，请求确认本次民事调解或者协议的合法履行成效，双方当事人应当共同自愿提出申请。二是申请的限期。根据《中华人民共和国人民调解法》第33条第1款关于协调解决协议问题的规定，经过人民调解委员会的调查协调，双方决定调解或者协议后，协议双方当事人如果认为决定调解或者协议有其他法律需求的，可以在决定调解或者协议正式生效之日起30天之内向人民法院提出申请，进行司法上的法律确认，人民法院应当实时监督检查，审查调解或者协议是否正式奏效以及执行的具体情况，依照司法确认法定程序决定调解或者协议，以《民事调解书》的法律文书形式确认其法律效力。所以，申请司法机关审查已经调解达成的协议的截止日期时间一般应该在民事调解协议正式签订生效后的30天之内；30天是申请司法侦查机关确认协议法律效力的时效。依照《中华人民共和国人民调解法》第33条第2款和第3款的有关规定，人民法院根据其他相关国家法律法规来作出裁判，可以确认该次调解或者协议的合法性和其他强制执行效果是否已经完全奏效，该次调解或者协议的其他强制执行效果是否已经完全具有了强制性的法律效力。一方当事人如果仍然拒绝全部按照本次调解或者协议中的约定履行义务，对方当事人仍然能够向人民法院及其主管机关依法提出强制性执行的请求。如果人民法院依法明确认定民事调解诉讼协议无效，当事人可以将其从原来的民事调解途径改为新的民事调解途径，再次申请调解或者提起民事诉讼，也就是说可以向人民法院提出申请对对方当事人提起民事诉讼。

第三节 人民调解协议司法确认在现实生活中的应用

目前，我国仍然处于推进改革创新的历史关键时期。随着社会利益关系格局的日益清晰、复杂化，由各种社会原因引发的各类重大社会矛盾和利益纠纷不断增多，社会矛盾发展呈现出了多样化、复杂化的发展趋势，维护国家社会稳定特别是加快化解社会基层矛盾的任务越来越艰巨。如何确保经过人民调解达成一致意见的协议、具有合法的强制执行力已经成为群众关注的重要问题。

一、人民调解协议司法确认在现实生活中的应用

2017 年 8 月 26 日在海口市发生的一起交通事故就是由人民调解委员会调解的。2017 年 2 月 6 日 21 时，海口市某路，饶某驾车与正在人行道上行走的吴某发生了碰撞，致使吴某重伤住院。在吴某重伤昏迷住院期间，相关的诉讼事宜全权由其妻子李某处理，对于此事件责任的认定，以及相关赔偿事项发生的纠纷，双方一同向海口市龙华区人民调解委员会提出调解申请。对于原本就贫寒的吴某一家，在吴某住院期间所花费的所有费用，更是让吴某一家背上了巨额的债务。当地的人民调解员以案件事实为出发点，秉持公平公正的原则，做出了合理的分析，正确地确认了该事故的责任归属，并且成功说服了双方当事人和平解决此事。这就是一例成功的人民调解，方便了当事人解决纠纷，相对于司法程序来说减少了许多繁琐的步骤，也为当地的司法部门减轻了工作负担，减少了不必要的工作量。所以，

总的来看，人民调解协议司法确认制度总体上是向好的方面发展的。

二、人民调解协议司法确认制度的问题

（一）司法确认的主体限制过严

按照现有法律规定，经调解组织调解后达成的调解协议，必须由有争议的双方当事人共同到人民法院申请司法确认。《中华人民共和国人民调解法》之所以强调由当事人共同提出申请、共同到人民法院、共同在人民法院确认之后出具的法律文书上签字，是为了保障当事人的合法权益，以及保障人民调解制度的自愿性。但在实践中，当事人往往因为工作原因和一些不确定因素而不能同时到法院，有的案件恰恰因为当事人在不同的城市，为了方便当事人，在征求当事人同意的前提下，通过"远程调解"达成了一致协议。还有的案件涉及多位担保人，更无法商定统一的时间。现行法律规定，经过调解组织调解达成的协议只是当事人签订了一个民事合同，不具有法律强制力。使民事法律规定的诚实信用原则变成了一纸空文，立法目的和立法宗旨均难以实现，阻碍了调解制度的适用和发展。

同时，现行法律没有赋予调解组织申请司法确认的主体资格，是立法中的一个不足。人民调解的自愿性，已经在调解申请的主体上体现了征求双方当事人意见，双方同意以调解方式化解纠纷，已经体现了当事人双方的合意和意思自治。调解组织对案件的主体资格和申请调解的条件已经进行了合法审查。调解程序和调解案件质量均由调解组织依法审核，现行法律规定只能由当事人双方同时到场申请人民法院司法确认，因当事人存在上述分析的客观原因或主观原因，不及时申请司法确认

将导致新的矛盾纠纷产生，更是增加了人民法院的压力，也失去了人民调解快速高效化解社会矛盾的立法初衷。这种法治理念上的立法空白，不仅不利于充分调动广大群众参与人民调解工作的热情，对我国的社会治理现代化建设来说也是一种重大损失。

（二）司法确认规范不完善

在现行法律中，《中华人民共和国人民调解法》对调解协议司法确认的内容规定得过于简单，《中华人民共和国民事诉讼法》对其规定仅有两个法条，致使调解协议司法确认在立法层面上的规定过于笼统。具体操作标准均被规定在若干的司法解释和司法文件之中，缺乏统一的适用标准，导致了全国各地人民法院对司法确认受案范围、确认程序、审查标准等理解不同。尤其是对经司法确认的调解协议的后续权利保障力度不足，并且没有对经司法确认的调解协议如果涉及案外人的利益能否被申请撤销作出明确的法律规定。

（三）司法部门指导力度弱

通过对我国现有的调解协议司法确认的法律依据研究，发现一些不合理倾向。例如，现有法律依据倾向于服务人民法院的诉讼功能，看中司法确认能减轻人民法院诉讼案件压力、节约人民法院的诉讼成本，但忽略了人民调解司法确认的独立价值和应有的社会作用。基层人民法院、区（市族自治县）各级人民政府司法局和法院人民行政监督管理检察机关、街道社区人民调解司法所有关部门直接负责指导组织协调本管辖区街道人民调解所的相关司法工作。但在指导工作的实践中，这些处在司法部门指导下的工作部门并未履行应尽的司法指导工作职责，在对一些基层人民法院相关调解员的重点司法工作的指导上往往还是存在过于强调指导形式化、走过场等不良现象，使得一些处在基层人民法院中的调解员难以从这些部门司法上的重点指导中真正得到司法收获。

（四）调解协议内容严谨度较低

这种情况的出现有两个主要原因：一方面是由于我国人民调解工作人员的发展不充分，经济落后地区的工作人员的工作能力往往不能满足目前快速发展的社会。如果人民调解工作人员不具备相应的素质和能力，那么就很有可能导致调解协议书写不规范、主体不明确、内容不合法等问题，进一步导致调解协议因为不符合法律规范而不能进行司法确认。另一方面是由于我国法律没有出台相应的规定，没有对调解协议的书写进行规范。

三、加强我国人民调解司法确认制度建设

任何的制度都有待发展、完善。我们需要在日常的实践中发现该制度的漏洞，不断地健全这一制度，使它的适用范围更加明确，可以帮助更多的人民解决生活中的纠纷。

（1）提高认识。目前调解组织的调解人员对司法确认的认识不够，达成的调解协议主要依靠当事人主动履行，部分调解员认为调解达成协议之后还需进行司法确认，会导致当事人对调解公信力产生疑问。因此，对司法确认的正当性存疑。[1]新时期最高人民法院对调解协议司法确认制度改革和加快发展经济工作的努力目标，旨在有效确保经济社会稳定，健全完善社会主义法律体系。在新的发展时期也要做好调解的准备工作，预防民事纠纷、预防将民事案件转化为刑事案件以及确保国家的长期安全。因此，各级政府行政机关和人民调解相关立法部

---

〔1〕　邓春梅："人民调解司法确定制度的正当性反思"，载《湘潭大学学报（哲学社会科学版）》2014年第6期，第38页。

门的工作人员，一定要有一个指导思想，并高度重视新时期全国人民调解立法工作，坚持推进依法治国。各地方的有关部门应当正确认识这一制度，加大对这一制度在人民群众中的宣传力度与推广力度，让更多的群众了解这一制度。有关部门不但要推广该制度，还要让人民群众参与其中，提高人民群众的参与度。只有让更多的群众了解这一制度，该制度在运行时才更具信服力，公民发生纠纷之时也会主动选择使用这一制度，这才是该制度最为成功的时刻。

（2）与时俱进。有学者提出"交错适用论"，即在诉讼过程中可以适用非诉讼的一些法理。反之，在非诉讼案件的解决过程中根据一定情形变化，也可以适用诉讼的法理。同一案件随着时间和情节变化，适用的法理也不同，需要区别对待才能选择好最佳的解决途径。[1]随着我国的经济发展和社会转型，产生的社会矛盾特点发生变化，人民调解工作也应随之与时俱进。加强人民调解工作建设，但近年来，人民调解机构改革，使组织人员变动较大，调解作用没有充分发挥。所以，要加强人民调解组织的完整性和效率，对薄弱的基础进行加强，对未成立的组织加快建设，对不符合要求的进行重新改造，对建立过又解散的基层调解组织进行恢复。相关联的司法行政部门（如基层人民法院、公安机关等各级机关），与人民调解组织进行优势互补，人民调解组织就可以在人民遇到法律疑难案件的关键时候，像人民法院、公安机关等一样发挥法律帮助作用。在司法确认时期，人民法院也可以向人民调解组织提取相关材料，以提高司法确认的效率。

（3）建章立制。加强人民调解工作建设的规范化，要加强

---

[1] 谢军："司法确认程序定位——基于'交错适用论'的分析"，载《西部学刊》2016年第15期，第65页。

规范人民调解工作的方式方法。人民调解委员会要建立健全与调解相关的配套制度，且在法律允许的范围内有一定的自由调解权限。有学者提出，人民法院对调解协议的实体审查程度应降低，人民法院不应对当事人同意达成的协议内容进行实质性审查，因为不符合司法的被动性，所以应着重审查调解协议内容的可执行性。[1]有关部门不但要宣传推广调解制度，还要尽快完善与调解相关的支持配套制度的立法规划。明确规定调解制度适用范围、诉讼时效、调解协议书格式等众多细节要求。我国是依法办事的国家，法律完善，制度的运行也会更加顺利、便民。在完善法律的同时还应该成立专门管理人民调解委员会的部门，专门管理部门可以更快地解决人民委员会在调解过程中出现的一些问题，可以系统地分析研判案件，总结归纳出治理的经验，方便以后处理同类的事件，减少基层社会矛盾的发生，避免因矛盾激化产生恶性事件。在建立专门的管理机构的同时，也应该加强人民调解组织与基层政府、行政职能部门、人民法院的沟通联系，便于人民调解组织在调解纠纷时相关信息的共享和传递。

（4）加大宣传。必须加强培养社会公众对中国法律的高度尊重。加大全国人民调解管理制度的相关法律法规宣传，提高全国人民调解的公信力和知名度，可以通过广播、电视、网络等媒体手段对各个年龄段的公民进行宣传，让老百姓们知道通过人民调解这种手段也可以解决纠纷，树立诉讼是解决纠纷的最后手段的观念。另外，人民调解制度过于重视双方当事人的共同意愿，单方当事人如果想单独提起申请，司法不予以确认，就会导致许多案件由于双方当事人无法表示共同意愿而只能提

---

[1]　刘显鹏："合意为本：人民调解协议司法确认之应然基调"，载《法学评论》2013年第2期，第133页。

起诉讼，采取诉讼手段解决纠纷。这样一来，本质上还是没有减轻法院的压力。如果允许单方当事人提起司法确认申请，或者单方当事人委托调解组织以具有法律主体资格的见证人身份申请人民法院司法确认，那么在减轻了法院压力的同时，其对于促进人民调解公信力和化解社会矛盾、提升市域社会治理现代化都具有一定的社会价值。

（5）提高素质。欠发达地区各级人民调解组织的调解员法律知识素质较低，文化教育水平较低，导致有的地区达成的调解协议，在司法确认过程中因存在一些问题而无法被赋予法律效力。矛盾纠纷当事人经过调解达成调解协议后，一方当事人不履行义务，另一方当事人就调解协议向人民法院提起诉讼，人民法院可以对该人民调解协议进行审理和裁判。[1]对此问题，可以通过定期开展一些相关调解业务培训班的方式来提高调解人员工作业务能力，建设一支法律知识素质高、调解专业技能优秀的调解员队伍，提高各地区司法案件确认的工作效率。此外，加大支持人民调解法律工作的相关优惠政策，吸引一批具备高素质、高技能的优秀人民法律服务工作者加入我国的人民调解员队伍，更能够有效地加强我国人民调解工作队伍的结构优化。开展相应的集体培训，提高人民调解员的业务水平，尽量避免因调解员个人的专业素养不足而产生不公平、不合理的调解协议。基层政府和人民法院等部门应多组织讲座、研讨会等学术传播活动，一方面可以增加人民调解员的调解技能，另一方面也可对这一制度起到传播作用。在选择人民调解员时，也应该注重选择标准，侧重于选择法律底蕴丰富、素质高、学历高的人才，例如退休教师、退休法官、律师、高等院校的教

---

〔1〕 张卫平：《法学研究与法学教育方法论》，法律出版社 2017 年版，第 62 页。

师、法律专业的大学生等。高素质的人民调解员有利于促成纠纷的和解，提高办事效率，节约人力资源。

四、推进人民调解制度的创新与发展

笔者通过调查研究发现，人民群众内部存在大量小型民事纠纷，由于得不到及时、有效的解决而转化为小型刑事案件。由于各种历史原因以及国际知名度不高、影响不大、机制建设滞后等诸多原因，我国人民调解服务工作没有得到充分的引导。在这种实际情况下，做好基层人民调解相关工作，探索推进人民调解的改革创新与绿色发展，创造一条有效化解社会基层矛盾的新道路，充分发挥人民调解工作维护经济社会稳定"第一道防线"的主体作用显得更为必要。

（1）调解要牢固树立"大调解"意识。尽可能充分利用和合理整合各种新型社会调解资源，广泛调动城乡社会各界的集体力量积极参与社会调解服务工作，织就大、中、小调解的和谐网络，构筑大、中、小调解的和谐格局。要将社区人民调解体系的建立健全纳入社区基层组织体系建设工作总体规划，切实有效地解决社区人民调解组织工作的基层组织建设和工作人员建设的突出问题。根据社区人民调解组织工作的发展现状，组建各社区中的人民调解工作委员会，并选好负责人员，将其设为专职，进一步加强调委会的领导力量。要始终坚持各级人民法院调解员的选任条件，把那些懂国家法律、懂国家政策、热爱人民从事调解员的工作、具有一定政治威信的领导同志直接选聘到各级人民法院和人民调解组织，以充实调解员队伍。同时，有关部门一定要继续加强对各级调解组织调解员的专业培训，要认真研究制定各级调解组织调解员的中长期专业培训计划，坚持中短期培训，专业律师、会计师代训等有效的训练

方式，在一定培训期限内对人民调解员队伍进行有计划的专业培训，以不断提高各级调解组织调解员的综合素质，提升他们实际解决复杂、疑难、大型矛盾法律纠纷的综合能力。

（2）切实做好人民调解服务工作的各项经费保障和心理物质精神保障。首先，要加快建立健全人民调解服务工作各项经费管理保障机制，各级地方财政部门要将开展人民调解的工作宣传、培训、办案所需办公经费，以及广大人民从事调解员的就业补贴和从事调解工作案件工作补贴等重要经费事项列入本级政府的财政预算。落实管理，并规定应根据调解工作的实际需要逐年适当增加。其次，要根据各调委会组织开展人民调解服务工作的实际情况，不断加大对人民调解专门服务场所及相关办公设备的经费投入，努力为广大人民调解服务工作人员提供有力的心理辅导和物质保障，为广大人民从事调解员工作解除后顾之忧。

（3）切实加强指导基层人民司法所的队伍建设。由于基层人民司法所一直担负着组织指导基层人民调解相关工作的重要职责，因此进一步加强基层司法所的队伍建设对于贯彻落实各级司法服务行政管理机关指导基层人民调解相关工作的法定履行职责、维护经济社会稳定发展具有十分重要的指导意义。各级地方政府部门应把基层司法所组织建设工作纳入本级基层政法系统的组织建设规划：一是要切实保证政法组织工作人员的一心专用，选派一批政治素质高、热爱基层司法政治工作并兼具相关部门法律行政专业知识和一定司法工作实践经验的同志，担任基层司法所相关工作人员；二是要切实支持基层司法所依法依规履行职责，保障其能够充分发挥政府指导人民司法调解管理工作、疑难法律纠纷司法调处管理工作、社区司法矫正管理工作、安置人员帮教服务工作以及开展法制宣传理论教育等工作的领导职能；三是要切实加大对基层司法所相关基础办公设施工程建设的资金投入，根据现有建设条件，制定相应的建设规划，明确建设目标，逐步改善基层司法所的日常办公环境条件，合理配置必要的公共交通、通信、文印、档案管理等各种办公设备和设施，为保障基层司法所能够充分发挥相应职能作用提供必要的人力、物力和财力保障。

（4）适应形势的需要，大胆创新人民调解的机制。警民调解联调联动工作是推进人民调解的一种重要创新工作机制，这种创新机制建设可以充分、有效地整合当地社会力量资源，推进人民调解工作，畅通人民调解工作渠道，切实将人民调解各项工作做到实处。罗湖区司法局从 2003 年 4 月就开始着手在市区人民调解工作机制的改革创新上不断进行积极、有益的改革探索。2004 年初，罗湖区司法局和公安宝山分局经过充分深入调研，创造性地联合推出了警民双方联调调解工作试点机制，并在 5 月 1 日开始试点工作，于 9 月在市区广泛推广。其主要工作之一是：通过专门设立街道人民调解委员会辖区驻公安派出所人民调解办公室，以面向人民调解的多种方式，依法调解当地公安派出所及其接警中心属地发生民事纠纷的各类案件。

人民调解作为多元化纠纷解决机制中一项重要的化解社会矛盾的救济途径，实现了全民"共治、共享"，彰显着"中国智慧"。司法确认赋予了经合法性审查调解协议的法律强制执行力，在一定程度为调解协议加上了一道促使协议内容实现的法律保障。[1]是人民调解的现代化发展的重要一环，保障着当事人的合法权益和利益，确保了调解协议的实体公正和程序正当。

---

[1]　黄忠顺："调解协议司法不变更原则之反思"，载《学习论坛》2017 年第 4 期，第 73 页。

在立法机关和司法理论工作者的努力下，对调解制度和配套法律法规不断补充和完善，人民调解将会更好地发挥化解社会矛盾、分流纠纷诉讼案件的功能，成了"中国治理"助力社会治理现代化的源泉和动力。

第九章

完善多元化纠纷解决机制构建专业调解治理新格局的调查研究

第一节　关于黑龙江省牡丹江市建立专业人民调解工作机制的调查研究

为建立和完善多元化纠纷解决机制，推进"法治牡丹江"建设，优化牡丹江发展环境，2019 年 6 月，牡丹江市司法局依据《关于完善矛盾纠纷多元化解机制的意见》和《黑龙江省社会矛盾纠纷多元化解条例》《黑龙江省关于建立大调解工作机制的意见》的精神和布置，针对新时期行业性、专业性矛盾纠纷调解处置的新目标、新要求和新模式，在市委、市政府的指示和支持下，市司法局开创性工作组建了全省最大规模的专业调解机构，即"牡丹江市专业人民调解中心"，于 2019 年 12 月 17 日正式对外开展工作。机构成立以来成绩斐然，同时也遇到了一些工作困难和发展"瓶颈"。为更好地推进专业人民调解工作的开展，建立和完善多元化纠纷解决机制，在总结和分析牡丹江市专业人民调解中心取得成果的同时，梳理工作中遇到的主要困难和问题，提出相应的对策和建议，以期对化解社会矛盾、服务经济发展大局有所裨益。

一、新时期市域社会治理专业人民调解工作的现状分析

牡丹江市专业人民调解中心（简称"中心"）经市委、市政府批准成立，隶属于牡丹江市人民调解协会。自成立以来，已经成功调解了医患争议、金融信贷、交通事故、劳动争议、合同侵权、征地拆迁、物业收费、知识产权等各类矛盾纠纷案件 2417 件，特别是面对严峻的疫情防控形势，持续开展矛盾纠纷化解专项行动，有效化解了一大批新冠疫情期间的涉疫经济纠纷，以及复工复产阶段的矛盾纠纷，维护了社会大局稳定，实现了法律效果与"和为贵"社会效果的"双赢"。

（一）专业人民调解制度功能的科学定位

第一，以纠纷类型为"切口"成立 19 类专业调解部门实现调解专业化。中心内设包括医患、法院诉前诉中、交通事故、治安、旅游、校园、信访、劳动争议、知识产权、消费争议、建设行业、婚姻家庭、行政争议、职工权益保障、青少年维权、残疾人维权、退役军人权益保障等 20 个专业、行业人民调解委员会及法院、仲裁、公证、行政复议、法律援助 5 个派驻机构。运用专业化调解模式实现矛盾纠纷"一站式"受理、"一体化"调解模式。通过专业资源的整合，构建各方资源科学配置组合的"共同体"，在"中心"平台上形成各司其职、各尽所长、齐抓共管的社会综合治理态势。

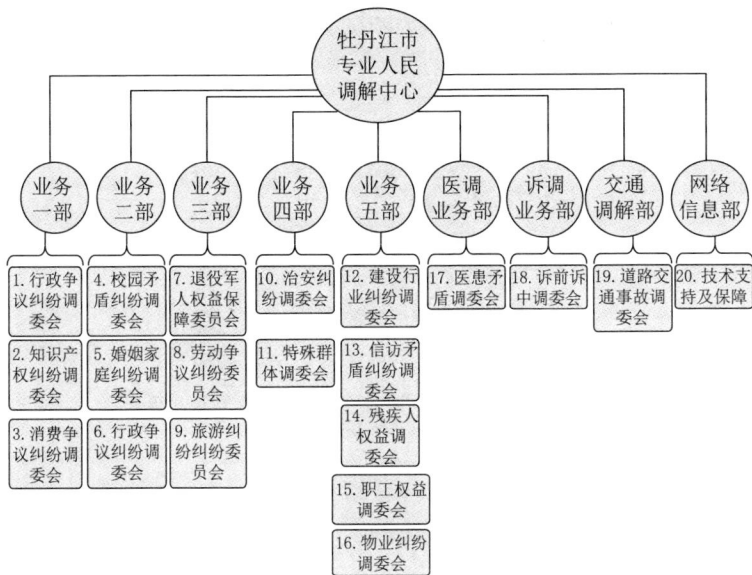

第二，加强调解队伍建设，持续提升调解能力，实现调解人员专业化。参照公务员招考模式，"中心"在全省第一家公开招选聘了38名专职人民调解员，其中有法学专业和从事法律工作经历的人员近20名，通过"一带一"的模式保证每组人员中均有法律专业或具备法律工作经验的人，以确保调解案件的质量，同时与市律师协会建立资源共享与253名专家库成员实时互动。"中心"还与上海浦东新区东方调解中心签订协议，建立长期战略合作关系，共享浦东新区100多名专职调解员、2000多名调解专家库成员，为全市调处专业性、行业性矛盾纠纷提供了智力支持。

第三，拓宽调解服务功能，实现流程无缝对接。以中心"一站式"工作窗口，与多部门联合发文明确纠纷调解办法。通过来访、移交、线上三个渠道受理纠纷。达成调解协议的，引导当事人进行司法确认或赋强公证；达不成调解协议的，引导当事人通过仲裁、行政复议、诉讼等法定途径解决，推动实现矛盾就地化解或导入法治轨道。

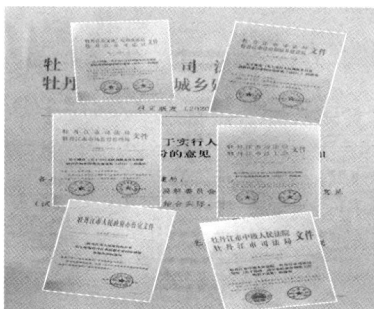

（二）打造新时代人民调解工作的升级版

第一，加强顶层设计保障，推进调解规范化建设。"市专业调解中心"被写入了市委十二届七次全会通过的《关于高质量推进城市治理现代化的决定》，代表着"市专业人民调解中心"已经成为全市健全社会综合治理机制的有机组成部分。召开由市委、市政府主管领导及市直各部门和各县（市）区主管领导参加的高规格全市调解工作会议，统筹推进工作开展。联合出台《开展专业性行业性矛盾纠纷调解实施意见》《牡丹江市办理人民调解案件以案定补暂行规定》等 17 个全市层面的制度文件，全方位、多角度地推进调解工作规范化；印发《牡丹江市人民调解员协会专职人民调解员管理办法（试行）》，建立以绩效考核为核心的动态管理机制，为开展多元化解矛盾纠纷工作提供制度保障。

第二，推进调解中心项目建设，提升调解信息化水平。全力打造以智慧调解信息系统为核心的专业人民调解中心，通过打造纵向贯通覆盖，横向协调联动的智慧调解信息系统，实现与各县（市）区、各部门、各专业行业调解组织等单位的互联互通、"远程调解",开展调解网上办、掌上办。市专业人民调解中心项目已被纳入牡丹江市市域社会治理现代化试点工作,作为五个重点项目之一,智慧调解系统将与社会治理综合信息系统对接,充分整合矛盾化解资源,建设纠纷线上解决机制,提供"一站式"解纠服务。秉承中立角色定位,发挥第三方调解优势。"中心"的调解流程以及专家咨询、评估、鉴定等,均有明晰的规则,实行调解员回避制度,确保中立。中心调解流程图清晰、明了地展示了案件的办理流程,以确保申请人对案件走向"心中有数"。

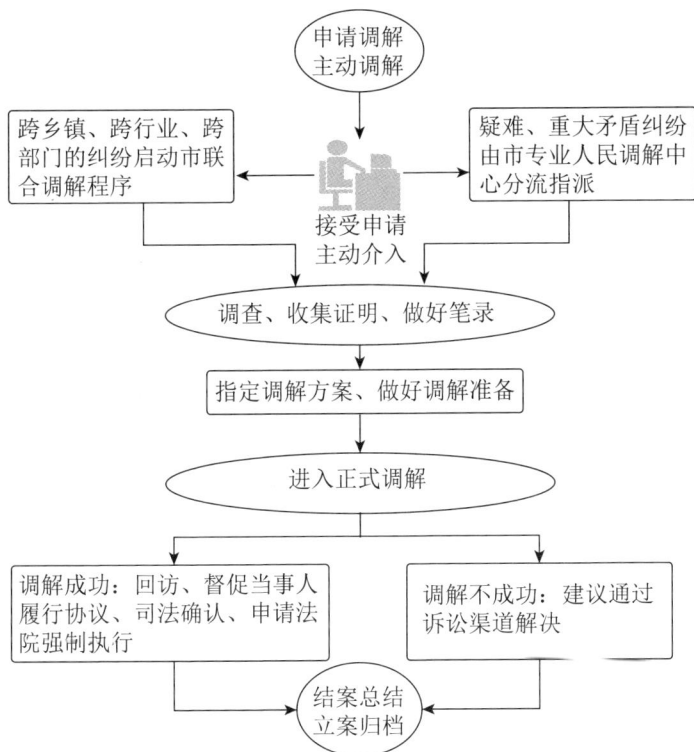

第三，引入公证机制，对调解案件进行过程公证，提高调解的公信力，增强百姓对调解的信任度。秉承"有纠纷、找调解，不收费、解民忧"的理念，坚持调解案件对当事人不收费，以亲民、便民、利民、高效、低成本和不伤和气的调解特色赢得百姓的信服。

第四，多元化解涉旅纠纷，助力旅发大会召开。在镜泊湖、东北虎林园等旅游区设立旅游纠纷调解室，实现对旅游纠纷的"即时受理、现场调解、高效解决"。同时，发挥"中心"与上海东方调解中心、迪士尼国际旅游度假区调委会在远程纠纷多元化解平台、调解专家库共享和调解员专业培训的协作优势，实现两地旅游调解组织全方位、全领域的密切合作，及时化解疑难、重大旅游矛盾纠纷。

（三）全面整合调解资源，筑牢社会稳定"第一道防线"

一是纵向联调到底，四位一体全覆盖。开通网络链接平台，形成市、县（市）区、乡镇（街道）、社区（村屯）四级调解组织纵向连接，使调解案件受理终端直接面向群众，实现关口前移。同时，重心下移，采取市中心的调解资源下移，各县（市）区的疑难、复杂案件上提的方式，相互配合，有效化解纠纷。二是横向联动到边，织紧织密调解网络。以"中心"为平台，外部联动人民调解、行政调解、司法调解及专业性行业性调解资源，全面开展"诉调对接""行调对接""警民联调"工作；内部整合律师、公证、法律援助、仲裁、行政复议等各类法律服务资源，形成矛盾纠纷化解环环相扣、无缝对接的"闭环链条"，为企业和群众提供"一站式"服务。三是纵横协调互动，联动联处取得实效。通过以"中心"为龙头，构建纵横联动体系，实现"一站式受理，全方位联动，多层次化解"的新型工作机制。

二、专业人民调解化解社会矛盾纠纷的优势

为贯彻落实习近平总书记重要指示和党的十九届四中全会精神，进一步做好新时代人民调解工作，建设和谐幸福城市，在学习上海浦东新区调解工作的先进经验作法的基础上，结合我市实际，在市委、市政府的大力支持下，整合了社会各界力量，在黑龙江省率先成立了专业解决新型社会矛盾纠纷的综合性服务平台——专业人民调解中心，搭建多元化纠纷化解载体，完善大调解工作格局，使之成为化解社会矛盾，特别是专业性、行业性纠纷的一线平台。市专业人民调解中心隶属于市人民调解员协会，受市司法局指导、监督，是全省第一家在民政局登记的民办非企业法人的专业调解机构，是承接政府购买人民调解服务的主体。"中心"作为专业解决新型社会矛盾纠纷的综合性服务平台，秉承中立角色定位，充分发挥了第三方的调解优势。

（一）在市域社会治理中发挥"第一道防线"作用

当前社会风险日益多元，牡丹江作为经济转型城市，也面临着相应的状况。市专业人民调解中心，搭建多元化解载体，完善大调解工作格局，坚持"有纠纷、找调解，不收费、解民忧"的工作理念，使之成了化解社会矛盾，特别是专业性、行业性纠纷的一线平台。

第一，在组织架构上，构建"共建+共享"纠纷化解协作"共同体"。根据现阶段牡丹江市矛盾纠纷形势和部门需求，由市司法局、市人民调解员协会与17家行政机关、社团组织以联合文件的形式在"中心"内设医患、法院诉前诉中、交通事故、治安、住建、劳动、校园、信访、旅游、消费争议、知识产权、退役军人、行政争议、婚姻家庭、残疾人维权、青少年维权及职工权益等20个专业性、行业性人民调解委员会，明确了各协

作方的权利义务及运行流程。为有效整合各类调解资源，达到纠纷受理、调解的闭合，法院、仲裁、公证、行政复议及法律援助中心设立 5 个派驻机构，力争实现矛盾纠纷"一站式"受理、"一体化"调解模式。通过整合各方专业资源，构建各方资源科学配置组合的"共同体"，在"中心"平台上形成各司其职、各尽所长、齐抓共管的社会综合治理态势。行政机构的资源与人民调解的模式互动，司法机关的权威与人民调解的灵活配合，形成了人民调解、行政调解、司法调解的联调联动格局。

第二，在调解队伍力量上，建设"内培+外援"的高层次、多领域专业"人才库"。参照公务员招考的模式，经过笔试、面试、审核等环节，"中心"在全省面向社会公开招聘、选聘了专职人民调解员 38 名。其中既有法院、公安、检察、行政部门退休的老同志，也有各具专业知识和能力的新生力量。市人民调解协会与市律师协会建立了专家库共享。"中心"还聘请了医疗、知识产权、劳动争议、物业、军人退役等各领域的 300 余名行业专家，为调解员及当事人提供专业意见。实现信息资源共享、专业调解人才资源共用，为全市调处专业性、行业性矛盾纠纷提供智力支持。同时，牡丹江市人民调解协会、牡丹江市专业人民调解中心与拥有 100 多名专职调解员、2000 多名调解专家库成员、年化解民商事纠纷 2 万件以上的全国首家、规模最大的专业性行业性调解中心——上海浦东新区人民调解中心、上海浦东新区东方调解中心——签署了战略合作协议。双方将在民商事纠纷化解、远程纠纷多元化解平台和调解专家库共建共享、开展交流研讨和专业培训等方面进行长期合作，充分发挥两地资源、管理、信息、人才等方面的优势，建立业务交流、培训等资源共享机制，实现两地调解组织全方位、全领域的密切合作，特别是在旅游纠纷、涉外商事等专业调解领域创新融合，助力第四届黑龙江省旅游产业发展大会在牡丹江市的召开。

第三，在工作模式运行上，打造"线下+线上"专业矛盾纠纷"处理器"。以市专业人民调解中心为"一站式"工作窗口，将法院、行政机关、信访部门、社会团体、群众等纠纷通过来访、移交、线上三个渠道受理，受理调解案件前，还为当事人提供解决纠纷的优选方案。受理调解案件后，达成协议的，为保证效力，引入公证、仲裁、行政复议、司法确认等途径，引导当事人进行司法确认或赋强公证，增强协议履行率，提高调解公信力。对达不成协议的，引导当事人通过仲裁、行政复议、诉讼等法定途径解决，推动实现矛盾就地化解或导入法治轨道。为明晰职责，中心划分接待、分流、调解三个功能区，建立制定案件受理、分流、承办、移交、督办、结案、回访工作流程，加强调解中心信息化建设，实现"远程调解"，努力"让矛盾在这里化解，让纠纷在这里消融，让社会更加和谐稳定"，使"中心"成为市域社会矛盾纠纷的吸纳器、缓冲器、分流器和处置器，成为调处专业性、行业性矛盾纠纷的"终点站"。

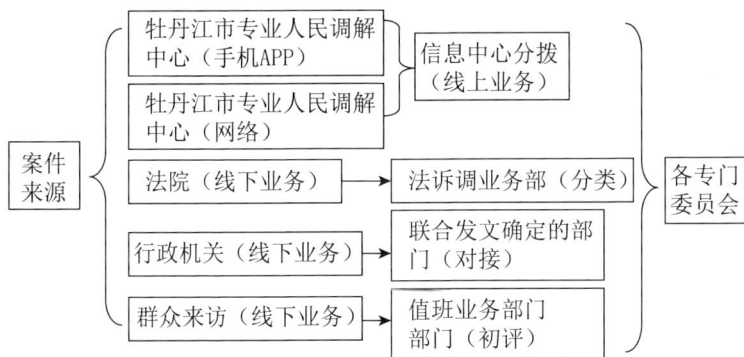

（二）强化诉源治理缓解审判工作压力

2020 年 3 月至 12 月，"中心"共收到牡丹江市中级人民法院及四城区法院移送案件 1139 件，因有的案件当事人拒绝调解或对方当事人下落不明，能够进入调解程序的案件为 764 件，调解成功 598 件，在调案件 146 件，其中还有多件案件正在走司法鉴定或协商程序，调解成功率达 78.3％。未调解成功的案件在移送法院后，基于在中心调解员的指导下已经大大降低了心里预期，有效缓解了法院的压力。

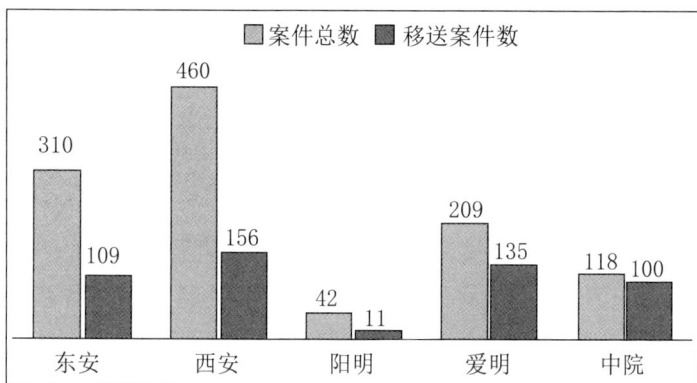

2020 年 3 月至 12 月法院移送调解中心案件及调解中心结案情况

从上图中我们可以看出，2020 年各院移送至调解中心的案件数量差别较大。其中中东安法院和西安法院移送案件较多，调解案件比例也较大，有效缓解了案件审判的压力。阳明法院和爱民法院移送数量相对较少，在今后的工作中中心将加强与阳明法院、爱民法院的沟通，详细了解移送案件数量较少的原因，同时分析法院移送案件与其他方式收案案件调解比率较低的原因，不断提高调解员的调解能力，提升调解结案比率。配合法院加强调解中心的宣传工作，以专业的能力取得当事人的信任，提高移送案件数量，提升案件结案质量，做好诉调衔接工作，有效缓解审判工作压力。

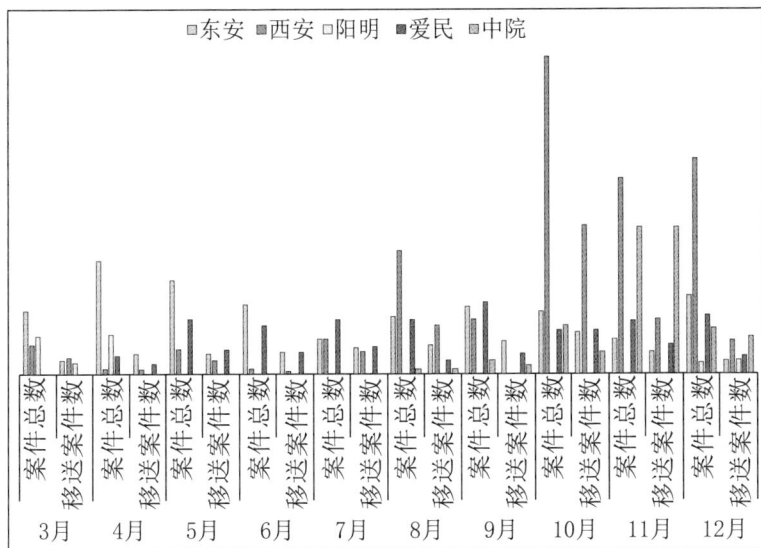

2020 年 3 月至 12 月法院移送调解中心案件数

从上图中我们可以看出，各院移送案件数量不均衡，前半年案件移送数量较少，从 8 月份开始案件移送数量激增，收案数量的不均衡不利于调解工作的开展。面对上述问题，调解中心将及时与法院进行沟通，分析收案不均衡的原因，充分保证调解案件的时间，争取实现均衡收、结案。

(三)"调解"嵌入行政争议促进实质性化解

专业人民调解中心融合了人民调解、行政调解和司法调解。从政府的社会责任和行政职能来看，地方政府承载着基层社会治理，提升社会治理方式和治理能力的重要使命。尤其是基层人民政府承载着大量的事务性工作，再承担社会纠纷调处和社会维稳工作就会不堪重负。建设服务型政府，在社会治理过程中通过加入柔性沟通协商的工作方式，可以及时理解行政管理相对人的利益需求，调处在行政管理过程中产生的行政争议。行政调解作为多元化纠纷解决机制中的一种重要方式，具有弱化行政管理的对抗性、协调利益主体关系、平衡当事人利益的社会功能，为转变政府职能，建立协商民主提供有力的支持。《法治社会建设实施纲要（2020—2025年）》在"有效化解矛盾纠纷"中重点提及了行政调解，确立了在政府行使行政管理职权中有效化解社会矛盾纠纷与行政调解制度的相应职责。行政调解在遵守国家法律法规的基础上，在规范社会主体行为、稳定社会秩序、调和矛盾纠纷、保障利益主体合法权益方面发挥了重要作用。在社会转型的过程中，因政府行政机关的行政管理发生的利益冲突难以避免，传统中的行政诉讼局限于行政法律法规的严格规定，如行政诉讼的管辖范围、受案条件、审查标准、审限和审级约束，造成了同一主体、同一纠纷，却经历了人民法院一审、二审、发回重审、再次上诉二审等审理程序，时间越久，对行政相对人造成的损失越大，矛盾纠纷就越难化解。虽然现行行政诉讼的相关法律法规已经规定了行政机关责任人须出庭应诉，避免了"告官不见官"的现象，但却难以做到真正的案结事了。行政争议的化解，实质上是要达到"官民和谐"，社会井然有序，也是法治国家、法治政府、法治社会的必然要求。通过行政调解形成行政争议纠纷调处的治理机制，有利于增强社会公众对政府治理的认同感，凝聚社会治理的共治共享，从而促进社会的和谐与稳定。基于此，"中心"已经建立起"三调联动"的工作机制，既有利于促进政府依法行政，又充分彰显了服务型政府的理念。

（四）人民调解化解社会矛盾的突出优势及典型案例

牡丹江市作为全国首批市域治理现代化试点城市，"中心"

为更加有效地预防和妥善化解社会矛盾纠纷，以维护社会稳定与和谐大局为重，逐步探索出了具有牡丹江特色和时代特征的市域社会治理新模式，组建了专业人民调解中心，搭建了多元化解矛盾纠纷的平台，在原有人民调解工作的基础上，完善专业性大调解的工作格局。专业人民调解对比传统诉讼化解社会矛盾的法律途径，凸显了众多的优势，专业人民调解是社会矛盾纠纷解决的"第一道防线"，而诉讼则是社会矛盾纠纷解决的"最后一道防线"。

第一，专业人民调解可以克服传统诉讼的固有弊端，弥补传统诉讼的不足。人民法院在诉讼中的调解，要受到更多的实体法和程序法的限制，而调解的全过程在形式上、途径上以及运用手段上可以更加灵活多样，专业人民调解的调解员在运用现行有效法律法规基础上可以主要运用当事人日常生活中所涉纠纷的发生背景和所掌握的相关知识，甚至当地的风俗习惯来由浅入深地做通双方思想工作，从而更好地解决纠纷，对许多纠纷事实可以免于求证；专业人民调解员可以采用各种生活知识、生活技巧和手段，通过各种途径调查和还原纠纷的事实真相；专业人民调解不收取任何费用，可以减轻双方当事人的经济压力。在人民法院诉讼案件大量积压、法定程序迟延、诉讼费用高昂的情况下，专业人民调解可以趋利避害，在处理纠纷时做到快捷、迅速、低廉和简便，可以使纠纷当事人以较低的时间和经济成本快速解决矛盾纠纷。

第二，专业人民调解坚持以和为贵的原则，定分止争，从根本上化解社会矛盾。如果将传统诉讼形容为一场"正式的战争"，那么人民调解便是一场"非正式的风波"。许多社会矛盾纠纷通过诉讼，往往是一审法院审理作出判决后，一方当事人不服判决提起上诉。在社会转型的矛盾高发期，许多案件甚至双方当事人不服均提出上诉，上诉案件的比例在逐年增加，经过二审法院作出终审判决后，当事人又申请再审，依然存在案结事不了的现象。对于经过专业调解后的案件，专业人民调解员会会用大量时间从案件的发生、法律规定、邻里关系、时间和经济成本等多重角度分析调解，力求做通双方当事人的思想工作。一旦调解成功，很容易"平息波浪"，双方自愿履行，更好地恢复睦邻友好的和谐社会关系，真正做到案结事了。对于各种特殊类型或复杂的案件，专业人民调解将根据现行有效的法律法规、政策原则、最高人民法院公布的指导性案例等提供符合情理、追求案件实质公平正义的衡平，更加有效地解决社会矛盾纠纷。因法院每年都会受理大量诉讼案件，同时受到法定程序、审理期限、员额法官人数较少的各种条件限制，主审法官很难有时间做大量的庭下调解工作，许多案件调解不成只能快速下判，债务人往往没有理解法律和相关证据规则的规定，出于抵触情绪而不愿自动履行，而法官在大量案件和结案时限的压力下难以做到对每一位当事人进行"释法析理"，迫使大量案件进入强制执行程序，而强制执行费用会再次增加当事人的经济负担。专业人民调解基于当事人双方自愿的原则，在当事人双方理解并认同的基础上，各自退让达成了一致的调解协议，双方当事人在心理上易于接受，有利于双方自动及时履行调解协议。

第三，人民调解促进公民道德建设，弘扬社会主义荣辱观。专业人民调解在化解民间纠纷与提升市民文明素质方面可以发挥更加重要的作用，专业人民调解员在调解民间纠纷案件过程中可以引导双方当事人自我教育和自我约束，从而减少社会矛盾纠纷、减少诉讼案件、维护社会治安秩序。专业人民调解制度的工作原则是"调防结合，以防为主"，专业人民调解员在处理各类案件时关注社会矛盾导向、社会焦点问题，同时做好经常化、制度化和规范化的社会矛盾纠纷的排查工作。一旦发现矛盾纠纷的苗头，专业人民调解员将及时、主动地介入，在调解过程中把社会主义核心价值观和社会主义荣辱观融入个人言行，倡导社会和谐、民族团结、互助友爱、和睦相处。促进各界人士坚定法律信仰，尊重和维护法律权威，把社会矛盾解决在基层，化解在内部和萌芽阶段。

案例一：以超"审限"跨"时空"的方式，平稳化解众多人数集体缠访的历史遗留问题

牡丹江出租车司机与承运公司之间的矛盾由来已久，是历届政府较为头疼的事情且这类案件当事人不愿选择法院，法院不愿受理此类案件。起诉既需要律师费，又需要诉讼费，这对于生活本就不富裕的出租车司机来说很难承担。此外，这类案件不仅当事人人数较多且时间久远，很多都已经超过诉讼时效，即使法院想在实体上解决双方纠纷也很难逾越法定时效的限制。诉讼中的调解一方面囿于案多人少的客观情况；一方面囿于审理期限的限制很难做到专人专案长期调解。当事人一旦败诉便可能会诱发群体上访这无疑会给审判工作带来无形的压力。在此种情况下，调解中心承接了这起棘手的群体案件。在接到市信访办转交的案件后，调解中心马上与各部门负责人商讨该案的解决方式，选取有经验的调解员专人专案调解该案并要求各部门全力配合化解该案。该案为出租汽车承包经营合同案，涉及牡丹江市200名出租车司机与牡运某公司。承包到期需要再次续签合同时，双方发生较大分歧，主要争议焦点如下图：

争议事项	出租车司机	承运公司
5 万元经营权出让金	出租车公司应返还	5 万元出让金是合同签订的前提不存在返还问题
政府减免的费用共 8435 元	出租车公司应返还	承发包合同明确约定承包费为每天 115 元，公司未多收一分钱，出租车司机要求返还政府减免费用没有依据
增加保险额度费用，每台车是 6000 元	应由公司承担	增加保额经司机签字同意，且司机为实际受益者，公司承担没有依据
国家给予出租车的燃油补贴	支付补贴并按每日万分之五给予迟延支付补偿	公司并没有延期支付国家给予的燃油补贴，该主张没有事实根据
5000 元转让手续费	公司应予返还	5000 元手续费是双方合同明确约定，该主张缺乏依据

　　双方矛盾分歧较大，调解历时 4 个月之久，先后组织大规模调解 8 次。调解中心建议出租车司机不要走信访的维权道路，信访解决不了合同纠纷，但个别出租车司机仍然表示要继续信访，调解中心劝诫维权要依法，违法维权有可能使自己陷入违法境地。经过多次耐心调解，司机从不理解到理解、从不信任到信任，经多次调解，198 名出租车司机与公司达成了一致意见，在"中心"的主持下形成了人民调解协议书，并与公司签订了新的承包合同。最终，此次人数众多的集体上访案件得到

了平稳化解。

案例二：证据不足难以判决，耐心调解及时救治

本案是一起因证据不足而难以通过诉讼直接作出裁决，但幼小的儿童却亟待治疗的案件。麻某、马某、高某同在牡丹江市某中心校上学，为同班同学。2020 年 11 月 2 日，三人在学校下课期间在教学楼门口一同摔倒，麻某上门牙受损，经牡丹江市回民医院司法鉴定所司法鉴定，麻某门牙牙齿冠折与外伤有直接因果关系，被鉴定为轻微伤，牙齿修复费用共计 11 600 元，或均以实际发生合理数额为准，牙齿使用年限为 15 年。麻某家长称换一次牙齿的费用是 11 600 元，牙齿使用年限为 15 年，但是孩子现在才 10 岁，至少需要更换 4 次牙齿，故要求赔偿更换 4 次牙齿的费用 46 400 元、医疗费 1279.4 元、司法鉴定费 4620 元，几项费用共计人民币 52 299.4 元。麻某向调解中心提起两起调解案件，即麻某与马某、高某人身损害赔偿纠纷一案和麻某与牡丹江市某中心校人身损害赔偿纠纷案，经调解中心调查，因该两件案件是基于同一个事实依据，故对两件案件一同进行调解。根据《中华人民共和国侵权责任法》和《中华人民共和国民事诉讼法》相关规定，麻某为限制民事行为能力人，在学校学习期间受到伤害，主张学校和侵权行为人进行赔偿，应由麻某承担举证责任。但麻某、麻某、高某均为 10 岁儿童，学校下课课间孩子较多、相互嬉戏、现场较乱，儿童语言表达和认知均有一定的限制，其家长和教师均不在现场，因证据不足而难以通过诉讼直接作出裁决。调解中心专业调解员经认真调查后，提供调解意见，最终达成一致意见，麻某承担总赔偿金额的 30%（即 15 689.82 元），牡丹江市某中心校承担总赔偿金额的 30%（即 15 689.82 元），马某、高某承担总赔偿金额的 40%（即 20 919.76 元）。为了给三方当事人提供便利，两个案件签订了

同一份《人民调解协议书》，马某、高某已于 2020 年 12 月 1 日现场一次性给付完毕，麻某父亲已为其出具收款收条，该案件调解成功，已结案。

案例三：降低成本减少诉累，和谐化解邻里纠纷

本案是一起纠纷较小、标的不高但分清责任却需要高昂鉴定费用的案件。为了较少当事人的诉累，及时化解邻里调解员多次深入当事人家中，最终促使双方达成调解，和好如初。倪某居住在某小区某楼某单元 801 室，王某是楼上 901 室房主，李某是王某雇佣的装修公司的老板。2020 年 10 月 25 日，因装修工人忘记关闭水阀而跑水，导致倪某家墙壁和地板严重受损。2020 年 11 月 16 日，三方达成赔偿协议，约定由王某一次性支付粉刷墙壁费用 2300 元，因当时地板损失无法确定，约定后续赔偿地板需与原地板一致。在民警的见证下李某、倪某和王某三方于 2021 年 1 月 5 日达成赔偿协议。协议显示共需赔偿人民币 6300 元，其中粉刷墙壁费用 2300 元王某已支付，地板损失赔偿款 4000 元，李某承担 1000 元（已支付），王某承担 3000 元，约定于 2021 年 1 月 6 日下午 1 点前支付。但经过多次沟通，王某至今仍未支付。倪某的要求是让王某履行赔偿协议内容，给付 3000 元地板赔偿款。争议焦点为王某是否履行协议及赔偿款的支付时间。此案件事实清楚，通过经过专业调解中心调解员多次调解后，双方同意签订调解协议。就此，纠纷再无其他任何争议，王某同意支付倪某赔偿款 3000 元，并当场履行完毕。

（五）司法确认确保调解结果的法律强制执行力

2008 年年底，中央部署了深化司法体制和工作机制改革的任务，强调"法院做好诉调对接、国家建立大调解格局、立法机关制定法律"。最高人民法院被中央确定为"建立健全诉讼与非诉讼相衔接的矛盾纠纷解决机制"改革项目的牵头单位。最

高人民法院于 2008 年 5 月确定在吉林省高级人民法院、河北省廊坊市中级人民法院、上海市浦东新区人民法院、重庆市渝中区人民法院、福建省莆田市中级人民法院、福建省厦门市同安区人民法院、广东省东莞市第二中级人民法院、云南省曲靖市中级人民法院、甘肃省定西市中级人民法院等 9 个法院开展多元纠纷解决机制改革的试点工作，为改革方案的制定和深化提供了有力的实践支持。经过试点，2009 年 7 月 24 日，最高人民法院发布了《关于建立健全诉讼与非诉讼相衔接的矛盾纠纷解决机制的若干意见》，把调解协议的司法确认作为非诉讼纠纷解决方式与诉讼衔接的八种方式之一，"中心"对调解协议诉前司法确认机制的核心内容和主要经验做法进行了深入学习和研究，与牡丹江地区各级法院进行对接。"中心"就经过调解成功的案件制作《人民调解协议书》，并由有管辖权的人民法院进行司法确认，由人民法院作出《民事裁定书》，对调解协议内容进行司法确认，赋予法律强制执行力，充分确保当事人的合法权益得到法律保障。

三、专业人民调解工作存在的主要困难

当前，牡丹江市处于全面深化改革攻坚和社会转型的关键时期，既是经济发展的重要战略机遇期，也是各种社会矛盾聚集的突发期。由于改革开放的不断深入，经济的快速发展，社会上出现了新的利益阶层，多元化利益主体格局的调整使得社会矛盾纠纷的主体多元化、矛盾成因复杂化、纠纷内容多样化等都发生了深刻变化，呈现出主体多元化、诉求多元化和表现形式多元化的趋势，对社会稳定造成了较大的影响。政府如何预防和化解社会矛盾，尤为重要。"中心"的成立及运行虽然在一定程度上缓解了政府的压力、化解了部分社会矛盾，但也在

客观上存在着一些困难和问题，阻碍了专业人民调解工作的创新和发展。

（一）各级党委政府领导重视程度不够

有些地方党委政府及部分行政机关领导没有充分认识到专业调解在及时化解矛盾纠纷、维护社会和谐稳定中所具有的独特优势和作用，对调解工作不重视，支持不够，舍不得投入。有的领导对调解工作有畏难情绪，行动不积极。一些相关部门积极性不高、协调配合不到位。

（二）专业调解人员力量比较薄弱

县区、乡镇街道、村屯虽然有调解组织，但缺少固定的专职调解员；各行业调解委员会中调解工作人员不固定，调解员的专业知识水平不足，调解工作的积极性和主动性不够。尤其是农村的村级调解组织，调解工作的硬件不够，调解员的软件素质专业知识匮乏、调解队伍不健全、调解人员的性别年龄结构层次不合理。大多数的村级调解组织都是由本村的村委员干部兼任，因其身兼数职，无法使调解纠纷工作有效开展。现有的调解组织调解人员普遍缺乏专业的法律知识，而且没有建立相应的培训制度。

（三）深入开展调解工作的经费不足

人民调解是社会公益性组织，免费提供调解服务，不得收取当事人任何费用。在实际工作中，因调解经费短缺，对多元化纠纷解决机制和调解的优势宣传不够，人民对调解的认识不足。在具体的调解工作中对调解员的专业知识培训，因缺乏资金支持而无法进行。调解工作中的必要办公经费，因被纳入财政预算的较少，从而影响了调解员的工作积极性和主动性，也制约了调解工作的进一步深入开展。

（四）调解工作的方式和手段滞后

基于调解工作的客观条件限制，调解的工作方式主要延续传统的靠经验进行劝解和疏导，调解员的说理析法能力不足，对矛盾纠纷隐含的群体性事件预判不够。在调解工作中只对当事人陈述和举证的内容进行甄别，对于证据的真假辨别因受调解现有条件所限而不足。由于调解人员数量少、办公硬件和信息查询条件有限，调解工作中存在"就调解而调解"现象，没有很好地发挥调解预防潜在社会风险的作用。新行业、新领域的纠纷调解尚需要在实践中逐步探索、完善。

（五）联调联动机制有待健全完善

在调解案件过程中会涉及许多当事人纠纷的身份信息和证据核实问题，目前的调解组织在各种调解信息的联通方面没有实现与政府职能部门的共享，调解员没有律师调查取证函或人民法院的调查令，没有查询平台和渠道，无法核实当事人所提供的资料真实性，只能靠当事人的诚信和彼此的认可来确认，导致在达成调解协议后的司法确认中存在法律风险。加快调解组织与政府职能部门的信息联动，深入排查矛盾纠纷隐患，实现力量联动矛盾联调的机制已经成为迫切需求。各部门之间缺乏配合协同、各自为战，局限了社会治理现代化的整体规划。相关部门调解业务刚起步，对充分运用人民调解平台化解专业性、行业性纠纷的认识尚存不足。有的单位部门、基层组织不愿意发挥其解决矛盾纠纷的职能作用。

（六）行政调解面临较大的履职风险

实践中，在一些案件的处理过程中，由于司法解释的存在，人民法院与行政机关在违法行为认定标准上会发生一定分歧。如果民事纠纷涉及行政机关职能认定事项，人民法院会予以从宽审查，一方当事人败诉后就会对行政机关作出的职能认定事项提起行政诉讼。现有法律对行政机关行政行为司法审查的要求较为严格，无论当事人是否有证据证实行政机关行为的违法性，人民法院均会对行政机关的行为进行实体上和程序上的全方位审查。许多案件均是因为行政机关的程序中缺乏告知当事人陈述权、申辩权，甚至是送达方式不合法而被人民法院以程序违法为由撤销。当事人一经取得法院的胜诉判决书，就会对行政机关提出一系列要求，迫使行政机关实现自己利益。行政机关一旦拒绝，就会面临不断的投诉和信访。因行政机关工作人员的职业身份限制其言行，有的当事人在投诉中使用过激语言进行人身攻击，继而投诉工作人员存在态度问题，产生新的纠纷。在行政机关开展行政调解工作的过程中，从调解免责的角度看存在体制机制等方面制度不健全的问题；行政调解的视频监控等办公硬件条件不足；涉及当事人人身权利和财产权利发生争议，在行政调解中当事人质疑调解程序公正性和行政机关行政行为公信力等。涉及行政争议的调解人员往往是具体的行政执法人员，在调解过程中因上述问题，容易使当事人之间的争议演变为当事人与行政机关之间的争议，甚至是当事人与行政执法工作人员之间的争议，从而使行政执法工作人员陷入不必要的纠纷和麻烦，行政机关也会连带受到负面影响和行政问责，致使行政机关开展行政调解工作存在顾虑。

（七）调解的范围有待扩展

社会转型和经济的快速发展产生了新的利益群体和新的社会阶层，人们生活中的纠纷也由传统的邻里纠纷、侵权赔偿、家庭婚姻继承纠纷等"生活类纠纷"拓展为商主体介入的经济合同争议、金融经济纠纷、建设施工工程纠纷、农民工讨薪等"市场类纠纷"。现有的常规调解已经无法承载市场主体的多样性与纠纷的复杂性，以协调民间纠纷为目的的人民调解制度的运行空间有待扩展。尤其是市场经济中商主体的增加，乡镇企业、私营企业、个体经济之间以及与公民个人之间的经济纠纷日益增加，需要继续对人民调解工作范围进行拓宽。现有的调解组织及调解人员对新类型纠纷特点及涉及的专业性知识的研究需要与时俱进，结合当地经济状况和政府支持力度，适度扩展调解范围，适时建立行业性调解组织和商事调解组织势在必行。只有拓宽人民调解的受案范围，建立相应配套体制机制，才能更好地发挥人民调解化解社会矛盾，减轻人民法院诉讼压力的作用，为社会治理提供柔性的治理方式和快捷解决纠纷的途径。

四、创新发展市域社会治理专业人民调解工作的对策和建议

为进一步加强市域社会治理专业人民调解工作、为构建和谐社会打下坚实基础，在深入调查研究的基础上，笔者提出如下对策建议，供决策参考。

（一）党委政府高度重视是前提

坚持党委和政府的高度重视是做好新时期人民调解工作的必要前提。在党委的支持下，政法委是发挥好协调人民调解组织和各相关职能部门、司法机关作用的关键。完善多元化纠纷解决机制，建立社会矛盾纠纷化解体系，健全调解协议机制，加强顶层设计的保障。牡丹江市委十二届七次全会通过了中共牡丹江市委《关于高质量推进城市治理现代化的决定》，"牡丹江市专业人民调解中心"首次经市委全会审议通过被写入该决定。该决定第六部分指出："以市专业调解中心、各级综治中心为平台，健全人民调解、行政调解、司法调解联动工作体系。"这代表着"中心"已经成为全市健全社会综合治理机制的有机组成部分，也标志着"中心"已经由参与基层社会治理的尝试，上升为市委制定政策、作出决策的重要依据和基本经验。在此

基础上，笔者建议：一是建立在党委领导下的人民调解联动体系。由政法委负责组织直接协调各司法局、行政机关职能部门、各社区街道和村委会，分工负责、互相配合，实现信息共享，搭建调解案件信息查询平台，建立调解联动工作体系。二是充分发挥"中心"的作用，及时向有关部门通报调解案件过程中发现的问题，可以根据一定阶段的调解案件情况，进行统计分析，遇到重大群体性纠纷事件，可以召开定期或不定期的调解联席工作会议，研究调解中遇到的工作困难和问题，群策群议研判纠纷潜在的社会危机和法律风险，真正发挥人民调解"调解纠纷""控制风险""预防隐患"的作用。

（二）加强专业人民调解平台建设

在行业性、专业性人民调解组织工作的基础上，要继续加强县区调解工作平台建设，拓展专业性、行业性调解组织覆盖范围，建立纠纷排查调处联动机制，实现"整合资源、整体联动"。笔者建议：强化纵横协调联动联处。纵向上，以"中心"为龙头，构建市、县、乡、村纵向四级联动体系，基层信息上传、疑难纠纷上提、优质资源下移、纠纷四级联处，打造区域信息互通、资源共享、优势互补、联调联处的纵向联动体。横向上，以"中心"为枢纽，汇聚整合司法、行政、社团、民间的各方调解资源横联外展，构建信息向"中心"集中、资源向"中心"汇集、力量向"中心"投放的联处机制。通过以"中心"为调解联动核心平台，与外部的行业调解、行政调解、司法调解、商事调解等资源联合，全面开展"诉调对接""行调对接""警民联调"工作；内部整合人民调解、律师、公证、基层法律服务、司法鉴定、法律援助、仲裁、行政复议等各类法律服务资源，构建联通联调、资源共享、优势互补的大调解格局，形成矛盾纠纷化解环环相扣、无缝对接的"闭环链条"，为企业和群众提供"一站式"服务。

（三）打造智慧调解系统化解社会矛盾

根据各行政机关职能部门的职责分工，人民调解组织及时跟进当地政府经济政策调整和布局，拓宽调解范围和服务对象，强化对社会潜在矛盾和纠纷隐患排查工作，通过数据分析研判，预测社会风险防范点。笔者建议：加强调解信息化、智能化建设，对接新基础项目，推动线上矛盾纠纷多元化解平台建设项目入库，利用互联网和大数据优势，构建网上调解、"远程调解"的在线纠纷解决模式，用"一根网线"连通各种资源、各个环节、各类空间，为群众带来更大的便利。探索实现线上矛盾纠纷多元化解平台与法院办案系统平台、各行政主管部门的无缝对接，形成矛盾纠纷化解闭环，提升社会治理智能化水平和多元解纷效率效果。打造以智慧调解信息系统为核心的市专业人民调解中心项目。目前，项目已被列入国家重大建设项目库。通过运用新技术新手段，打造纵向贯通覆盖、横向协调联动的智慧调解信息系统，实现与各县（市）区、各部门、各专业行业调解组织、法院、医院等单位的互联互通、"远程调解"，实现调解网上办、掌上办。智慧调解系统的特色之一是在远程视频调解过程中，双方当事人在保持在线的状态下，调解员可与一方单独进行沟通说服。智慧调解系统全面建成后，将形成集数据管理、事项办理、分析研判、监督考核、普法宣传五大功能于一体的调解服务综合信息平台。牡丹江市是全国首批市域社会治理现代化试点城市，市专业人民调解中心项目已被纳入牡丹江市市域社会治理现代化试点工作，作为5个重点项目之一，智慧调解系统将与社会治埋综合信息系统对接，充分整合矛盾化解资源，建设纠纷线上解决机制，提供"一站式"解纠服务。

（四）建立诉前联合人民调解制度

2020年初，牡丹江市政府工作报告指出，加强诉源治理，健全、完善行政调解与人民调解、司法调解衔接的"三调联动"机制，组建包括各行业商会、律师协会、公证处等多家行业组织机构共同参加的诉前联合人民调解委员会，建立律师参与诉前联合调解制度。签订多元化纠纷解决机制建设合作框架协议，可以加强纠纷发生当事人之间，人民调解组织与各专业部门的调解组织之间的沟通与合作。律师作为法律专业人士，在矛盾纠纷中作为第三方参与调解，有利于客观、公正地分析研判争议焦点，讲法析理、化解矛盾。笔者建议：一是完善诉前联合人民调解工作机制。有效衔接调解组织、行政复议、仲裁和诉讼等法律救济途径，各职能部门分工负责、相互配合，形成化解纠纷的合力。将调解和化解的理念贯穿于各项工作始终，坚持"应调尽调、能调尽调"原则，将社会矛盾纠纷化解在萌芽阶段和初级阶段。二是积极融入矛盾调解中心。依托"中心"主动发现和排查社会矛盾隐患，将人民调解组织建设成为信访案件的疏导化解主渠道。对群众提出的利益诉求，建立全方位、大口径的受理窗口，实现"一个窗口受理，调解组织内容协调沟通、整体调处化解"的工作模式。建立人民调解公信力，让百姓认同调解组织的功能和作用。三是制定科学的调解工作流程。完善内容调解组织与各职能部门的沟通协调制度，实现"一个窗口对外，一个平台化解"的工作规程。从调解的受理、立案到调解结案，做到只让群众"进一扇门，最多跑一地"。将调解的工作流程严谨细化，做到流程清楚、告知详尽、程序规范、材料齐备、归档及时。建立调解案件质量核查制度，统一规范调解文书的格式要求，严把案件质量关，确保经过调解达成协议的司法确认率，从而提高群众对调解制度的认可度与信任度。

（五）驱动"行政调解"新机遇缓解信访压力

法治是"善治"和"良治"，是一种柔性的社会治理方式。

良好的社会治理方式就是少一些对抗、多一些合作，行政调解是柔性社会治理的一种重要途径。减少对抗与分歧，增强沟通协商，对话协商式的"合作行政"理念逐渐为人们所认识。政府在服务与合作、沟通与信任理念下，放弃了强制性手段，采用协商方式处理矛盾纠纷，将行政与调解结合为一种柔性社会治理方式。在公众参与下化解纠纷，可以使行政机关与行政相对方的关系由权力本位转向权利本位，增加彼此之间的亲和力。司法部于 2019 年在海南省海口市召开了调解工作会议，要求将行政调解工作方式积极运用到行政复议案件中，大力化解民事纠纷，解决行政争议。会议提出要完善以人民调解为基础，有机衔接人民调解、行政调解、行业调解、司法调解等多种调解方式，于 2022 年建成优势互补、协调联动的大调解格局，健全相关调解法律制度，在条件成熟时制定统一的调解法。2014 年3 月 14 日，《最高人民法院发布关于举报人对行政机关就举报事项作出的处理结果或者不作为行为不服是否具有行政复议申请人资格问题的答复》，赋予了信访人提起行政复议的主体资格，根据《中华人民共和国行政诉讼法》和《中华人民共和国行政复议法实施条例》的相关规定，达成行政复议调解书可依法申请人民法院强制执行。上述政策与法律法规均为行政调解提供了政策依据与法律保障。为了驱动创新"行政调解"，更好地发挥缓解信访工作压力，提升政府公信力的作用，笔者建议：一是明确行政调解的适用范围。地方政府承载着基层社会治理的重要职能，需要处理大量的行政管理事务，如果所有的民商事争议均交由行政机关进行行政调解，会导致行政机关不堪重负，进而冲击其固有的行政职责。基于此，可以将与行政管理职能相关的民商事争议，包括涉及行政机关的国家赔偿、征地补偿和行政自由裁量权的纠纷纳入行政调解范围。可以使用"列举+

排除+概括"方式明确行政调解事项范围，也可以参照地方政府的权力清单，明确各行政机关的职责范围。二是建立调解工作领导小组。在各地政府建立相应的行政调解工作领导小组，由主管信访工作的分管市长任组长，信访、公安、城建、市场监督、环保、财政等部门的负责人任组员，制订调解工作联席会议制度。对行政调解权利义务清单进行梳理，实现行政调解事项清单式管理。三是落实行政调解工作考核。笔者通过实际调研发现，一些信访案件涉及多个行政部门，当事人会通过多个途径进行投诉，各部门的信访信息缺乏沟通平台，造成了信息不对称。当事人为了获得更大利益对不同部门作出不一致陈述，导致行政机关十分被动。基于此，笔者建议建立行政调解联动机制，根据各行政机关调解组织的调处案件质量、总结调解经验、形成数据分析和总结报告，定期进行经验交流和信息互通。将各职能部门化解行政争议案件纳入行政机关的绩效考核，全面提升行政调解的工作效能。

（六）加强人才队伍建设和经费保障机制

《中华人民共和国人民调解法》第 6 条规定，国家鼓励和支持人民调解工作。黑龙江省随之颁布了一系列相关的法规及司法文件，例如《黑龙江省社会矛盾纠纷多元化解条例》《关于加强人民调解员队伍建设的实施意见》《关于建立大调解工作机制的意见》，均对加强专职人民调解员队伍建设和人民调解经费保障作出了明确规定。笔者建议：一是要加强专职人民调解员队伍建设。在做好兼职人民调解员配备工作的同时，配齐、配强各地各行业调解组织的专业调解人员。严格规定调解人员的选聘条件，在具备必要的文化水平和专业知识的基础上，优先选择公道正派、廉洁自律，并且热心人民调解事业，有一定调解经验的人员。落实调解工作的管理制度，严把调解案件的质量关。完善调解人员的退出机制，对于办理虚假案件和侮辱当事人、索取或收受当事人财物、泄露当事人隐私和商业秘密、谋取不正当利益的人员，由所在调解组织给予批评教育，责令改正，情节严重的，由推荐或聘任的调解组织予以罢免或解聘。二是加强人民调解组织的经费保障。建立人民调解工作的经费保障制度，调解工作经费包括：人民调解工作的补助经费、专家咨询费、专职人民调解员聘用经费、人民调解办案补贴等。鼓励社会各界通过社会捐赠和公益赞助等方式，为调解组织提供开展工作的场所、设施等办公条件和必要的工作经费。三是建立相关的保障措施。加强组织领导、协调各职能部门之间的工作配合与有效衔接，组织研究解决调解工作中遇到的实际困难。针对各地各行业调解组织的专职人民调解员配备和人民调解经费保障建立相关制度规范，各级政府财政部门要落实调解经费保障责任、确保调解经费保障的标准、建立动态调整机制。

（七）在人民调解基础上创建商事调解组织

目前，我国国际贸易日益增多，国内市场经济迅猛发展，新型贸易纠纷和新型商主体大量涌现，商事纠纷数量大幅度增加。如何整合现有资源、健全商事调解体系已经日益凸显紧迫性、必要性和挑战性。《最高人民法院关于人民法院进一步深化多元化纠纷解决机制改革的意见》，针对商事纠纷的特点，鼓励商事调解组织的创建。笔者建议：在市专业人民调解中心的基础上，建立商事调解组织，以其专业化、职业化的优势在商事纠纷解决中具有突出的价值。商事调解是为解决经济贸易交往过程中商主体之间就商事活动发生的争议而专门设立的专业调解组织。应厘清新型商事调解与传统人民调解之间关系，保留民间性化解纠纷机制，融入商事惯例，尊重商事主体意思自治。劝导当事人彼此退让，化解暂时矛盾、谋求未来长远合作。顺应市场经济发展需求，建立专业的商事调解组织，可以畅通商事纠纷的化解渠道，有效缓解商事矛盾及商事案件诉讼压力。优化牡丹江市营商环境，为各类商主体搭建一个低成本、高效率，少对抗、多沟通的高效、公正的化解纠纷平台。有利于维护当事人的合法权益和修复关系，维护社会公平正义，促进当地经济繁荣，助力市域社会治理现代化。

第二节　"统战+人民调解"　助力市域社会治理的调查研究
——以牡丹江市为例

统一战线是指中国共产党领导的以工农联盟为基础的包括全体社会主义劳动者、社会主义事业的建设者、拥护社会主义的爱国者、拥护祖国统一和致力于中华民族伟大复兴的爱国者的联盟。其是国家统一民族振兴的必需，是健全社会主义民主和法治的必需，也是巩固和发展安定团结政治局面的必需，为完善共建、共享、共治的社会治理制度建言献策，承载着协调社会关系、化解社会矛盾的历史使命。党的十九届五中全会公报、十四五规划和2035年远景目标多次强调要健全国家治理体系，提升国家治理能力和治理水平，加强和创新社会治理，激发统战工作积极融入时代发展，积极投身于实现社会治理现代化的目标要求。统一战线已经成为促进国家治理体系和治理能力现代化的强大推动力。应根据新时代发展的需求导向，充分发挥统一战线组织在处理和协调社会关系中的重要作用，建立"统战+人民调解"工作模式，结合社会转型期时代背景下对人民调解主体多元化的需求，引导不同利益群体和纠纷矛盾的利益个体，实现人民内部矛盾化解大力"求同"，避免因诉求表达渠道的单一或不畅而导致的矛盾不能及时解决产生新的矛盾，促进社会和谐"善治"，从而助力国家治理体系和国家治理能力现代化。随着我国经济体制改革进入攻坚期，利益主体和利益诉求呈现多元化趋势，统一战线独有的政治优势使其肩负了助力国家治理的时代使命。融入国家治理体制、高效调解社会矛盾关系、正确处理人民内部矛盾、探索创新"统战+人民调解"工作模式已经成为新时代统一战线的迫切需求。基于统一战线特有的优势性，建立"统战+人民调解"工作模式的必要性和适用性，提出具体举措路径，具有十分重要的现实意义。

一、创建"统战+人民调解"工作模式的必要性分析

统一战线肩负着新时期赋予的协调社会关系的新使命。新时期要求统战工作肩负新任务，在传统的工作方式中摸索创新和发展，主动融入国家治理的各领域，向社会各领域拓展延伸，及时发现问题和排查问题。主动拓宽新时期统战工作领域，创新统战工作方法，根据社会治理需要拓展统战内容，更广泛地联系群众，将统一战线工作的重点纳入我国社会治理现代化建设。统一战线具备最广泛的政治同盟基础，统战工作应顺应时代发展与时俱进，科学把握并分析我国的社会主要矛盾，研究产生矛盾纠纷的主要根源，积极探索并创新统战工作的方式方法，最大限度地凝集共同奋斗的力量，彰显出统一战线的政治制度优势，在国家治理现代化进程中画好"同心圆"，助力国家治理现代化的实现。2020年12月21日中共中央修订了《中国共产党统一战线工作条例》，明确了统一战线为国家治理现代化服务这一新的工作任务。在建设中国特色社会主义现代化的过程中，全体中华儿女的目标和最根本的利益是一致的。但随着经济体制改革的不断深入，产生了新的社会阶层和利益分化，发展不平衡的社会矛盾问题在各领域暴露出来。错综复杂的各

种社会问题本质是利益矛盾。能否合理化解矛盾关系到社会的和谐稳定，关系到中国梦的实现。统一战线应充分发挥调节人民内部矛盾、助力中国共产党执政兴国的作用，为营造更加和谐的社会氛围、实现"中国梦"凝聚更大合力。新时代统一战线承载着为完善社会治理制度的共建、共享、共治建言献策的政治任务，是促进我国各阶层关系和谐稳定发展的关键群体，为提升国家治理能力凝聚各方面合力、为践行"中国之治"贡献政治智慧。

山东省滕州市为多维度提升社会治理现代化水平，促进统战工作与人民调解的双提升，于 2020 年开始尝试创新建立"统战+人民调解"的非诉讼纠纷解决新模式，凝聚起基层社会矛盾的化解合力。但对经过调解成功后的案件如何申请法院强制执行，以及无法调解成功的案件如何与法院诉讼衔接，尚未找到有效解决途径。总体来讲，我国在运用人民调解提升基层社会治理能力方面，研究人员较少、相应举措较少、成型经验较少。结合人民调解创新统战工作模式，提升基层社会治理能力和国家治理能力现代化的实证研究数量微乎其微。但新时期赋予统一战线肩负协调社会关系的新使命，为创新统战工作提出了新的课题。

二、统一战线协调社会关系工作的现状分析

我国改革攻坚期的政治社会生活中产生了愈发复杂性难题，各种问题的差异性不断扩大，使新时期的国家治理中出现新的利益阶层，产生新问题和新矛盾，也面临着新挑战，需要统一战线发挥其在维护社会和谐稳定等多领域的功效。改革的不断深入使原有经济结构和创业就业方式均发生了巨大变化，随之产生的利益分配机制和社会矛盾也更加多样化。随着我国改革

开放的不断深入，市场经济快速发展，国际贸易日益频繁，国内商事活动与日俱增，各个社会阶层、社会群体出现了新的分化组合，人们在大量的经济往来中的利益需求千差万别。利益主体的多元化、不同的思维观念和价值理念使利益诉求也日益多样化。统战工作面对的工作群体有少数民族、宗教界人士、企业家、归国华侨、侨胞、侨眷、新的社会阶层人士等，人员众多、从业行业多样化。尤其是我国改革已进入深水区、关键期，存在着潜伏的经济、文化、政治及各类社会矛盾，社会利益关系调整造成矛盾激化。随着利益关系的变化，整个社会关系将发生重要变化。这一过程需要在一个稳定的环境中进行，社会的稳定与否直接关系到我国改革的进度和成效。统一战线在关键时期能否团结好社会各方面力量，创造良好的经济和社会环境，将关系到各领域改革的成效。

2020 年是牡丹江市市域社会治理现代化试点工作的启动年，目前，统战工作正在积极协调各种关系化解社会矛盾。牡丹江市工商联合会已经建立了法律维权委员会。2020 年，法律维权委员会受理了 40 余起案件，民族宗教部门和侨联部门均收到了一定量的投诉或求援案件，但在化解纠纷的方法、力度和专业性等方面，均存在很大的困难。最高人民法院 2021 年的工作报告提出加大"诉源治理"，化解社会纠纷，使创建"统战+人民调解"工作新模式成为迫切需要。

三、"统战+人民调解"工作模式的依据及优势分析

（一）"统战+人民调解"工作模式的政策和法律依据

统一战线的价值在政党关系中表现为开展多党合作、完善国家制度，在民族宗教关系中体现为维护民族团结、促进宗教和顺，在港澳台海外同胞关系中体现为团结港澳台海外同胞、

维护祖国统一，在阶层关系中体现为吸纳新社会阶层、化解社会矛盾和服务经济建设。新时代统一战线的新价值主要体现在服务国家治理现代化发展、协调推进"四个全面"战略布局、参与社会主义协商民主实践、助力共同体构建等方面。《中华人民共和国人民调解法》第 34 条规定："乡镇、街道以及社会团体或者其他组织根据需要可以参照本法有关规定设立人民调解委员会，调解民间纠纷。"2019 年 1 月，最高人民法院与中华全国工商业联合会联合发文《关于发挥商会调解优势 推进民营经济领域纠纷多元化解机制建设的意见》，明确提出加强诉讼调解对接工作，经各行业商会调解，当事人达成一致协议，依法可以向调解组织所在地的基层人民法院申请司法确认，经人民法院审查后予以确认并赋予法律文书的强制执行力。这为统一战线适用人民调解方式，化解社会矛盾，助力国家治理现代化提供了充分的法律和政策依据。创建"统战+人民调解"的工作模式，可以为民营企业家快速、有效地化解经济纠纷，缓解社会矛盾，也可以为地方各级人民政府创造良好的营商环境。

（二）"统战+人民调解"工作模式的优势分析

十九届五中全会强调国家治理体系和治理能力现代化，加强和创新社会治理，推动统战工作积极融入时代发展和现代化国家治理的目标要求，"统战+人民调解"助力市域社会治理。

第一，凸显统战优势，奠定和谐善治思想基础。中国共产党领导的统一战线及其工作的巨大优势，就是成员来源的广泛性、经济成分的多样性和政治见解的包容性。统战系统具有突出优势，为助力国家治理现代化构筑了工作新格局。组织和动员民主党派和无党派等各行业的人士，利用自身行业经验和专业知识，增强主动参与调处社会矛盾纠纷的主体意识，以促进社会和谐与稳定、巩固政治团结为己任。国家治理体系的重要领域就是社会治理，新时代的社会治理有别于"管、控、防"的传统管理模式，统一战线有着参政议政和民主监督的制度优势和凝聚政治共识的历史使命。社会多元化催生了大量的社会纠纷和不同的利益诉求，表现为政治诉求中的各种利益表达。统一战线可以使不同利益群体和政治见解求同存异，由多元化趋向一元化，在不排斥不同的思想观念、价值理念、政治见解和利益诉求中形成有机合力。

第二，凸显渠道优势，搭建调解联合互助平台。统一战线具有凝神聚力的独特优势，可以及时把握民情、反映民意，团结各方面力量，调动各种积极因素，发挥协调和处理社会关系的重要作用。我们应深刻把握社会转型期时代背景下对人民调解主体多元化的需求，丰富工作新内涵，坚持新时代发展的需求为导向，创新"统战+人民调解"多元化纠纷解决工作模式。发挥统一战线在多党合作和政治协商中的工作优势，充分利用广大统战组织成员的工作来自不同行业，在科技、教育、医疗、新闻、金融、工商业、服务业和互联网等各个领域的中立属性及广泛影响力，更有利于避免由于利益诉求表达渠道不畅通或因程序等原因导致矛盾不能及时得到解决，从而引发激化现象。同时，统战组织成员来自各行各业，可以了解矛盾双方利益诉求的根源，及时引导"求同和解，利益最大化"，避免因时间延迟致使损失进一步扩大，以实现社会和谐的"善治"效果，促进矛盾双方矛盾解决的趋同力，增强在调解过程的公信力和调解结果的说服力，真正做到案结事了。

第三，凸显人才优势，促进人民调解提质升级。统一战线成员均是来自各行业、各领域、各地区的具有一定代表性和影响力的优秀人才。调解员的身份构成多元化，可以运用各专业多角度的知识体系，既扩大了调解员队伍的整体规模，也解决了人民调解的人员过少、力量薄弱、专业单一的困境，促进国家治理实现机制的科学化和能力的现代化。社会主义现代化强国的最终实现需要依托科学技术、人才精英、知识积累和资金储备，而统一战线就具备以上各要素的独特优势。利益的统筹兼顾也需要利益纠纷的协调者。统一战线成员来自各行各业，其中的个体经营户、私营企业主以及各类新型经济组织的从业者已经成为我国社会主义现代化建设中的中坚力量，在社会经济中占有举足轻重的地位。同时，时代赋予了统战成员新的历史使命，了解各族各界人士需求、协调各方利益，通过柔性善治方式，调节社会关系、化解社会矛盾。

四、"统战+人民调解"工作模式的主要困难

当前，国家治理正处于全面深化改革攻坚和社会转型的关键时期，既是经济发展的重要战略机遇期，也是各种社会矛盾聚集的突发期。社会经济快速发展，社会群体多元化利益格局调整，致使社会矛盾纠纷的主体增多、内容多样化、成因复杂化，呈现出主体多元化、诉求多元化和表现形式多元化的趋势，对社会稳定造成极大的影响，政府如何预防和化解社会矛盾，尤为重要。人民调解虽然在一定程度上缓解了政府的压力，化解了部分社会矛盾，但也在客观上存在着一些困难和问题，阻碍了人民调解工作的创新和发展。

（一）党委政府领导重视程度不够

部分地方党委政府以及行政机关的有些领导没有充分认识到人民调解的独特优势和作用。人民调解可以及时地化解社会矛盾纠纷，在维护社会和谐稳定中发挥了不可替代的作用。因为对人民调解工作不够了解，有些人认为其不是统战系统的主干主业，所以没有重视，支持力度不大，人力、物力、精力投

入不足，甚至因为对人民调解工作的优势了解不多而存有畏难情绪，在思想上不够重视、行动上不够积极，致使一些相关部门的工作人员对人民调解工作的积极性不高，协调配合不足。

（二）专业调解人员较少、力量薄弱

统一战线面对的工作对象人员多、涉及的行业面较广、矛盾纠纷种类繁杂。创新"统战+人民调解"多元化纠纷解决新模式可以高效、便捷地化解纠纷。但由于客观工作条件的限制，调解工作的办公基础条件的硬件设备较为陈旧，难以满足经济快速过程中产生的复杂矛盾纠纷的信息共享和信息查询等需要。缺乏固定的专职调解员，多数由统战系统现有的工作人员身兼数职，因顾忌主业工作而对调解工作的时间和精力分配不足，对其重视程度和关注度不够。多数调解工作人员的知识层次和年龄结构分配不够合理，缺乏专业法律知识。调解员工作变动频繁、人员不固定，调解工作的积极性和主动性不足已成为普遍现象。

（三）深入开展调解工作经费不足

在实际工作中，各级地方政府在调解工作上经费预算较少，存在调解人员的专业知识培训无法正常进行、调解工作中的办公硬件设施无法更新、调解案件的工作补贴无法落实等情况。调解人员的工作积极性不高，无法对基层社会矛盾隐患进行排查，仅对现有的纠纷作基础性说服和劝导，工作力度不够，未达成一致协议即告知当事人提起诉讼。相应的人民调解法律制度及调解优势等宣传、培训工作难以开展，在一定程度上制约了调解工作的深入开展。

（四）调解工作方式单一、手段滞后

目前，大部分的统战系统工作方式单一，手段相对滞后，并没有深入发掘矛盾产生的原因，也没有出面帮助协调解决。

仅在形式上提供帮助，对于矛盾问题是否得到彻底解决，没有进行跟踪回访。大部分调解员都是统战系统的兼职工作人员，在化解社会矛盾方面的工作经验较少，没有接受过相关专业法律知识培训，工作的方式方法和业务素质能力尚有欠缺。尤其是随着新的社会阶层出现，新兴行业和新领域的纠纷呈现多样化和复杂化，调解工作不能再满足于眼前出现的纠纷，而应提前做好基层社会矛盾风险排查，调解工作需要在实践中不断探索和完善。

（五）调解联调联动工作机制有待完善

各级行政机关在党中央的政策引导下，本着"诉源治理"原则，构建多元化纠纷解决机制，各部门调解业务刚起步，对如何充分运用人民调解平台化解专业性、行业性纠纷的认识尚存不足。对各种调解资源不够熟悉，尤其是在与司法行政部门建立的专业调解机构之间的信息共享、矛盾纠纷排查、调解力量联动、调处后履行的机制方面还有待进一步完善，部门之间缺乏相应的协同配合，各自为战。在调解工作中，有的单位部门、基层组织不愿意积极主动地发挥其解决矛盾纠纷的职能和配合作用。

（六）调解的范围有待扩展

现有调解案件统计发现，矛盾纠纷主要集中于合同纠纷、侵权纠纷、婚姻家庭、邻里关系、土地承包等常见、多发的基层社会矛盾纠纷。随着经济的快速发展，商主体利益需求呈现多样化，涉及的社会矛盾纠纷类型已经由生活纠纷转向商事经济纠纷，社会矛盾纠纷的类型不断增加，亟须被纳入人民调解范围的案件也有所增多，人民调解制度为更好地调处民间纠纷，其运行的空间也有待扩展。例如，随着各地经济的快速发展，中小企业以及乡、镇企业、其他组织不断增多，企业之间、非法人组织之间、非法人组织与公民之间的纠纷也不断增多，亟须被纳入人民调解的范围。快速、有效地化解社会纠纷，将基层矛盾解决及时化解，"诉源治理"减轻人民法院诉讼压力，扩大人民调解范围，对于我国深化改革、弘扬社会主义核心价值观、维护社会和谐稳定均具有重要意义。

五、"统战+人民调解"助力市域社会治理的路径分析

新时代统一战线要运用其特有的政治地位优势，运用科学工作方法，努力协调各族各界关系，妥善调处社会矛盾，解析化解路径，为维护国家的政治稳定、社会和谐，促进国家治理现代化做出应有的贡献。

（一）创建"统战+人民调解"工作模式的实践基础及探索

我国是一个统一的多民族国家，在促进民族团结和进步方面，统一战线具有政治优势，也承载着政治任务。实现国家治理现代化，协调各种社会利益关系，化解社会矛盾，需要增强对社会主义核心价值观和法律权威的信仰。尤其是在基层多民族杂居的地区，民族纠纷和冲突往往更加复杂，处理起来较为困难。长此以往，会破坏民族团结并导致社会动荡，给当地经济建设造成不利影响。发挥统一战线的民族工作优势，运用人民调解模式，可以降低解决纠纷的人力和物力成本，简化程序、形式灵活的非诉讼纠纷解决机制，把统战工作的优势叠加到大调解工作的框架中，尤其是在少数民族聚居和杂居的地区，对于化解基层社会矛盾纠纷、维护社会稳定和谐发展有着独有的重要作用。人民调解方式的优化和管理创新，对于调整多民族杂居地区利益平衡、促进民族团结、提升基层社会治理效果具有十分重要的意义和实际应用价值。2020 年 5 月 15 日，滕州市委统战部、市委政法委、市司法局联合印发《发挥党外人士优

势助推人民调解的工作实施方案》，聘请优秀党外代表作为"特约人民调解员暨信访事项听证员"，经过不断的探索和创新，在人民调解现有法律基础上，结合统战理论和政治优势，创新统一战线实践，已经取得了较好的工作成效。通过接受党和国家方针政策理论培训，特约调解员能够正确认识社会转型期的社会矛盾纠纷，增强政治觉悟，根据事实依据法律，灵活运用人民调解的多种方式方法，优质、高效地化解社会矛盾。

（二）党委、政府高度重视是创建"统战+人民调解"工作模式的前提

做好新时代人民调解工作，坚持党委高度重视，政法委发挥好协调作用是关键。发展新时代"枫桥经验"，需整合人民调解、行政调解、司法调解等多种社会资源，健全协调机制加强顶层设计。各级党委政府是多元化纠纷解决机制的组织保障。牡丹江市委十二届七次全会通过的中共牡丹江市委《关于高质量推进城市治理现代化的决定》第六部分指出："以市专业调解中心、各级综治中心为平台，健全人民调解、行政调解和司法调解，建立三调联动工作体系。"这是"牡丹江市市专业人民调解中心"首次以市委全会审议通过的形式被写入该决定。代表着"市专业人民调解中心"已经成为全市健全社会综合治理机制的有机组成部分，也标志着"市专业人民调解中心"已经由参与基层社会治理的尝试，上升为市委制定政策、作出决策的重要依据和基本经验。

（三）借助专业人民调解中心专业平台共建"统战+人民调解"工作模式

"中心"自2019年成立以来，特别是面对严峻的疫情防控形势，持续开展矛盾纠纷化解专项行动，已经成功调解了各类社会矛盾纠纷2417件，有效化解了一大批涉疫和复工复产的社

会矛盾纠纷，维护了社会稳定，实现了法律效果与"和为贵"社会效果的"双赢"。以"中心"为平台，以纠纷类型为"切口"协调各类专业调解部门实现调解专业化。"中心"内设有医患、交通事故、治安、旅游、校园、信访、劳动争议、知识产权、消费争议、建设行业、婚姻家庭、行政争议、职工权益保障、青少年维权、残疾人维权、退役军人权益保障和人民法院诉前诉中调解等 20 个专业、行业人民调解委员会及法院、仲裁、公证、行政复议、法律援助 5 个派驻机构。运用专业化调解模式实现矛盾纠纷"一站式"受理、"一体化"调解模式。通过借助"中心"的专业资源平台，科学配置组合的"共同体"，牡丹江市围绕"中心"平台形成了各司其职、各尽所长、齐抓共管社会综合治理态势。

加强顶层设计保障，推进调解规范化建设。"中心"被写入市委十二届七次全会通过的中共牡丹江市委《关于高质量推进城市治理现代化的决定》，代表着其已经成为全市健全社会综合治理机制的有机组成部分。

（四）规范"统战+人民调解"工作模式，提升调解信息化水平

智慧调解系统将与社会治理综合信息系统对接，充分整合矛盾化解资源，建设纠纷线上解决机制，提供"一站式"解纠服务。中心调解流程图清晰、明了地展示了案件的办理流程，确保申请人对案件走向做到"心中有数"。

引入公证机制，对调解案件进行过程公证，提高调解的公信力，增强百姓对调解的信任度。秉承"有纠纷、找调解，不收费、解民忧"的理念，坚持调解案件对当事人不收费，以亲民、便民、利民、高效率、低成本和以和为贵的调解特色，全面整合调解资源，筑牢社会稳定"第一道防线"。

（五）完善"统战＋人民调解"工作模式促进人民调解平台数字建设

发挥各部门的职能作用，加强调解信息化、智能化建设，对接新基础项目，推动线上矛盾纠纷多元化解平台建设项目入库，利用互联网和大数据优势，构建网上调解、"远程调解"的在线纠纷解决模式，用"一根网线"连通各种资源、各个环节、各类空间，为群众带来更大的便利。探索实现线上矛盾纠纷多元化解平台与法院办案系统平台、各行政主管部门无缝对接，形成矛盾纠纷化解闭环，提升社会治理智能化水平和多元解纷效率效果。智慧调解系统的特色之一是，在远程视频调解过程中，在双方当事人保持在线的状态下，调解员可与一方单独进行沟通说服。智慧调解系统全面建成后，将形成集数据管理、事项办理、分析研判、监督考核、普法宣传五大功能于一体的调解服务综合信息平台。

（六）完善"统战＋人民调解"工作模式驱动"行政调解"新机遇缓解信访压力

《中共中央关于坚持和完善中国特色社会主义制度推进国家治理体系和治理能力现代化若干重大问题的决定》提出，"完善人民调解、行政调解、司法调解联动工作体系"，对行政调解给予了高度重视。国家治理体系中行政管理的科学化和民主化，已经成为党中央和国务院的关注重点。司法部在 2019 年召开的调解工作会议中提出在行政复议活动中积极运用行政调解工作方式，化解民事纠纷，解决行政争议，健全调解的相关法律制度，并在条件成熟时制定统一的调解法。根据《中华人民共和国行政诉讼法》和《中华人民共和国行政复议法实施条例》的相关规定，达成行政复议调解书可依法申请人民法院强制执行。上述政策与法律法规均为行政调解提供了政策依据与法律保障。

　　伴随着我国经济社会结构的转型和社会利益多元化，新的社会阶层出现。新的社会阶层往往由私营企业或外资的管理人士，或者社会组织自由职业人士等组成，具有较高的知识文化和专业知识技能，有着更加强烈的权利意识和利益取向，也更为关注公民的权益保障。新的社会阶层成员的知识结构更趋向于高学历，年龄机构更趋向于年轻化，对国家政策调整、经济走向、社会治理更为关注，乐于以积极主动的态度参与社会治理。新时期统一战线要密切联系和团结党内外各界人士，在凝聚政治共识、协调社会关系、化解民间矛盾等基层社会治理方面发挥重要作用。构建"统战+人民调解"多元化纠纷解决机制新模式，可以凝聚社会各行业精英，整合基层社会矛盾化解的合力，构建全方位、全覆盖的统战调解网格，彰显出协同联动、全面开花的人民调解新气象，释放出定分止争的强大优势。

后 记

  本书是牡丹江师范学院横向课题（2020H05）"新时代人民调解与高质量推进城市治理现代化研究"的最终成果，同时也是黑龙江省社会主义学院系统招标项目"新时代'统战＋人民调解'助力国家治理现代化研究"（HSY202012）的阶段性成果。

  本书的主要内容源于十九届五中全会审议通过的《中共中央关于制定国民经济和社会发展第十四个五年规划和二〇三五年远景目标的建议》，将"社会治理特别是基层治理水平明显提高"列入了"十四五"时期经济社会发展主要目标。社会治理现代化和法治社会建设，是人民调解制度创新发展的新契机，为人民调解事业的发展提供了广阔的空间。从人民调解制度的历史变迁及法律渊源、新时期人民调解制度的创新和发展、专业性人民调解的介入与应用、市域社会治理现代化对新时期人民调解的需求、新时期人民调解与市域社会治理现代化的有机结合、域外调解制度对我国市域社会治理现代化的启示、行业调解在市域社会治理现代化中的困境与破解、商事调解在市域社会治理现代化中的困境与破解、商事调解助力市域社会治理现代化、"远程调解"在市域社会治理现代化中挑战与应用、人民调解协议司法确认保障强制执行力等方面对我国人民调解制度进行分析，并以黑龙江省牡丹江市专业人民调解中心以例深入调查研究，提出了完善多元化纠纷解决机制，构建专业调解治理的新格局。今后，笔者将进一步研究建立行业性专业性调解的政府部门联动机制，以便行政管理工作的开展，减轻政府不必要的负担，以满足中国社会对新型矛盾解决机制之需求。

　　本书参阅了国内外有关学者的一些论著并从中得到了启发。在此，谨对有关学者表示感谢！感谢中国政法大学出版社和丁春晖编辑为本书顺利出版所付出的艰辛劳动。特别感谢黑龙江省牡丹江市政协副主席、市司法局局长都业宁，市司法局副局长刁伟波，市司法局人民参与和促进法治科科长王保军，牡丹江市人民调解员协会会长、市专业人民调解中心主任王洪涛的大力支持。

　　由于研究水平和研究能力有限，书中难免存在不妥之处，恳请批评指正！

丛淼

2022 年 3 月于牡丹江师范学院法学院